Kohlhammer

Der Modellversuch COMPASSION wurde vom Land Baden-Württemberg, der Schulstiftung der Erzdiözese Freiburg und dem Bundesministerium für Bildung, Wissenschaft, Forschung und Technologie im Rahmen der Förderung durch die Bund-Länder-Kommission für Bildungsplanung und Bildungsförderung finanziert.

Wir danken den Schülerinnen, Schülern, Schulleitungen und Kollegien, die in die wissenschaftliche Begleitung einbezogen waren, für ihre bereitwillige Kooperation und großzügige Gastfreundschaft. Herzlichen Dank auch an die Kolleginnen und Kollegen, die auf verschiedenen Symposien Beiträge zur Reflexion des Projekts eingebracht haben: Prof. Dr. Michael N. Ebertz, Ministerialrat Happold, AR Dr. Eva Marsal, Prof. Dr. Jürgen Rekus, Dr. Britta von Schubert, Prof. Dr. Bruno Schmid. Die studentischen Hilfskräfte waren: Hermann Colakyan, Caroline Fritz, Rafael Keilhauer, Damian Knaus, Gudrun Kraus, Eva-Maria Martin, Judith Schricke, Irmtraud Spannagel, Bernhard Späth. Dem Lektor des Kohlhammer-Verlags, Jürgen Schneider, sagen wir Dank für die gute Zusammenarbeit.

Lothar Kuld / Stefan Gönnheimer

COMPASSION

Sozialverpflichtetes Lernen und Handeln

Verlag W. Kohlhammer

Die Deutsche Bibliothek – CIP-Einheitsaufnahme

Kuld, Lothar:
Compassion : sozialverpflichtetes Lernen und Handeln / Lothar Kuld ; Stefan Gönnheimer.
- Stuttgart ; Berlin ; Köln : Kohlhammer, 2000
  ISBN 3-17-016304-3

Umschlagbild: Heinrike Heitker

Alle Rechte vorbehalten
© 2000 W. Kohlhammer GmbH
Stuttgart Berlin Köln
Verlagsort: Stuttgart
Umschlag: Data Images GmbH
Gesamtherstellung:
W. Kohlhammer GmbH + Co. Stuttgart
Printed in Germany

Inhaltsverzeichnis

Teil A Theoretische Orientierungen

    1. Zur Programmatik des Begriffs Compassion   7
    2. Dimensionen des Compassion-Projekts   10
    3. Annahmen der wissenschaftlichen Begleitung   11
    4. Zusammenfassung der Thesen   25

Teil B Praxisteil

    I. Der Fragebogen   27

    II. Beschreibung der beteiligten Schulen   30

    III. Ergebnisse der Erhebungsphase 1997/98

        1. Ergebnisse der Gesamtgruppe   37
        2. Vergleich von Projekt- und Kontrollgruppe   52
        3. Ergebnisse der Lehrerbefragung   63
        4. Wirkungen von Unterricht   70
        5. Jungen und Mädchen   82
        6. Bedeutung des familialen Umfelds   92
        7. Kirchlich gebundene Jugendliche   105
        8. Differenzierungen nach Einsatzbereichen   113
        9. Das Compassionprojekt in der Hauptschule   119
        10. Das Compassionprojekt in der Förderschule   127
        11. Das Compassionprojekt in der Realschule   140

Teil C Zusammenfassung und Empfehlungen   150

Literaturverzeichnis   156

Anhang I: Tabellen und Abbildungen

Anhang II: Erhebungsinstrumentarium der Lehrer- und Schülerbefragung

Teil A: Theoretische Orientierungen der wissenschaftlichen Begleitung

1. Zur Programmatik des Begriffs Compassion

Das Compassion-Projekt wurde von den Autoren ADOLF WEISBROD, FRANZ KUHN und FRIEDRICH HIRSCH im Auftrag der Arbeitsgruppe „Innovation" der Zentralstelle Bildung der Deutschen Bischofskonferenz in der Zeitschrift *Engagement* 1994 erstmals beschrieben und konzeptionell vorgestellt.[1] Ziel des Compassion-Projekts ist die Entwicklung und Stärkung sozialverpflichteter Haltungen unter Schülerinnen und Schülern. Die Autoren sehen darin eine herausragende gesellschaftspolitische Aufgabe, die zunehmend auch die Schulen zu übernehmen hätten, da die Individualisierung der Lebensentwürfe und Lebenseinstellungen die Entsolidarisierung der Gesellschaft befördere und Prosozialität und altruistische Haltungen verdränge. Die Gesellschaft lebe von Voraussetzungen, die sie selbst nicht mehr bilde. Diese Entwicklung gebe „Anlaß zur Zukunftssorge um die Voraussetzungen des menschlichen Zusammenlebens" in unserem Land.[2]

Ausgangspunkt des Compassion-Projekts ist also die Wahrnehmung eines sozialmoralischen Defizits. Dieses Defizit ist empirisch gut belegt. Helmut KLAGES interpretiert die Entwicklung im Wertebereich als Wandel von einer Pflicht- und Akzeptanzmoral, womit er das traditionelle Wertesystem meint, hin zu einer Selbstentfaltungsmoral. Die Folge sei die Ausbildung einer „autozentrischen Mentalität". An die Stelle des außengelenkten trete der innengeleitete Mensch mit dem Anspruch, seine Bedürfnisse zur Geltung zu bringen. Soziale Regeln würden akzeptiert, solange sie diesem Bedürfnis entsprechen. Klages sieht in diesem Wertewandel eine der „Grundtatsachen des modernen Lebens".[3] Die Autoren sind sich wohl bewußt, daß die Schule diese Entwicklung nicht umkehren kann; denn dies käme einer Umkehrung der Moderne gleich, in der Selbstentfaltungswerte auch mit der Pluralisierung und Freiheit der Lebens- und Sinnentwürfe einhergehen. Eine solche rückwärtsgewandte Pädagogik wäre schlichtweg weltfremd.[4] Die Schule könne und müsse auch nicht eine Reparaturwerkstätte gesellschaftlicher Konflikte sein. Sie könne jedoch zur Entwicklung „sozialer Sensibilität" beitragen. Dieser gesellschaftliche Aspekt des Projekts soll mit dem Begriff *compassion* eingeholt werden.

Der Projektname *Compassion* gab auf den Tagungen der wissenschaftlichen Begleitung und in den Gesprächen mit Schülerinnen, Schülern und Lehrern immer wieder

---

[1] A.Weisbrod/F.Kuhn/F.Hirsch, Compassion – Ein Praxis- und Unterrichtsprojekt sozialen Lernens: Menschsein für andere, in: Engagement. Zeitschrift für Erziehung und Schule 1994, H. 2-3, 268-307. Als Sonderdruck zu beziehen über Zentralstelle Bildung der Deutschen Bischofskonferenz, Kaiserstr. 163, 53113 Bonn.
[2] A.Weisbrod/F.Kuhn/F.Hirsch, Compassion – Ein Praxis- und Unterrichtsprojekt sozialen Lernens: Menschsein für andere, hier zit. nach dem Sonderdruck, 3 f.
[3] H.Klages, Wertorientierungen im Wandel. Rückblick, Gegenstandsanalyse, Prognosen, Frankfurt/ New York 1984.
[4] J.Rekus, Compassion – Zur Aufgabe und zu den offenen Fragen eines „erlebnispädagogischen" Modellversuchs. [Unveröffentliches Manuskript , Juli 1996], 4.

Anlaß zu Anfragen. Compassion wird im Deutschen - nur schwer übersetzbar - gemeinhin mit 'Mitleid' übersetzt. Und wir müssen sofort eingestehen, daß Mitleid eine sicher ambivalente, historisch betrachtet auch riskante Vokabel ist. Wenn Mitleid der Starken den Schwachen gilt, dann kann daraus Hilfsbereitschaft, aber auch Selektion und „tödliches Mitleid"[5] erwachsen. Britta VON SCHUBERT, Koordinatorin eines Diakonie-Projekts am Elisabeth-von-Thadden-Gymnasium in Heidelberg und Mitarbeiterin am Diakoniewissenschaftlichen Institut der Universität Heidelberg, hat deshalb angefragt, ob der Compassion-Begriff glücklich gewählt sei. „Mitleid" gegenüber Menschen mit Behinderungen stehe im Verdacht der Diskriminierung dieser Menschen als ‚bedauernswerte Kreaturen'. Das Problem sei also, wie es gelinge, die „angestrebte Empathiefähigkeit als Bedingung sozialen Lernens so deutlich zu machen, daß das Gegenüber nicht [... zum ausweglos Leidenden herabgewürdigt und instrumentalisiert wird.] ‚Es ist normal, verschieden zu sein.' Stärke und Schwachheit, Leid und Glück, Schönheit und Häßlichkeit lassen sich ja nicht ernsthaft so verteilen, als wüßte eine Gruppe von Menschen, wo die Grenze sei." Das Ziel der Praktika sollte ganz entschieden auch darin bestehen, „daß die sogenannten Nicht-Behinderten die Vielfalt menschlicher Lebensbedingungen kennenlernen und erfahren, wo sie als Mitmenschen mit dem helfen, was sie können, und Hilfe erhalten, wo ihr eigenes Können nicht weit genug reicht."[6]

„Mitleid" in der oben kritisierten Weise ist sicher nicht der Zweck des Praktikums. Die Schülerinnen und Schüler lehnen dieses Wort zur Beschreibung ihrer Erfahrungen während des Praktikums eher ab. In der neueren Sozialforschung spielt es wieder eine Rolle innerhalb der Altruismusforschung.[7] Die Autoren des Projekts verwenden das englische Wort *compassion*. Damit vermeiden sie die Konnotation, die das Wort „Mitleid" in Verruf gebracht hat. Dennoch: Mit dem Wort dürfte aber auch ein Teil der Sache verdrängt worden sein, um die es im Compassion-Projekt geht. Mitleid ist unangenehm. „Das Mitleid steht nicht eben hoch im Kurs," schreibt der französische Philosoph Auguste COMTE-SPONVILLE in seinem „kleine[n] Brevier der Tugenden und Werte", das er unter dem programmatischen Titel „Ermutigung zum unzeitgemäßen Leben" (1996) veröffentlicht hat. „Man läßt sich nicht gern bemitleiden, und Mitleid empfinden mag man auch nicht. [...] Mitleid empfinden heißt mit jemandem leiden, und Leiden ist immer schlecht."[8] Nehme man jedoch das griechische Wort für Mitleid: sympatheia, im Deutschen übernommen als Sympathie, dann sehe die Sache wieder anders aus. Sympathisch wollen alle sein. Und Sympathie zu empfinden, ist etwas Schönes. Im Unterschied zu dieser Form von Sympathie als einem Gefühl, so COMTE-SPONVILLE, sei Mitleid allerdings mehr als ein Gefühl. Es ist die Haltung, daß ich Leiden, welcher Art und aus welchen Gründen auch immer, nicht einfach indifferent hinnehme. Es ist eine Haltung der engagierten Mitmenschlichkeit.

---

[5] Vgl. K.Nowak, „Euthanasie" und Sterilisierung im Dritten Reich, Göttingen 1978.
[6] B.v.Schubert, Soziales Lernen - Caritas-/ Diakonie-Praktikum. (Sasbach 13. März 1998) [MS] S. 3f. - Ergänzend sei verwiesen auf z.B. F. Saal, Warum sollte ich jemand anderes sein wollen? Erfahrungen eines Behinderten - biographischer Essay, Gütersloh ²1996.
[7] H.Harbach, Altruismus und Moral, Opladen 1992, 90-113.
[8] A. Comte-Sponville, Ermutigung zum unzeitgemäßen Leben. Ein kleines Brevier der Tugenden und Werte, Reinbek bei Hamburg 1996, 125.

John F. Kennedy hat solche Mitmenschlichkeit, dieses „Menschsein für andere", wie der Untertitel des Projekt lautet, in der sechziger Jahren als eine gesellschaftliche Tugend eingefordert. Er plädierte angesichts der Entsolidarisierungstendenzen der nordamerikanischen Gesellschaft, in der alle alles nur vom Staat zu fordern geneigt schienen, für eine Gesellschaft mit *compassion*, und er meinte damit eine Gesellschaft, in der aus menschlichem Mitgefühl erwachsenes soziales Engagement zum einen selbstverständlich ist und darüber hinaus auch Anerkennung findet, d.h. sozial honoriert wird. Dieses US-amerikanische Vorbild stand den Autoren bei der Namensgebung vor Augen. Denkbar wäre auch ein Verweis auf die gegenwärtige Kommunitarismusdebatte; und es wäre Aufgabe einer weiteren Rekonstruktion des Compassion-Vorhabens zu zeigen, welche sozialphilosophischen Impulse dieser Debatte um ‚die moralischen Grundlagen moderner Gesellschaften'[9] sich mit der Idee des Compassion-Projekts verbinden ließen. Der Kommunitarismus entstand aus der Sorge um das Gemeinwesen. Das Compassion-Projekt ist von der Sorge um den bedrohten Zusammenhalt des Gemeinwesens motiviert. Hier liegt eine Parallele vor.

Die Initiatoren der Compassion-Initiative geben neben diesen Erwägungen auch eine rein humanistische Begründung, die das Thema des „Menschseins für andere" konstituiert und die sie in Senecas 95. Brief an Lucilius formuliert finden:

„Und nun die zweite Frage: Wie wir mit den Menschen umgehen sollen... Wir sind Glieder eines großen Körpers. Die Natur hat uns als Verwandte geboren, da sie uns aus demselben Ursprung und zu demselben Leben erzeugte. Sie hat uns wechselseitige Liebe zueinander eingegeben und uns so zur Gemeinschaft gebildet. Sie hat den Sinn für das Gute und Gerechte in uns gelegt ... Auf ihr Gebot hin seien unsere Hände bereit für die Hilfsbedürftigen. Der berühmte Vers sei uns im Herzen und auf den Lippen: ‚Ich bin ein Mensch; nichts Menschliches nenne ich mir fremd. (Homo sum, humani nil a me alienum puto).' "

Dieser in der Metaphysik der menschlichen Natur gründende Altruismus ist aus den von KLAGES genannten Gründen nicht mehr selbstverständlich. Er bedarf wie alle mit dem Compassion-Begriff angesprochenen Facetten sozialverpflichteter Haltungen: Solidarität, Prosozialität, Empathie, Sympathie, Barmherzigkeit,[10] Nächstenliebe, Mitleid usw. der Erläuterung und Begründung.

Wir geben im Folgenden eine Übersicht über die von uns bedachten Dimensionen des Compassion-Projekts und zeigen dann, an welchen Stellen wir mit unserer Untersuchung des Projekts einsetzen und welche theoretischen Annahmen wir unseren Analysen und Interpretationen zugrunde legen.

---

[9] A.Etzioni, Die Entdeckung des Gemeinwesens, Stuttgart 1995; A.Honneth (Hg.), Kommunitarismus. Eine Debatte über die moralischen Grundlagen moderner Gesellschaften, Frankfurt/ New York ³1995 (1993).
[10] Auf diesen Begriff verweisen Weisbrod/ Kuhn/ Hirsch wiederholt in ihrer Literaturliste: St. v. Calster, „Seid barmherzig, wie euer Vater barmherzig ist." Erbarmen als pädagogisches Pastoralprinzip, in: Internationale kath. Zeitschrift 5/1993, 401-420; W. Dirks, Barmherzigkeit. Ermutigung zu einer unzeitgemäßen Tugend, Topos TB 222; D. Granin, Die verlorene Barmherzigkeit – Eine russische Erfahrung, Freiburg 1993.- Zur Relation dieser Begriffe vgl. unten den Abschnitt 3.3.

2. Dimensionen des Compassion-Projekts

Das Compassion-Projekt hat mehrere Dimensionen:

- Compassion ist die Haltung des Mitleids, der 'Mitleidenschaft', der Solidarität mit denen, die in unsrer Gesellschaft aus eigenen Kräften nicht mitkommen; - eine Haltung, ohne die eine Gesellschaft nicht funktioniert, die aber durch Recht und Gesetz weder vorgeschrieben noch eingeklagt werden kann. Altruismus, Prosozialität, soziales Engagement kann man nicht erzwingen und nicht einfordern. Und die Zuwendung zum Nächsten kann die gesellschaftlichen Krisenphänomene, deren Ausdruck auch die Angst vor sozialer Kälte ist, nicht lösen. Gleichwohl versteht sich das Compassion-Projekt als Maßnahme gegen den sozialen Kältetod. Das Compassion-Projekt ist insofern *politisch*.

- Der Theologe Johann Baptist METZ hat compassion, „Empfindlichkeit für das Leid der anderen", die Basisvokabel und „das Schlüsselwort" des Christentums genannt. Jesu Blick habe primär nicht der Sünde, sondern dem Leid des Menschen gegolten. Christliche Mystik sei „eine Mystik der Compassion". Ihr Imperativ laute: „Aufwachen, die Augen öffnen. Das Christentum ist kein blinder Seelenzauber. Es lehrt nicht eine Mystik der geschlossenen, sondern eine Mystik der offenen Augen. Im Entdecken, im Sehen von Menschen, die im alltäglichen Gesichtskreis unsichtbar bleiben, beginnt die Sichtbarkeit Gottes, öffnet sich seine Spur." [11] METZ spricht von der Autorität der Armen und Leidenden.[12] Die uneingeschränkte, universelle Solidarität Jesu gilt den Armen. Die Autorität der biblisch gesprochen 'Geringsten', der Unsichtbaren und Marginalisierten unter den Menschen sei der Ausgangspunkt christlicher Theologie. Jesusnachfolge sei ein Weg der compassion. Dieser Weg sei freilich abenteuerlich. Er bedeute, „für andere da zu sein, ehe man überhaupt etwas von ihnen hat". Diese Haltung erscheine in einer Siegergesellschaft absurd. Doch wer, wenn nicht die Jugend könnte an eine solche Haltung universeller Solidarität noch glauben, fragt METZ.[13] - Diese *religiöse Sinngebung* kann, aber sie muß nicht mit dem Compassion-Projekt in Verbindung gebracht werden. Denn es geht in diesem Projekt ethischen Lernens nicht um die Vermittlung eines Weltbildes und einer religiösen Überzeugung, sondern um die Entwicklung einer Haltung, wie sie grundsätzlich jeder Mensch einem anderen Menschen gegenüber einnehmen kann. Die religiöse Sinngebung ist in kirchlichen Schulen wohl möglich und sie sollte von ihrem Selbstverständnis her dort auch in die Konzeptionalisierung des Bildungsauftrags dieser Schulen einbezogen sein, aber sie ist, weil religiös, nicht einfach auf andere Schulen übertragbar. Die Grenze der Übertragbarkeit des Compassion-Projekts - zunächst für die Arbeit an Freien Katholischen Schulen konzipiert - sehen wir in dieser Sinngebung und nicht in der Zumutung sozialverpflichteten Handelns. Ob die

---

[11] J.B.Metz, Die Autorität der Leidenden. Compassion – Vorschlag zu einem Weltprogramm des Christentums, in: Süddeutsche Zeitung (SZ) 24/25/26. 12. 1997, Nr. 296, S.57.
[12] J.B. Metz, Glaube in Geschichte und Gesellschaft. Studien zu einer praktischen Fundamentaltheologie, Mainz ⁵1992, 111-116. 220-227. Ders., Im Eingedenken fremden Leids, in: Katechetische Blätter 122(1997), 78-87.
[13] Metz, in: SZ vom 23./24./25.12.1997, Nr. 296, S.57.

religiöse Sinngebung zum Handlungsmotiv für Lehrende an kirchlichen Schulen gemacht werden soll, berührt das Problem normativer Pädagogik, die, wie wir denken, in der Pädagogik als überwunden gilt.

- *In moralpädagogischer Sicht* versucht das Compassion-Projekt Bedingungen zu schaffen, in denen sich die Disposition zur sozialmoralischen Selbstverpflichtung bewähren und weiter entfalten kann;

- *Erlebnispädagogisch* geht es um die Erreichung solcher Selbstverpflichtung durch die Begegnung mit Menschen in mitunter auch leidvollen Realsituationen;

- Auf der Ebene der *Schulorganisation und Schulentwicklung* bedeutet das Projekt eine Öffnung der Schule auf Lebenswelten hin, die real in der Schule so nicht vorkommen, und damit eine Veränderung ihrer Organisationsform und des Unterrichts.

Diese drei zuletzt genannten Dimensionen werden wir im Folgenden weiter entfalten.

3. Annahmen und Voraussetzungen der wissenschaftlichen Begleitung

Die Messung von Wertorientierungen, Mentalitäten und Handlungsmotiven (Werten) gehört zu den schwierigen Bereichen empirischer Forschung.[14] Haltungen und Einstellungen erfragen, heißt Einstellungen und Handlungsmotive interpretieren bzw. Interpretationen von Haltungen und Werten erfragen. Wir skizzieren im Folgenden jene Theorieelemente, die unsere Überlegungen zu Praktikum und Unterricht, unsere Hypothesenbildung und unsere Interpretationen leiten: (1) die Theorie der Moralentwicklung von LAWRENCE KOHLBERG, (2) die These von der weiblichen Moral von CAROL GILLIGAN, (3) Studien zu Wertorientierungen Jugendlicher, (4) die Altruismus/ Compassion-Forschung, (5) die Kritik der Erlebnispädagogik, (6) Chancen der Moralerziehung in der Schule. Punkt (3)/(4) und (5)/(6) werden wir jeweils zusammen betrachten.

3.1 Moralentwicklung

Nach LAWRENCE KOHLBERG[15] ist die Moral eines Kindes, sind seine Wertorientierungen und ist sein Verständnis von Regeln, Normen, sein Begriff von gut und

---

[14] Jugend '92. Lebenslagen, Orientierungen und Entwicklungsperspektiven im vereinigten Deutschland, hg. v. Jugendwerk der Deutschen Shell, Bd. 2, Opladen 1992, 35-48 (D. Krebs); Jugend '97. Zukunftsperspektiven, gesellschaftliches Engagement, politische Orientierungen, Opladen 1997, 298 f.; H.A. Stiksrud, Diagnose und Bedeutung individueller Werthierarchien, Frankfurt 1976; G. Schulze, Die Erlebnisgesellschaft, Frankfurt [7]1997, 561 ff.

[15] L. Kohlberg, Die Psychologie der Moralentwicklung, Frankfurt 1995; Rezension H.A. Stiksrud, in: Zeitschrift für Pädagogische Psychologie, H.2, 1997, S. 134-137.

böse nicht einfach ein Produkt von Erziehung. Das Kind ist vielmehr Subjekt seiner moralischen Vorstellungen. Es bildet im Austausch mit den sozialen Kontexten, in denen es sich vorfindet,[16] Muster aus, mit denen es die Welt, die umgebende Kultur und soziale Beziehungen versteht. Diese Verstehensmuster nehmen mit der Reversibilität des Denkens an Komplexität zu, und sie weiten sich mit den sozialen Perspektiven, die ein Mensch im Zuge seiner sozialen Entwicklung entfaltet: von mir zu den andern der Bezugsgruppe und dann darüber hinaus auf die Menschheit.

Folgen wir dieser Entwicklungslinie, dann beobachten wir nach KOHLBERG bei Kindern bis ins 10./12. Lebensjahr eine mehr oder weniger egozentrische Perspektive und eine dementsprechend rein instrumentelle Moral: Gut ist, was belohnt wird, schlecht, was bestraft wird (Stufe 1); dann: Gut ist, was mir nützt und vielleicht manchmal auch dem andern.(Stufe 2)[17] Im Jugendalter wird mit der Ausweitung der sozialen Perspektive die Sicht der andern in das moralische Urteil integriert. Gut und gerecht ist, was bei den andern Anerkennung und Zustimmung findet. Auf Stufe 3 ist das die Gruppe, auf Stufe 4 die Gesellschaft. Erst danach, und manche lernen das nie, entwickle sich eine universelle Sicht moralischer Geltungsansprüche, eine Orientierung an Prinzipien (Stufe 5 und 6) wie Gerechtigkeit, Gleichheit usw.

KOHLBERG nahm an, daß alle Menschen in ihrer moralischen Entwicklung diese Entwicklungsstufen gleichermaßen durchlaufen. Die Entwicklung besteht darin, daß sich die Perspektive von der Egozentrik der ersten beiden Stufen - in der Regel der Kinder - zu einer Perspektive weitet, in der die Ablehnung und Zustimmung, also die Perspektive der anderen in das eigene Urteil mit hineingenommen wird. Diese Sicht ist typisch für das Jugendalter, prägt aber auch die Moral der meisten Erwachsenen. Erst auf dem postkonventionellen Niveau kommt die Menschheit als ganze in den Blick. Dieser Blick ermöglicht erst den souveränen Umgang mit Regeln und Normen. Davor, auf der konventionellen Ebene gilt, was herrschende Norm ist, weiter davor, auf der präkonventionellen Ebene stehen die konkreten Folgen (Lohn/ Strafe) meiner Handlungen im Vordergrund.

Übertragen wir diese Theorie der moralischen Entwicklung auf unser Beobachtungsfeld, dann müssen wir *davon ausgehen, daß die von uns begleiteten Jugendlichen einer im Sinne Kohlbergs konventionellen Moral verhaftet sein werden.* Einzelne Schülerinnen und Schüler der 11. und 12. Jahrgangsstufe mögen auch schon darüber hinaus gehen. Das ist keine Wertung, sondern ein Hinweis darauf, wie die

---

[16] Zu dieser eine einseitig subjektivistische Sicht korrigierenden Bemerkung vgl. J. Youniss, Soziale Konstruktion und psychische Entwicklung, Frankfurt 1994, S. 65 ff.
[17] Diese Sicht Kohlbergs ist allerdings in ihrer Ausschließlichkeit fraglich. G. Nunner-Winkler konnte zeigen, daß schon Kinder ein Verständnis für Regeln haben; aber sie befolgen sie in Handlungssituationen seltener als Jugendliche. Daraus folgt: Es gibt in der Moralentwicklung bei Kindern zwei Entwicklungsperspektiven: die Entwicklung des Regelverständnisses und die Integration dieser Regeln in das eigene moralische Urteil. Typisch für Kinder sei z.B. die Auffassung, daß sich ein Kind, das einem anderen ein begehrtes Spielzeug wegnehme, gut fühle, weil es ja nun hat was es wollte. Diese Auffassung vertreten auch Kinder, die wissen, daß man einem andern nicht einfach etwas wegnehmen soll. Es dauert also lange, bis Regelwissen, Handlungsmotivation und Urteil eine Einheit bilden. (G. Nunner-Winkler, Moralentwicklung im Kindesalter, in: E. Groß (Hg.), Der Kinderglaube, Donauwörth 1995, 47-64)– Darüberhinaus zeigen N. Eisenberg u.a., daß schon Kinder spontan helfen und trösten und sich altruistisch verhalten, auch wenn sie daraus keinen direkten Nutzen ziehen. – N.Eisenberg/ P.H.Mussen, The roots of prosocial behavior in children, Cambridge/ Mass. 1989.

Jugendlichen ihre Erlebnisse im Praktikum moralisch verstehen. *Sie werden* nicht mit einer allgemeinethischen Menschheitsperspektive *argumentieren*, sondern sagen, *daß der Einsatz für andere gut ist, weil das sozialmoralische Leben mit andern Solidarität mit Schwachen einschließt.*

Der Soziologe ULRICH BECK hat daran die Erwartung geknüpft, daß daher auch in Zeiten einer egozentrischen Kultur, wie wir sie vermutlich haben, so etwas wie ein solidarischer Individualismus entstehen könnte, eine ad-hoc und zeitlich begrenzte, von mir gewählte und geleistete Solidarität mit den anderen, an deren Stelle genauso auch ich stehen könnte.[18] An diesem Optimismus sind nach unseren Daten Zweifel angebracht.

3.2 Moral bei Jungen und Mädchen

Eine zweite aus der Kohlbergdiskussion her zu verstehende Überraschung ist unsre Beobachtung, daß die Schülerinnen mit dem Compassion-Projekt tendenziell andere Befürchtungen, Erwartungen und Wahrnehmungen verbinden als ihre gleichaltrigen männlichen Klassenkameraden. Insgesamt scheinen Schülerinnen intensiver auf das Projekt anzusprechen als die männlichen Projektteilnehmer.

Dieser Befund scheint auf den ersten Blick die These von den zwei Moralkonzepten zu bestätigen, die CAROL GILLIGAN, eine Kohlbergschülerin, vorgetragen hat.[19] GILLIGAN hat beobachtet, daß Frauen ihre moralischen Entscheidungen eher auf der Stufe 3 begründen, also mit der konkreten Beziehungserfahrung, Männer hingegen auf Stufe 4.

Stufe 3 besagt: „Richtig ist, die Erwartungen von Menschen, die einem nahestehen, oder die Erwartungen, die an bestimmte Rolleninhaber (z.B. Sohn, Schwester, Freund) gerichtet sind, zu erfüllen. Gut zu sein ist wichtig. Es bedeutet, gute Absichten zu haben, Anteil an anderen zu nehmen; es bedeutet auch, wechselseitige Beziehungen aufrechtzuerhalten, Vertrauen, Loyalität, Respekt und Dankbarkeit zu bewahren."

Stufe 4 besagt nach Kohlberg: „Richtig ist, Pflichten, die man übernommen hat, zu erfüllen; Gesetze sind zu befolgen, außer in dem Extremfall einer Kollision mit anderen festgelegten sozialen Pflichten und Rechten. Richtig ist es auch einen Beitrag zur Gesellschaft, zur Gruppe oder zur Institution zu leisten."[20]

GILLIGAN nannte die Moral, die KOHLBERG dargestellt habe, eine Männermoral. Sie sei eine an Rechten und Pflichten orientierte Gerechtigkeitsmoral. Moralkonflikte entstünden hier als Konflikte zwischen den Ansprüchen des Individuums und der Gesellschaft. Die Moral der Frau sei dagegen eine Moral der Fürsorge (care). In ihr

---

[18] U.Beck, Kinder der Freiheit, Frankfurt 1997, 16 ff.
[19] C.Gilligan, Die andere Stimme. Lebenskonflikte und Moral der Frau, München ²1985.
[20] L. Kohlberg, Essays on moral development, Vol I., The philosophy of moral development, San Francisco 1981, 409 ff., zit. nach G. Nunner-Winkler, in: Weibliche Moral. Die Kontroverse um eine geschlechtsspezifische Ethik, München 1995, 11.

gehe es um Verantwortung und Beziehung, - wir fügen hinzu: also genau um das, was in Compassion gelernt werden soll. Moralische Konflikte entstünden bei Frauen als Konflikt zwischen einander widersprechenden Verantwortlichkeiten. Der männlichen Gerechtigkeitsmoral entspreche ein Selbst, das sich als getrennt von anderen und autonom erlebe, der Moral der Fürsorge entspreche dagegen ein Selbst, das sich über Beziehungen zu anderen Menschen definiere.

Gilligans Verbindung von Moral und Geschlecht wurde heftig widersprochen. Die Kritik läßt sich so zusammenfassen[21]: (1.) Moral sei nicht biologisch-genetisch bedingt, sondern beruhe auf Erfahrungen, welche die moralische Orientierung beeinflussen. (2.) Gilligan erfasse durchaus treffend Rollenerwartungen an Mädchen und Frauen. Rollenerwartungen seien aber nicht zu verwechseln mit Moral. Fürsorglichkeit und Flexibilität in Handlungssituationen seien nicht per se moralisch. Sie könnten auch ganz einfach bequeme Anpassung sein, und dann u.U. auch unmoralisch. (3.) Man müsse mit mehr als zwei Moralen rechnen. Es gebe faktisch viele Mischformen von Flexibilität und Rigidität, Fürsorge und Gerechtigkeit.[22] (4.) Kognitive Fähigkeiten seien nicht geschlechtsspezifisch. Und um eben diesen kognitiven Aspekt von Moral gehe es Kohlberg.

Bei aller Kritik, die GILLIGAN geerntet hat, wir können in unsrer Untersuchung nicht übersehen, daß die Situation von Compassion von Jungen und Mädchen unterschiedlich wahrgenommen wird. *Die Schülerinnen neigen mehr als die Schüler dazu, das Compassion-Projekt im Sinne einer Moral der Fürsorge zu verstehen.* Dies hat aber vermutlich nichts mit unterschiedlichen Urteilsstufen zu tun, sondern mit unterschiedlichen Rollenerwartungen an die Geschlechter, welche Schülerinnen und Schüler trotz gleicher Sozialisationserfahrungen nach wie vor befolgen. Stimmt diese Vermutung, dann wird das Compassion-Projekt in der Perspektive der *Gender-*Forschung unterschiedliche Wirkungen hervorrufen. Für die Zielsetzung des Compassion-Projekts, die Entwicklung sozialverpflichteten Handelns, man könnte in unserem Zusammenhang auch sagen: der fürsorglichen Option für die anderen (Altruismus), gilt dann, was Agnes WUCKELT an ganz ähnlich formulierten religions- und moralpädagogischen Zielsetzungen kritisiert hat: „Sowohl die geschlechtsspezifische Arbeitsteilung als auch - damit korrespondierend - die individuelle Identitätsentwicklung bewirken, daß Mädchen und Frauen vorrangig zum 'Dasein für andere' verpflichtet werden bzw. sich verpflichtet fühlen.[...] Mädchen/ Frauen sehen sich [deshalb] in ihrem (geschlechtstypischen) Selbstverständnis und Verhalten bestätigt", wenn sie zum 'Dasein' und 'Menschsein für andere' befähigt werden sollen. Ihre Verhaltensweise des 'Daseins für andere' werde verstärkt, unter Umständen einem besonderen Leistungsdruck unterworfen. Die Forderung, für andere da zu sein, werde von den Mädchen und Frauen eher auch als „selbstverständlich" betrachtet. Der Gehorsam der Frauen bedürfe daher, weil „selbstverständlich", auch keiner Anerkennung. Jungen/ Männer würden dagegen „mit einer Forderung konfrontiert, die sich im

---

[21] F. Oser/ W. Althof, Moralische Selbstbestimmung, Modelle der Entwicklung und Erziehung im Wertebereich, Stuttgart 1992, 293-335; Weibliche Moral – ein Mythos? Hg. v. D. Horster, Frankfurt 1998.
[22] Nunner-Winkler, in: Weibliche Moral, 13.

geltenden Männlichkeitskonzept eher nachgeordnet findet, primär aber dem nicht zu erstrebenden (weil untergeordneten) Weiblichkeitskonzept zuzurechnen ist. Das geforderte Verhalten ist konträr zum Selbstverständnis und wird - falls es übernommen wird - keine Anerkennung bringen."[23] Die von den Autoren des Compassion-Projekts intendierte Mentalitätsänderung wird sich aufgrund dieser gesellschaftlichen Muster wohl als sehr schwierig erweisen.

3.3 Egozentrik versus Altruismus – Wertorientierungen Jugendlicher

Altruismus steht in der Gegenwart unter vielfachem Verdacht. Gerd THEISSEN hat drei Argumentationsebenen skizziert. [24] Das *psychologische* Argument lautet: Altruismus und Prosozialität seien psychische Selbstausbeutung, die den Helfenden notorisch überfordere. Wer altruistisch handelt, laufe Gefahr, sich von den Hilfsbedürftigen nicht genug abzugrenzen und so in die Krise zu kommen. Psychoanalytisch betrachtet, hätte man es mit einem ‚Helfersyndrom' zu tun. Aufgrund frühkindlicher Prägungen, einem Über-Ich mit allzu großen altruistischen Idealen, würden die eigenen Bedürfnisse verdrängt und eine Fassade der Vollkommenheit aufrechterhalten, hinter der der Helfer seine eigene Hilflosigkeit verstecke. Zugleich bearbeite er diese, indem er seine Hilflosigkeit in die Hilflosigkeit anderer Menschen hineinprojiziere. THEISSEN nimmt an, daß diese Kritik des Altruismus als Selbstausbeutung gerade in einer Zeit der Selbstentfaltungsmoral besonders zugkräftig sein wird, in der „Selbstausbeutung als *die* Grundverfehlung des Lebens" erscheint.[25]

Die *soziologisch* argumentierende Altruismuskritik behauptet, Hilfe sei eine raffinierte Form von Herrschaftsausübung. Dieses Argument ist nicht leicht von der Hand zu weisen. Hilfe, die kein Gegengeschenk erwartet, ist asymmetrisch. Insofern steht die mit Compassion umschriebene Haltung, wie eingangs diskutiert, möglicherweise in der Gefahr gönnerhafter Herablassung.
Barmherzigkeit war im orientalischen Ethos Pflicht der Reichen und ein Gnadenerweis, den die Hilfsbedürftigen entgegennahmen. Das Neue Testament setzt an die Stelle der Barmherzigkeit Nächstenliebe, d.h. eine Haltung der Hilfsbereitschaft, die im andern einen Menschen erkennt, der so ist wie ich und deshalb Anspruch auf Zuwendung hat.[26] Moderne Staaten schaffen eine vergleichbare Symmetrie durch die Institution eines einklagbaren Rechts auf Sozialhilfe. Sie schaffen damit Symmetrie zwischen Reichen und Habenichtsen. Übertragen wir diese Recherche auf das Anliegen des Compassion-Projekts, so ist zu sagen: Damit diese Symmetrie in den Ver-

---

[23] A. Wuckelt, *Gender* als Konzept religionspädagogischen Handelns, in: Katechetische Blätter 123 (1998) 370-373, bes. 372 f;- H. Faulstich-Wieland, Geschlecht und Erziehung. Grundlagen des pädagogischen Umgangs mit Mädchen und Jungen, Darmstadt 1995; J. Hopfner/ H.W. Leonhard, Geschlechterdebatte. Eine Kritik, Bad Heilbrunn 1996.
[24] Zur folgenden Übersicht vgl. G. Theißen, Die Bibel diakonisch lesen: Die Legitimationskrise des Helfens und der barmherzige Samariter, in: Diakonie – biblische Grundlagen und Orientierungen, hg. v. G. Schäfer/ Th. Strohm, Heidelberg 2/1994, 376-393.
[25] Theißen, a.a.O., 378.
[26] Theißen, a.a.O., 387.

teilungskämpfen einer entsolidarisierten Gesellschaft aufrecht erhalten werden kann, braucht diese Gesellschaft einen neuen Konsens, der Solidarität mit Schwachen für selbstverständlich hält.

Eine weitere Entzauberung altruistischer Haltungen kommt aus der *Soziobiologie*.[27] 'Altruismus' diene unter Tieren der Verbreitung der eigenen Gene. Hilfe erfolgt nicht nur bei Tieren abgestuft nach der Nähe der Verwandschaftsverhältnisse. Das tun auch Menschen. 'Altruismus' dient also dem Überleben der Gattung, er ist schlichtweg lebensnotwendig. Aber tatsächlicher Altruismus, der vom andern nicht gleich entsprechende Gegenleistung, und sei es auch nur Dank erwartet, wäre gegen die Evolution gerichtet.

Nach THEISSEN besteht das Dilemma dieser Argumente darin, daß Altruismus unter dem Aspekt seiner Funktionalität betrachtet zwangsläufig zum Nachrechnen führt, ob Hilfe legitim sei oder nicht. So könne man aber nicht fragen. Denn Hilfe kann letztlich funktional nicht begründet werden. „Hilfsadressaten sind nicht Systeme, sondern konkrete Menschen. Helfen wir ihnen nur unter der Bedingung, daß unsere Hilfe zur Funktion psychischer, sozialer und evolutionärer Systeme beiträgt, so verfehlen wir die schlichte Tatsache, oder genauer: die grundlegende Überzeugung, daß jeder Mensch einen Wert in sich selbst hat. Dieser Wert ist unabhängig davon, ob wir uns durch die Zuwendung zu ihm psychisch bereichert fühlen oder nicht. Hilfsmotivation ist sachlich eine Antwort auf diesen unverrechenbaren Wert jedes Menschen. Sie ist letztlich nur transfunktional begründbar [...] Sie ist eine 'souveräne Lebensäußerung'" (K.E. Logstrup)[28]

Möglicherweise sind die von THEISSEN referierten Argumentationslinien auch schon überholt. Denn mit der Auflösung der traditionellen Milieus geht auch eine Entgrenzung der Solidaritätsbezüge einher. Die Solidarität gilt nicht mehr nur der eigenen Familie und dem eigenen Milieu. Sie gilt dem, dem ich sie freiwillig anbiete, aufgrund eigener Wahl und zeitlich und sachlich begrenzt. Altruismus steht, wie der amerikanische Soziologe Robert WUTHNOW in seiner Studie *Acts of compassion*[29] gezeigt hat, deshalb problemlos neben Selbstentfaltungswerten. Die von ihm Befragten handeln altruistisch nicht aus Opferbereitschaft oder aus Selbstlosigkeit heraus, sondern weil sie das Gefühl (!) haben, selbst etwas davon haben: eine tiefe Befriedigung, wie sie nur aus zwischenmenschlichen Begegnungen zu ziehen sei. Diese Selbstinterpretationen sind nicht frei vom Verdacht der genannten psychologischen und soziologischen Argumentationslinien. Doch ohne Zweifel steckt in der Auflösung sozialer Milieus die Chance für einen erweiterten Begriff von Solidarität, Hilfsmotivation und sozialem Handeln.[30] Diese Motivation braucht allerdings, wie die Erfahrung lehrt, vermittelnde Anstöße, Organisationen, die zwischen Helfern und Hilfsbedürftigen vermitteln. Sie

---

[27] E.O. Wilson, Biologie als Schicksal. Die soziobiologischen Grundlagen menschlichen Verhaltens, Frankfurt 1980 (engl. 1978), 142 ff; Horbach, Altruismus, 115-176.
[28] Theißen, a.a.O., 381.
[29] R. Wuthnow, Acts of Compassion: Caring for ourselves and helping Others, Princeton 1991- Auszüge daraus in: Kinder der Freiheit, hg. v. U. Beck, Frankfurt 1997, 34-84.
[30] M.N. Ebertz (Freiburg) in einem Vortrag zu soziologischen Bedingungen solidarischen Handelns, Sasbach März 1998.

kommt nicht von allein. Im Falle von Compassion übernimmt die Schule diese Organisation. Traditionelle Organisationsformen sind nach wie vor die Kirchen. Und hier kommt die Wirkung von Milieus entgegen den bisher vorgetragenen Analysen doch wieder zum Vorschein. WUTHNOW beobachtet, daß Kirchgänger dann altruistisch handeln, wenn ihr Pfarrer dazu aufruft. Sie handelten weniger aus eigener Initiative. Das sagt vor allem etwas über die von WUTHNOW untersuchten Kirchenmilieus aus, näherhin ihre Milieuverengung, die paternalistisch Hilfe jenen zukommen läßt, die in irgendeiner Weise in Beziehung zur Gemeinde stehen. Stimmt diese Überlegung, dann wäre auf die Hilfsbereitschaft dieser Milieus und ihre prägende Kraft für die Ausbildung altruistischer Motive weniger Verlaß als dies Gerhard SCHMIDTCHEN[31] in seiner interessanten Studie über Wertorientierungen Jugendlicher im deutschen Sprachraum vermutet und - übrigens unter Berufung auf WUTHNOW - der Religionspädagoge Bernhard GROM[32] als These ebenfalls formuliert: Daß kirchlich gebundene Jugendliche (und Erwachsene) sich eher altruistisch verhielten und compassion zeigten als andere. Schmidtchen legt folgende Zahlen vor:

Tabelle: Kirchliche Bindung und altruistische Orientierung

	Kirchenbesuch	
	(fast jeden Sonntag)	selten/nie
ausgeprägte altruistische Orientierung		
Protestanten	71%	29%
Katholiken	55%	33%

Abbildung: Altruismus und Selbstbezogenheit bei kirchlich und nicht kirchlich gebundenen Jugendlichen

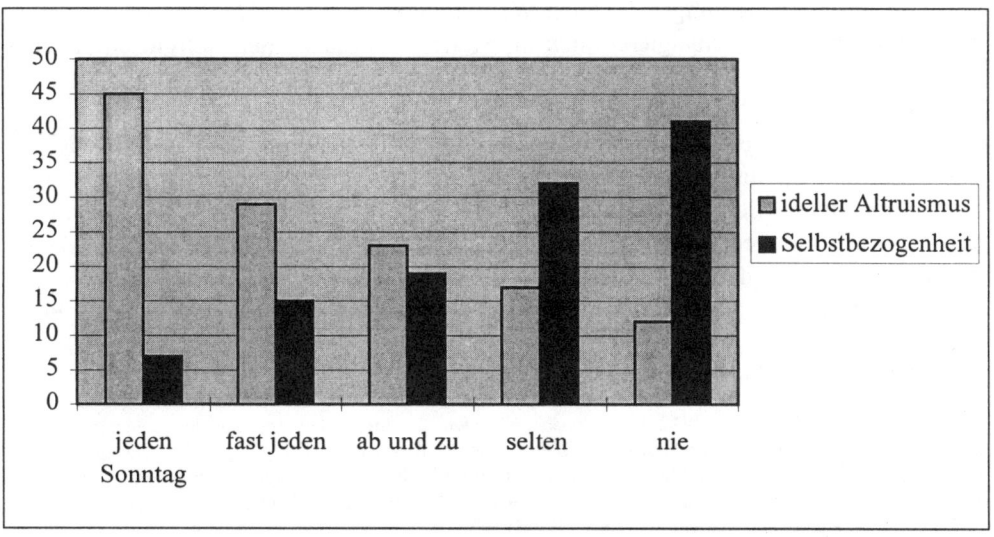

---

[31] G.Schmidtchen, Ethik und Protest. Moralbilder und Wertkonflikte junger Menschen, 2 Bde., Opladen 1992.
[32] B.Grom, Soziales Engagement und Konfessionsverbundenheit, in: FAZ Nr. 142, 22. Juni 1994, 8.

Anmerkung: Die Abbildung enthält keine Prozentwerte, sondern Zahlen. Die Darstellung von Schmidtchen fällt daher etwas dramatischer aus als die Fakten das erlauben.

Die sozialisierende Kraft der kirchlichen Milieus und ihr Einfluß auf die Ausbildung altruistischer Haltungen scheint unverkennbar. Dieser Befund hat SCHMIDTCHEN zu der These veranlaßt: „Ohne die kirchliche Kultur würden altruistische Orientierungen in der Gesellschaft zurückgehen. Die säkulare Gesellschaft erzeugt jene Verhaltensorientierungen nicht, die sie dringend braucht."[33]

Für das Compassion-Projekt hätte dies zur Folge, daß dieses Projekt kirchlich gebundene Jugendliche in ihrer Wertorientierung besonders stützt. Die Frage, ob das Projekt anders orientierte Jugendliche erreicht, bliebe fraglich.

Aber möglicherweise sind die Daten von SCHMIDTCHEN auch anders interpretierbar. Kirchlich gebundene Jugendliche sind sozial integrierte Jugendliche. Sie haben mehr Vertrauen zu Erwachsenen und sind mehr als andere Jugendliche an Erwachsenen und Erwachsenenmoral orientiert. Sie sind „familienbezogener und 'häuslicher' als die anderen Jugendlichen".[34] Soziale Integration begünstigt Haltungen, die der Gruppe zugute kommen. Aber diese Haltungen schließen selbstbezogene Motive nicht aus. WUTHNOW zitiert eine Studie, in der ausgeprägter Individualismus auf die Formel gebracht wurde: „In der Lage zu sein, das zu tun, was man möchte." - in dieser Studie sagten 79% derjenigen, die diesen ausgeprägten Individualismus am meisten ablehnten, es sei für sie persönlich sehr wichtig, Menschen in Not beizustehen. Bei den ausgeprägten Individualisten aber „war der Anteil jener, die es für sehr wichtig erachten, in Not geratenen Menschen zu helfen, noch [etwas !] höher, nämlich 83%."[35] Daran sehe man, sagt WUTHNOW, Eigeninteresse/ Individualismus und Altruismus schließen sich gegenseitig nicht aus. Die Unterscheidung von Altruismus und Egoismus wird mithin bedeutungslos. Helen WILKINSON, in England arbeitende Soziologin, resümiert: „Viele engagieren sich als Helfer nicht aus einem religiösen Antrieb heraus, sondern weil sie es lohnend und erfreulich finden und als persönliche Bereicherung betrachten."[36] Die neue SHELL-Jugendstudie scheint die Hypothese zu stützen, daß wir es bei den Jugendlichen der 90er Jahre weithin mit einem Mischtypus von Eigeninteresse und Altruismus zu tun haben. Dieselben Jugendlichen, registrieren die Autoren der SHELL-Studie Jugend '97 mit Verwirrung, stimmen Werten zu, die in der Wertedebatte eher Gegensatzpaare bilden und Alternativen bilden und von denen angenommen wird, daß sie in der Regel nicht gleichzeitig gleich intensiv vertreten werden können. Die Trennlinie unter den Jugendlichen verlaufe jedoch heute nicht

---

[33] Schmidtchen, Ethik und Protest, 224.
[34] Vgl. J..Zinnecker, Jugend, Kirche und Religion, in: Religionsunterricht im Abseits? Hg.v. G..Hilger/ G..Reilly, München 1993, 112-146, hier: 132 f. - Zinneckers Daten stammen allerdings aus den achtziger Jahren. Zinnecker schätzt, dass seine Ergebnisse für die Jugend in Westdeutschland gültig seien. Dagegen sei zu beachten, dass sich in der kirchlichen Jugend Ostdeutschlands bis 1989 gerade umgekehrt die Protest formulierenden Jugendlichen sammelten. (Zinnecker, a.a.O., 135; vgl. SHELL-Studie, Jugend '92).
[35] Wuthnow, in: Kinder der Freiheit, Frankfurt 1997, 57.
[36] H. Wilkinson, Kinder der Freiheit. Entsteht eine neue Ethik individueller und sozialer Verantwortung? In: Kinder der Freiheit, hg. v. U. Beck, Frankfurt 1997, 122.

zwischen jenen, die besonders egozentrisch, und jenen, die besonders altruistisch genannt werden können. Die Grenze sei eher zwischen jenen auszumachen, die allen Werten mit hoher Punktzahl zustimmen, und jenen, die ein nur wenig ausgeprägtes Orientierungsniveau zeigen. Hohe Zustimmungswerte (Zustimmungswerte 6 und 7 auf einer Skala mit 7er-Abstufung) erreichten folgende Wertorientierungen: „eigene Fähigkeiten entfalten" (68,8%), „das Leben genießen" (65,4%), „unabhängig sein" (62%), „durchsetzungsfähig sein" (61,9%), „sich selbst verwirklichen" (60,9%). Diese eher egozentrischen Werte werden kontrastiert von eher altruistischen Motiven wie: „pflichtbewußt sein" (66,6%), „anderen Menschen helfen" (54,2 %), „Rücksicht auf andere nehmen" (51,7%). „Verantwortung für andere übernehmen" wollen 36,1%. „Tun und lassen, was man will" wollen nur 35%.[37]

Greifen wir diese Beobachtungen auf, dann kommen wir zu der Hypothese: *In dem Maße, wie die Schülerinnen und Schüler das Praktikum für sich selbst als einen persönlichen Gewinn betrachten können, werden sie auch ihr Engagement für andere als bereichernd betrachten und Handlungsbereitschaft im Sozialen entwickeln.*

3.4 Erlebnispädagogik - Unterricht

Sozialpraktika haben ihre Tradition in der Erlebnispädagogik. Die drei Erfolgskomponenten der Erlebnispädagogik hat KURT HAHN benannt: (1) eine zeitlich befristete Alternative zur normalen Schulerfahrung, (2) eine herausgehobene und seltene Intensität und (3) ein persönlichkeitsbildender Effekt. „Alles das wäre in der langen, routinierten Normalzeit von Verschulung nicht möglich, lebt aber dann vor allem von diesem Kontrast", schreibt mit deutlich kritischem Unterton Jürgen OELKERS.[38]

In der Erziehungswissenschaft ist die Wirkung erlebnispädagogischer Aktionen umstritten. Die Frage lautet, was das Erleben von Realsituationen bewirkt und welche Funktion der schulische Unterricht dabei hat. Unterricht soll auf Handeln in Realsituationen dadurch vorbereiten, daß er vorweg das Wissen vermittelt und pädagogisch verantwortet, das notwendig ist, um diese Situationen zu bewältigen. Erlebnispädagogik kehrt dieses Verhältnis tendenziell um und provoziert damit eine Reihe von Fragen, u.a. nach der pädagogischen Verantwortung, die der Lehrer bzw. die Lehrerin für die Schule hat, nicht aber das Leben. In pädagogischer Perspektive ist daher zu fragen: Kann Erleben erziehen?[39] Kann die Unmittelbarkeit des Erlebnisses Einstellungen ändern? Wie unmittelbar ist das Erlebnis, das im Praktikum erlebt wird? Trifft die Erlebnispädagogik nicht auch das Verdikt des Mythos, das Jürgen OELKERS über die Reformpädagogik, eine Wurzel der Erlebnispädagogik, gesprochen hat?[40] In welchem Verhältnis stehen Scheitern und Erfolg? Wie wirkt und was *bewirkt* Erleb-

---

[37] Jugend '97: Zukunftsperspektiven, Gesellschaftliches Engagement, Politische Orientierungen, Jugendwerk der Deutschen Shell (Hg.), Opladen 1997, 299.
[38] J. Oelkers, „Erlebnispädagogik" - Ursprünge und Entwicklungen, in: Erlebnispädagogik, hg. v. H.G. Homfeldt, Baltmannsweiler ²1995, 18.
[39] J. Oelkers, Kann Erleben erziehen? In: Zeitschrift für Erlebnispädagogik, Lüneburg 1992.
[40] J. Oelkers, Reformpädagogik. Eine kritische Dogmengeschichte, Weinheim/ München ³1996.

nispädagogik? Bewegen wir uns mit dem Compassion-Projekt im Bereich von Verheißungssemantik?

Jürgen REKUS, der die Vorbereitungsphase und den Antrag zur wissenschaftlichen Begleitung des Modellversuchs auf den Weg gebracht hat, hat in einem bislang unveröffentlichten Vortrag die erlebnispädagogische Seite des Compassion-Projekts pädagogisch ventiliert und ist zu einem skeptisch stimmenden Ergebnis gekommen: „Bei den meisten Ansätzen des erfahrungs-, erlebnis-, handlungs- oder auch praktisch orientierten Lernens geht es gar nicht um die zunehmende Selbständigkeit und Eigenverantwortung der Lernenden im Handeln, sondern um deren Einbindung in vorgegebene Handlungsstrukturen und –muster."[41] HECKMAIR und MICHL haben diesen Typ erlebnispädagogischer Projekte so charakterisiert: „Der Teilnehmer einer Schlauchbootfahrt, einer Fahrradtour, einer Höhlenbegehung soll im geplanten Erlebnis vom Ereignis ergriffen werden [...] Es wird vermutet, daß eine geballte pädagogische Energie in besonderen Erlebnissen liegt, die lange nachwirkt oder nur ins Vorbewußte abgleitet und bei Bedarf ins Bewußtsein gerufen werden kann. Das Erlebnis wirkt also sozusagen von selbst, wird zum Bodensatz der Persönlichkeit und braucht nicht durch ein bewußtmachendes Gespräch oder andere Methoden verstärkt zu werden."[42] Auf das Compassion-Projekt übertragen würde das bedeuten, daß man die Praktika in Kindergärten, Altersheimen, Sozialstationen, Krankenhäusern, Bahnhofsmissionen usw. als Handlungsarrangements sieht, in denen den Schülerinnen und Schülern gar nichts anderes übrigbleibt, als situativ, notwendig und Not wendend tätig zu werden - mit der Erwartung, daß sich dabei gleichsam von allein die angestrebten sozialverpflichteten Haltungen und Einstellungen bilden werden. Man darf mit Recht bezweifeln, daß so ethisches Lernen funktioniert.

Ethische Haltungen beruhen auf Einsicht. Die Rationalität des Sittlichen, die Einsicht, daß das Gute zu tun und das Böse zu meiden sei und daß Menschen sich über „das gute Leben" unabhängig von Weltbildern und Weltanschauungen mit Hilfe der Vernunft verständigen können, - sie ist mit der Autonomie des Menschen gegeben, der sich seiner Mündigkeit und damit seiner Verantwortung nicht nur vor irgendwelchen Werten, sondern auch für diese Werte bewußt geworden ist.[43] Mit der Mündigkeit ist aber auch der Zwang zur Orientierung unabweisbar. Pädagogik als nicht zu hinterfragende Einweisung in bestimmte Verhaltensweisen war möglich, solange nicht Orientierung, sondern Einweisung in ein bestimmtes Weltbild, in einen klar definierten gesellschaftlichen Stand und einen festen Wertekanon der Erziehungsauftrag war. Von solchem Weltbild und Wertekonsens kann nun aber keine Rede mehr sein. Für das Compassion-Projekt folgt daraus, daß die pädagogisch relevanten Prozesse „nicht bloß in der Praktikumssituation" stattfinden, „sondern vorrangig [!] in der didaktischen und

---

[41] J. Rekus, Compassion - Zur Aufgabe und zu den offenen Fragen eines „erlebnispädagogischen" Modellversuchs. [Unveröffentliches Manuskript, Juli 1996], 11.
[42] Heckmair/ Michl, 1994, 67, zit. nach Rekus, a.a.O., 8.
[43] Vgl. zu diesem Aspekt der Rationalität des Sittlichen aus theologischer Sicht: A. Auer, Autonome Moral und christlicher Glaube, Düsseldorf 1971; aus pädagogischer Sicht: J. Rekus, Bildung und Moral. Zur Einheit von Rationalität und Moralität in Schule und Unterricht, Weinheim/ München 1993.

methodischen Vorbereitung, in der beratenden Begleitung und in der wertenden Synthese der unterrichtlichen Auswertung und Nachbereitung."[44]

Sollte diese Synthese gelingen, dann hätten wir im Compassion-Projekt nicht nur einen Beitrag zur kritisch-konstruktiven Rezeption der Erlebnispädagogik an unseren Schulen. Wir hätten dann auch einen Nachweis, daß die Segementierung des Schulwissens[45], hier im Bereich der Moralpädagogik, überwunden werden kann.

Wir schlagen vor, den umstrittenen weiten Begriff Erlebnispädagogik durch den - zugegeben nicht minder umstrittenen - Begriff *Praktisches Lernen* zu ersetzen, wie Andreas FLITNER und Wolfgang SCHULZ ihn eingeführt haben. Sie verstehen darunter einen „Suchbegriff", der viele verschiedene Lehr-Lernformen, reformpädagogische Traditionen seit der Jahrhundertwende und aufklärerisch-emanzipatorische der 60er Jahre gegen die 'scholastische' Einseitigkeit traditionellen Unterrichts in Erinnerung bringen soll. Der pädagogische Leitgedanke ist, daß die Schule Wissen produziert, von dem die Schüler nicht wissen, wozu es taugt. Die Irrelevanz des Schulwissens für den Schüler soll durch ein Lernen überwunden werden, das Praxis und Wissen, das zur Bewältigung der Praxis notwendig ist, ganz nah zusammenbringt und in einen sinnlich wahrnehmbaren Zusammenhang stellt. Andreas FLITNER schreibt: „Praktisches Lernen soll daran erinnern, daß Denken, Handeln, Wissen zusammengehören und aufeinander bezogen sind, und daß für Kinder und Jugendliche dieser Zusammenhang viel drängender ist als für die Erwachsenen mit ihrer zivilisatorisch gebändigten Sinnlichkeit. Es soll erinnern an die immer wieder unbefriedigende und unabschließbare Aufgabe der Schule, nicht nur Wissen einzuführen, sondern ihnen verständlich und erfahrbar zu machen, wie dieses Wissen mit der Wirklichkeit zusammenhängt."[46]

Diese Beschreibung praktischen Lernens paßt insofern zu unserem Verständnis ethischen Lernens, als wir davon ausgehen, daß die ethische Dringlichkeit sozialverpflichteter Haltungen und der Handlungsbereitschaft im Sozialen mit all ihren Facetten von Prosozialität, Altruismus und selektiv authentischer Sympathie in der Realsituation der Begegnung mit den Menschen eingesehen werden kann, die auf soziales Handeln angewiesen sind. Diese Evidenz beruht nicht auf Gefühl. Sie ist vielmehr das Ergebnis von Wahrnehmung, Orientierung, Reflexion, Einsicht und Bewertung. Hier schließt der schulische Unterricht an, kann er souverän und seiner Möglichkeiten gewiß sicher anschließen, insofern Unterricht allemal strukturierte, durchschaute und deshalb auch verantwortete und verantwortbare Wirklichkeit darbietet. Die Aufgabe des Unterrichts im Anschluß an das Praktikum besteht also darin, daß er das Erlebte strukturiert, orientiert, bewerten hilft und damit den Aneignungsprozeß voranbringt. Erst in diesem Zusammenspiel von Erleben, Konstruktion, Rekonstruktion und kognitiver Aneignung des Erlebten klärt sich die widerständige Sachwelt und widerspruchsreiche Menschenwelt auf und werden die Bedingungen und Gesetze, denen die Lebenswelten unterworfen scheinen, die die Schülerinnen und Schüler in den Sozialpraktika

---

[44] Rekus, a.a.O., 18.
[45] Vgl. hierzu W. Edelstein, Moralische Intervention in der Schule. Skeptische Überlegungen, in: Transformation und Entwicklung, hg. v. F. Oser/ R. Fatke/ O. Höffe, Frankfurt 1986, 327-389.
[46] A. Flitner, Lernen – mit Kopf, Herz und Hand, in: Jahresheft IV „Lernen", Velber 2/1990, 9.

kennenlernen, als veränderbar erkannt.⁴⁷ Und die Schülerinnen und Schüler haben die Chance, auch die Grenzen solcher Veränderbarkeit kennenzulernen und die Aporien menschlicher Lebenslagen wahrzunehmen, die zum Menschsein gehören und denen sie selbst ausgesetzt sind, sobald sie die Augen aufmachen: Kindheit und Kleinsein, das Alter, die Behinderung, die nicht zu beheben ist, usw.

Unsre Hypothese lautet, daß das Sozialpraktikum in Verbindung mit Unterricht Handlungsbereitschaft im Sozialen fördert, wenn es gelingt, Schülerinnen und Schüler in unmittelbare Erfahrungen und Interaktionen zwischen Helfer und Adressaten zu verwickeln. Empathie und Kooperation, mit anderen Worten: Mitmenschlichkeit, erwachsen aus solchen Interaktionen. Sie werden im Gedächtnis behalten, wenn der Unterricht darauf immer wieder eingeht. Und sie werden verblassen, wenn das nicht geschieht.

---

[47] W. Schulz, Praktisches Lernen und didaktisches Reflektieren, in: Neue Sammlung 3/1990, S.403, zit. nach L. van Dick, in Pädagogik 6/1991, 32 ff.

3.5 Schulartspezifische Wirkungen? Zur Vergleichbarkeit von Gymnasium und Hauptschule

Bilder leiten unsere Wahrnehmung der Schule und ihrer Schülerinnen und Schüler. Das Compassion-Projekt wurde zunächst für Gymnasialklassen konzipiert. Das zeigt die Beschreibung. Im Modellversuch kamen weitere Schultypen hinzu: eine Hauptschule, eine Realschule und eine Förderschule. Diese Schulen haben versucht, das Compassion-Projekt ihrem Schultyp anzupassen. Aber es bleiben Unterschiede. Man ist versucht zu sagen, daß je nach Schultyp die Wirkungen des Projekts sich verändern. Denn Gymnasial- und Realschulunterricht ist Fachunterricht. In der Förderschule und in der Hauptschule steht die pädagogische Förderung der Schüler im Vordergrund. Dieses Bild beeinflußt das Verhalten der Lehrer. Exemplarisch zeigt sich das an der Literatur zur Hauptschule. Die einen sehen die Hauptschule als „Restschule", die andern arbeiten die spezifisch pädagogische Orientierung der Hauptschule heraus und sehen darin ein attraktives Angebot für Eltern, Schülerinnen und Schüler.

Die allgemeine Einschätzung der Hauptschule als „Restschule" bedingt, daß sich die Schülerinnen und Schüler der Hauptschule mit dem Stigma „Restschüler" behaftet sehen. Entsprechend gering ist ihr Selbstwertgefühl und ihr Zutrauen in die eigene Leistungsfähigkeit. Die Schule ist für sie nach den in aller Regel negativen Lernerfahrungen in der Grundschule ein System, zu dem man innerlich auf Distanz geht. Zugleich aber scheint, einer Untersuchung von Klaus HURRELMANN zufolge, die pädagogische Beziehung zwischen Lehrern und Schülern gerade an Hauptschulen noch am ehesten so beschaffen zu sein, daß sie „eine Hilfe bei persönlichen und vor allem bei schulischen Problemen möglich erscheinen läßt". Hauptschülerinnen und Hauptschüler sind auf solche soziale Unterstützung in besonderer Weise angewiesen. Sie kommen, mehr als das bei Schülern der weiterführenden Schulen der Fall ist, aus Familien, die ökonomisch und gesellschaftlich in einer Randsituation leben. Ihre Familien sind mehr als andere Familien von Arbeitslosigkeit, Fremdenfeindlichkeit und sozialer Ausgrenzung betroffen.

Dieses „Bild von der Restschule hat sich verfestigt"[48]. Man konstatiert den Schülerschwund und rät, dem Elend ein Ende zu machen, d.h. die Hauptschule aufzulösen.[49] Schließlich wird Klage über das Desinteresse der Eltern an der schulischen Entwicklung ihrer Kinder geführt. Wer sein Kind dort hat, habe es schulisch abgeschrieben. Die Befragung von Eltern, die REKUS, HINTZ und LADENTHIN durchgeführt haben, zeichnet nun ein ganz anderes Bild.[50] Die Eltern, soweit sie sich geäußert haben, erkennen sehr wohl die Schwächen, die Defizite und Unzulänglichkeiten der Hauptschule, aber sie akzeptieren die Schule, weil sie hoffen, daß diese Schule sich um das Kind pädagogisch bemüht. Das Image der Hauptschule werde von den Eltern „nicht so negativ gesehen, wie in der Öffentlichkeit manchmal kolportiert

---

[48] W. Schumann (Hg.), In der Hauptschule unterrichten. Didaktische und pädagogische Aspekte der Hauptschule, Bad Heilbrunn 1996, 7.
[49] E. Rösner, Abschied von der Hauptschule. Folgen einer verfehlten Schulpolitik, Frankfurt 1989.
[50] J. Rekus/ D. Hintz/ V. Ladenthin, Die Hauptschule. Alltag, Reform, Geschichte, Theorie, Weinheim 1998.

wird."[51] Der Vorsprung der Hauptschule gegenüber anderen Schulen liege in den pädagogischen bzw. erzieherischen Qualitäten ihrer Lehrerinnen und Lehrer. Die Eltern der Hauptschüler erwarten, daß ihr Kind pädagogisch gefördert wird und auf diesem Wege, Zutrauen in seine Fähigkeiten schöpfend, weitere Bildungschancen über die Hauptschule erreichen kann. Die Eltern haben also Bildungserwartungen an die Hauptschule. Nur 10% der von Rekus u.a. befragten Hauptschul-Eltern betrachten die Hauptschule als uneffektiv (wirkungslos, schwach, veraltet), bei den Eltern der Kontrollgruppe (Gymnasialeltern) liegt das Negativimage hier bei 20%. Ein Vergleich der Elternerwartungen von Hauptschul-Eltern mit Gymnasial-Eltern zeigt, daß die von den Eltern der Hauptschüler erwartete pädagogische Orientierung in den untersuchten Schulen tatsächlich stattfindet, während Gymnasial-Eltern diese Orientierung mehrheitlich nicht verwirklicht sehen.

Item: „Die Erziehung steht im Vordergrund."[52]

	trifft voll und ganz zu	trifft eher zu	trifft eher nicht zu	trifft in keiner Weise zu
Hauptschulstichprobe	29	44	23	4
Gymnasiale Stichprobe	3	31	45	11

In der Rangskala der Wünsche von Hauptschuleltern stehen an erster Stelle (Faktor 1) die „Erziehung zur Lebenstüchtigkeit": das „Lernen von Verantwortung", „Selbständigkeit" und „Sozialverhalten". Es folgt (Faktor 2) unmittelbar danach der Wunsch nach pädagogischer Betreuung und Förderung. Insgesamt weniger wichtig ist der Effektivitätsfaktor (Faktor 3) und die berufsqualifizierende Förderung (Faktor 4), näherhin Wissen und Leistung. „Schüler, Lehrer und Eltern sind sich darin einig, daß die hierarchisch niedrigste Schulart, die Hauptschule, Stärken besitzt, die außerhalb der reinen Wissensvermittlung liegen. Es sind Aspekte eines positiven (Lern)klimas, denen eine zentrale Stellung zugewiesen wird. Die Notwendigkeit dieses pädagogisch-erzieherischen Profils resultiert wohl aus dem erhöhten Bedarf an Zuwendung und Unterstützung, der aufgrund der häuslichen und schulischen Sozialisation vieler Hauptschüler erforderlich ist. Dieser Bedarf würde sicherlich auch dann fortbestehen, wenn es keine Hauptschule gäbe."[53]

Wir wollen nicht schönreden. Die Wirklichkeit der Hauptschule ist bekanntlich sehr vielfältig. Klassen mit der Perspektive des Werkrealschulabschlusses sind leichter zu führen als die Restklassen, und die wieder leichter als die Klassen in Brennpunktschulen. Im Vergleich zu Schulen anderer Schularten fühlen sich Hauptschüler insgesamt am meisten belastet und kommen Hauptschüler mit ihrer Schule am wenigsten zurecht.[54] Befragt man aber die Eltern, welche Hauptschule sie sich für ihre Kinder

---

[51] Rekus u.a., 35.
[52] Rekus u.a., 29.
[53] Rekus u.a., 60.
[54] Projektgruppe Belastung, Belastung in der Schule? Eine Untersuchung an Hauptschulen, Realschulen und Gymnasien Baden-Württembergs, Weinheim 1998.

wünschen, wenn die Kinder nun schon mal auf der Hauptschule sind, und porträtiert man einmal Schulen, die in Eltern- wie Schülersicht als attraktiv gelten und auf die die Schüler nach eigener Auskunft gern gehen, dann, das zeigt die Studie von REKUS u.a., ist eine Hauptschule attraktiv, wenn „sie Schülern mit Lern- und Leistungsschwierigkeiten Erfolgswege schulischer und beruflicher Art eröffnen kann. Zu diesem Erfolgsweg gehört die intensive Zuwendung zum Schüler, der durch das erfahrene Zutrauen zunehmend Selbstvertrauen gewinnen kann." Und die Hauptschule ist dann auch attraktiv, wenn sie „nicht nur zu solidem Wissen, sondern zugleich zum selbständigen und verantwortlichen Handeln führt. Auch wenn nicht alle Schüler am Ende der Hauptschulzeit einen mittleren Bildungsabschluß erreichen werden, ist der erzieherisch gestaltete Weg zur Selbständigkeit im Denken, Urteilen und Handeln das entscheidende Attraktivitätsmerkmal der Hauptschule."[55] Das Compassion-Projekt kommt den Elternerwartungen also sehr entgegen.

Wir denken *nicht*, daß die sozialen Erfahrungen von Hauptschülern und Gymnasiasten in den Praktika jeweils andere sind. Hier wie dort haben wir es mit Jugendlichen der gleichen Generation zu tun. Unterschiede ergeben sich aus der Altersdifferenz, dem familiären Hintergrund, der Unterstützung durch die Eltern, der Geschlechterdifferenz, den kognitiven Fähigkeiten, der moralischen Urteilskompetenz, der Einbindung in soziale Milieus und den dort vorhandenen Anregungsbedingungen zu altruistischem Handeln, nicht zuletzt dem Engagement der Lehrer usw.. Nicht der Schultyp, sondern die außerhalb der Schule vorhandenen Vorbilder und Defizite, denen die Hauptschule durch ihre pädagogische Orientierung in besonderer Weise begegnet - das gilt übrigens auch für die von uns untersuchte Förderschule -, müssen als Variablen in Betracht gezogen werden. *Der Schultyp dürfte als Variable keine Rolle spielen.* Natürlich gibt es Brennpunktschulen mit einer bestimmten Häufung von Problemschülern. Und diese Häufung kann auf den Verlauf des Compassion-Vorhabens zurückwirken. Das liegt aber dann nicht an der Schulart, sondern an der schulorganisatorischen Entscheidung, diese Jugendlichen an diesen Schulen zusammenzufassen. Nicht der Schultyp, sondern der in einem Schultyp sich häufende Typus von Jugendlichem beeinflußt unsere Daten. *Schulartspezifische Wirkungen sind nicht zu erwarten.*

4. Zusammenfassung der Thesen

(1) *Verständnis des Projekts durch die Schüler*: Wir gehen davon aus, daß die von uns begleiteten Jugendlichen einer im Sinne Kohlbergs konventionellen Moral verhaftet sein werden. Das heißt: Sie werden den Einsatz für andere gut finden, weil das sozialmoralische Leben mit andern, das Leben in einer Gruppe, Solidarität mit Schwachen einschließt.

(2) *Geschlechtsspezifische Wirkungen*: Schülerinnen scheinen mehr als Schüler das Compassion-Projekt im Sinne einer Moral der Fürsorge zu verstehen. Vermutlich

---

[55] Rekus u.a., 91.

ist dieser Unterschied mit unterschiedlichen Rollenerwartungen zu erklären, denen Jungen wie Mädchen trotz gleicher Sozialisationserfahrungen entsprechen.

(3) *Milieuspezifische Effekte*: Kirchlich gebundene Jugendliche sind sozial integrierte Jugendliche. Soziale Integration begünstigt die Ausbildung altruistischer Haltungen. Das Compassion-Projekt unterstützt Jugendliche mit diesem Hintergrund.

(4) *Gleichzeitigkeit egozentrischer und altruistischer Werte*: Eigeninteresse und Altruismus schließen sich nicht aus. Viele Menschen helfen, weil sie es als persönliche Bereicherung betrachten. Daraus folgt: In dem Maße, wie die Schülerinnen und Schüler das Praktikum für sich als persönlichen Gewinn betrachten, verstärkt sich ihre Handlungsbereitschaft im Sozialen.

(5) *Lernchancen des Praktikums: Compassion* öffnet die Schule auf Lebenswelten, die in den Schulen real nicht vorkommen: die Welt der kleinen Kinder, der Behinderten, der alten Menschen, Kranken, Flüchtlinge. *Compassion* öffnet die Schule auf jene sozialen Kontexte hin, in denen die Dringlichkeit sozial verpflichteter Haltungen diesen Menschen gegenüber zu erfahren und zu verstehen ist.

(6) *Bedeutung der Integration von Praktikum und Unterricht*: Das Sozialpraktikum fördert in Verbindung mit Unterricht Handlungsbereitschaft im Sozialen, wenn es gelingt, Schülerinnen und Schüler in unmittelbare Erfahrungen und Interaktionen zwischen Helfer und Adressaten zu verwickeln. Empathie und Kooperation, mit anderen Worten: Mitmenschlichkeit, erwachsen aus solchen Interaktionen. Sie werden im Gedächtnis behalten, wenn der Unterricht darauf immer wieder eingeht. Und sie werden verblassen, wenn das nicht geschieht.

(7) *Keine schulartspezifischen Wirkungen*: Der Schultyp dürfte als Variable keine Rolle spielen. Hier wie dort haben wir es mit Jugendlichen der gleichen Generation zu tun. Schulartspezifische Wirkungen sind nicht zu erwarten.

Teil B: Praxisteil

I. Der Fragebogen

Grundlage der nachfolgenden Auswertung des Compassion-Projekts sind Daten, die wir mit Hilfe der Fragebögen und ergänzenden Interviews gewonnen haben. Die Komplexität der gestellten Aufgabe ist an folgendem Zitat aus der Projektbeschreibung ablesbar:

„Authentische Begegnung und Erfahrung werden ein Zugewinn anthropologischer Lebensorientierung sein, zumal wenn sie verläßliche Pflichterfüllung, Verantwortungsbereitschaft, Ausdauer einfordern und Erlebnis von Gebrauchtwerden vermitteln ... All dies wird soziale Sensibilität sowie Gewissen schärfen und in heilsamer Weise einen affektiven ... Anstoß vermitteln, wird das Schülerdasein und das Schülerverhalten auf eine neue Basis stellen, wird Ernst und Genugtuung vermitteln, vor allem aber das Gefühl des Gebrauchtwerdens, und damit existentielle Sinnerfahrung ermöglichen."[56]

Dieses Zitat verdeutlicht, daß eine einfache Quantifizierung von Schüleraussagen nicht reicht, um die Lernprozesse zu verstehen, die möglicherweise durch das Projekt angeregt werden. Der Erhebungsbogen enthält deshalb neben solchen Fragen, für die bestimmte Antwortmöglichkeiten schon vorgesehen sind, auch offene Fragen für das eigenständige, qualifiziert formulierte kurze Statement der Schüler. Diese Fragen haben zumeist ein besonderes Gewicht und sind deshalb nicht durch vorgegebene Antworten eingeengt. Auch bei den „multiple-choice"-Fragen finden die Schülerinnen und Schüler unter der Rubrik „anderes" Platz für individuelle Ergänzungen.
Eine natürliche Grenze findet der Bogen in der Zeitspanne, die sein Ausfüllen benötigt. Wir haben ihn für ca. 1 Unterrichtsstunde als Maximum konzipiert, was für die Schüler intensive Arbeit bedeutet.
Zusätzlich zu den Möglichkeiten des Ankreuzens und Ausformulierens im Fragebogen werden die Schüler von Mitarbeitern des Projekts einmal nach dem Praktikum persönlich befragt. Diese Einzelbefragung unterstreicht gegenüber den Schülerinnen und Schülern den Ernstcharakter der Untersuchung und die Bedeutung, die jeder einzelnen Aussage beigemessen wird. Gleichzeitig ermöglicht das Interview, die Angaben im Fragebogen auf Auslassungen und mögliche Ungereimtheiten, die z.B. aus Mißverständnissen herrühren können, hin zu überprüfen.
Aufgrund der Zielrichtung des Projekts Compassion hat sich die wissen-schaftliche Begleitung für eine Konzentration der Untersuchung entschieden. Es werden nur die Schüler selbst, ihr subjektives Erleben, ihre Einschätzungen und Wertungen in den Blick genommen. Weder die Eltern noch das Personal der verschiedenen Einrichtungen werden befragt. Compassion zielt - wie oben zitiert - auf eine Veränderung von Haltungen und Einstellungen der Jugendlichen selbst. Daher erhebt die wissenschaftliche Begleitung allein ihre Wahrnehmung und die verschiedenen möglichen Einflüsse auf die Schülerinnen und Schüler.

---

[56] A. Weisbrod, a.a.O., 7.

Einzig die Lehrer wurden durch einen eigenen Bogen befragt, um die unterrichtlichen Aspekte, den schulischen Prozeß, der „wesentlicher Bestandteil" von Compassion ist, so näher zu untersuchen.

Die ==Schülerbefragung erfolgt in drei Schritten==, die sich aus dem Ablauf des Projekts Compassion im Schuljahr ergeben.:

Ein erster Bogen, ==der am Anfang des Schuljahres ausgegeben wird==, hat das Ziel, die persönlichen Voraussetzungen und Ausgangspositionen festzustellen. Hier arbeiten wir nur mit einem Fragebogen. Dieser erste Abschnitt weist die vier Hauptelemente auf, die auch die folgenden Befragungen strukturieren:
1. Wie die Schüler sich selbst sehen oder Ich-Bereich mit den Aspekten: Selbstkonzept, Selbstwahrnehmung und Selbstzufriedenheit
2. Wie die Schüler die anderen sehen oder Du-Bereich, der die Faktoren des Elterneinflusses und das Verhältnis zu Gleichaltrigen feststellt.
3. Wie die Eltern das Gemeinwesen sehen oder Welt-Bereich, der sozialpolitisch akzentuiert ist.
4. Wie die Schüler die Schule, ihre Leistungsfähigkeit, die Lehrer und die eigenen Verortung in diesem Feld sehen.

Erfragt wird die subjektive Theorie der Schüler. Was wir erfahren ist die Perspektive der Jugendlichen.
Insgesamt werden hier zu Beginn der Erhebung Dispositionen und Faktoren ausgemacht werden, die möglicherweise den Umgang mit der Compassion-Erfahrung und den schulischen Reflexionsangeboten bestimmen.

Der zweite Abschnitt der Befragung setzt ==unmittelbar nach dem Praktikum== an und untersucht Erleben, Erfahrung, Haltungsänderung, die Beurteilung des Praktikums und erhebt wiederum Einflüsse, die hier wirksam wurden. Großen Raum nehmen hier Fragen zum Umgang mit den Betreuten und den professionell Betreuenden ein. In einem 15- bis 20minütigen Gespräch werden die Schülerinnen und Schüler gebeten, Nachfragen zu ihren schriftlichen Angaben zu beantworten.

Die abschließende ==dritte Befragung gegen Ende des Schuljahres== soll eine Beurteilung aus der Distanz erfassen. Neben der intensiveren Nachfrage zum schulischen Unterricht werden Fragen aus dem 1. und 2. Fragebogen wiederholt, um Veränderung und Kontinuität festzustellen.

Die einzelnen Formulierungen stammen aus folgenden Quellen:

1. *Erfahrungsberichte von Schülern*: Die wichtigste Quelle für die Gestaltung der Erhebung stellen die Berichte dar, die die Schüler in einzelnen Schulen selbst nach den Praktika als Teil des Projekts formuliert haben.

2. *Informelle Gruppengespräche mit Schülern:* In Gespräche mit den Schülern und Koordinatoren an verschiedenen Schulen versuchte sich die wissenschaftliche Begleitung ein Bild möglicher Dimensionen des Projekts zu erarbeiten.

3. *Forschungsliteratur:*

3.1 Für den Bereich des Selbstkonzepts stammen die Fragen vor allem aus der Untersuchung von G. Schmidtchen, Ethik und Protest. Moralbilder und Wertkonflikte junger Menschen, Opladen 1992. Diese Untersuchung erlaubt uns den Vergleich mit einer allgemeinen Gruppe, die nicht am Compassion-Projekt teilnimmt. Mit einer Fragestellung ist auch die neueste Untersuchung von Gerhard Schmidtchen eingegangen: Wie weit ist der Weg nach Deutschland? Sozialpsychologie der Jugend in der postsozialistischen Welt, Opladen 1997.

3.2 Zu den generalisierenden Aussagen über Menschen: Sidney B. Simon, Wertklärung im Unterricht, in: Der Erziehungsauftrag der Schule. Beiträge zur Theorie und Praxis moralischer Erziehung ..., hrsg. v. L. Mauermann, Donauwörth 1978, 202-209.

3.3 Der Test der moralischen Urteilsfähigkeit nach Kohlberg ist eine für Schüler adaptierte Fassung einer Umfrage unter Studenten nach Lind, in H. Mieg, Verantwortung. Moralische Motivation und die Bewältigung sozialer Komplexität, Opladen 1994.

3.4 Weitere Fragestellungen aus B. Grom, Religionspädagogische Psychologie, Düsseldorf ³1989, hier besonders das Kapitel 5 zum „prosozialen Empfinden".

In einem Testlauf im Schuljahr 1996/97 wurde eine erste Fassung des Erhebungsinstrumentariums erprobt und anschließend modifiziert.

II. Beschreibung der beteiligten Schulen

Im folgenden beschreiben wir die neun verschiedenen Schulen, die in den Schuljahren 1996/97 und 1997/98 in die wissenschaftliche Begleitung des Modellversuchs einbezogen waren.

In der Pilotphase des Schuljahres 96/97 waren insgesamt 4 Schulen mit ca. 180 Schülerinnen und Schülern einbezogen. In der eigentlichen Untersuchungsphase des Schuljahres 97/98 wurden in 8 Schulen von ca. 300 Praktikantinnen und Praktikanten Daten und verbalisierte Angaben erhoben. Drei dieser 8 Schulen der eigentlichen Erhebung waren bereits in die Pilotphase mit dabei. Zusätzlich nahmen 3 weitere Schulen als Kontrollgruppen teil, die das Projekt nicht und auch kein anderes vergleichbares Projekt durch. In diesen Kontrollschulen wurden ca. 150 Schüler befragt.

II.1 Zur Auswahl der Schulen des Modellversuchs

Das Compassion-Projekt findet seinen Kern in der Verbindung von schulischem, d.h. fachlichem Unterricht und dem praktischen, zeitlich begrenzten Einsatz der Schüler in einer sozialen Einrichtung. Je nach den Gegebenheiten der verschiedenen Schulen werden diese Vorgaben entsprechend den individuellen Bedingungen der Schulsituation und nach den pädagogischen Überzeugungen der jeweiligen Schulleitungen und Lehrerkollegien variiert. Um die Vielfalt der Realisierungsmodelle zu fassen, hat sich die wissenschaftliche Begleitung die Beobachtung verschiedener Bedingungskonstellationen und differenzierter Grundmuster der Umsetzung von Compassion zum Ziel gesetzt.

Die Auswahl unter den Projektschulen erfolgte nach den folgenden Gesichtspunkten.

1. nach der Schulform: Es sollten möglichst alle Schulformen der Sekundarstufe vertreten sein. Da das Compassion-Projekt vom Grundgedanken seiner Initiatoren eher auf die gymnasiale Oberstufe zugeschnitten ist (Alter, Unterrichtsthemen, Altersgrenze bei den praktischen Einsätzen, Rücksichten auf Prüfungs- und Abschlußtermine) und in diesem Sektor schulischer Bildung bereits längere Erfahrungen mit Compassion gemacht wurden, ist der gymnasiale Bereich stark vertreten. So waren fünf der insgesamt neun begleiteten Projektschulen allgemeinbildende Gymnasien. Hinzu kommen ein Wirtschaftsgymnasium, eine Realschule, eine Hauptschule und eine Förderschule.
Diese Verteilung bedingte auch schultypabhängige Altersgruppen. Während in den Gymnasien das Projekt in den Klassenstufen 11 angesiedelt ist, liegt es in der Förder- und der Hauptschule in der Stufe 9. In der Realschule findet Compassion in der 7. Klasse statt. In einem Gymnasium in der Pilotphase wurde das Praktikum am Ende der 12. Klasse durchgeführt.

2. nach der Struktur des regionalen Umfelds: 3 der untersuchten Schulen liegen in städtischen Ballungsräumen mit über 250.000 Einwohnern. 2 der Schulen haben ein städtisches Umfeld mit etwas über 100.000 Bewohnern. 4 Schulen liegen im kleinstädtisch-ländlichen Raum.

3. nach der Trägerschaft: aufgrund der Vorerfahrungen in den dortigen Schulen sind die Schulen in evangelisch oder katholisch kirchlicher Trägerschaft mit insgesamt 6 stark vertreten. Die drei weiteren Schulen sind in öffentlich-staatlicher Trägerschaft.

4. nach der Dauer des Praktikums: eine Schule führt ein vierwöchiges Praktikum durch, der Großteil (6) sieht einen Zeitraum von zwei Wochen vor. Eine Schule stellt für das Praktikum eine Schulwoche zur Verfügung. In einer weiteren Schule erstreckt sich der praktische Teil periodisch wiederkehrend über ein Schulhalbjahr.

5. nach dem Zeitpunkt der Durchführung des Praktikums: 2 Schulen haben das Praktikum an den Beginn des Schuljahres gelegt. Bei 6 Schulen gehen die Schülerinnen und Schüler um den Halbjahrestermin in das Praktikum. Eine Schule hat den praktischen Teil des Projekts vor die Sommerferien gelegt.

6. nach dem Zeitpunkt der Einführung des Projekts: 3 Schulen haben im Schuljahr 94/95 mit dem Projekt begonnen, eine Schule im Schuljahr 95/96, 2 Schulen im Schuljahr 96/97. Bei den anderen Schulen untersuchte die wissenschaftliche Begleitung das Jahr der Einführung des Projekts im Schuljahr 1997/98.

7. nach den Kontrollmöglichkeiten: Die Kontrollgruppe ohne Compassion-Projekt und auch ohne eine vergleichbare Einrichtung besteht aus 3 Schulen, die neben einem allgemeinen, auch zwei verschieden ausgerichtete, direkte Vergleiche möglich machen.
Es können einmal zwei Mädchengymnasien in kirchlicher Trägerschaft verglichen werden. Beide Schulen liegen in größeren städtischen Ballungsräumen.
Der zweite Kontrollvergleich kann zwischen der staatlichen Hauptschule im großstädtischen Ballungsbereich und zwei anderen staatlichen Hauptschulen in derselben Struktur vorgenommen werden.

II.2 Beschreibung der einzelnen Schulen

Elemente der Beschreibung:

– Schultyp
– Lage
– Größe des Umfeldes
– Zahlenverhältnis Jungen-Mädchen
– Jahr der Einführung des Projekts
– Klassenstufe des Projekts

- Praktikum (Dauer, Termin im Schuljahr, Zusammenarbeit z.B. mit der Caritas, Wahlmöglichkeiten, Verteilung der Einsatzorte, Einschränkungen ...)
- Einbindung des Kollegiums
- Modus der Einführung
- Zahl der befragten Schulklassen und Schüler
- Zahl der beteiligten und befragten Lehrer

1. Ein Gymnasium in einer südlich von Frankfurt gelegenen Stadt mit ca. 130.000 Einwohnern. In dieser Stadt gibt es noch 6 weitere Gymnasien. Es handelt sich um eine freie Schule in katholisch kirchlicher Trägerschaft. Im Schuljahr 1997/98 gibt es etwa 750 Schüler und 70 Lehrkräfte. Die Schule entwickelte sich aus einem Mädchengymnasium und ist heute durchgehend koedukativ. Das Zahlenverhältnis von Mädchen zu Jungen beträgt 2:1. Das Praxis- und Unterrichtsprojekt wurde im Schuljahr 94/95 eingeführt. Die Untersuchung beobachtete den dritten (mit ca. 60 Schülern in drei Parallelklassen) und vierten Jahrgang (mit ca. 80 Schülern in drei Klassen). In beiden Jahren waren ca. 40 Lehrkräfte in den Unterricht eingebunden. Das Gymnasium hat ein sprachliches Profil.

Das Projekt wird in Klasse 11 durchgeführt. Der Zeitraum des Praktikums umfaßt zwei Schulwochen. Das bestehende Angebot macht die Konzentration der Praktikumsstellen im Stadtgebiet möglich. Zur Vermittlung der Schüler bestehen Verbindungen zu den größeren caritativen Institutionen der beiden Kirchen. 80% der Schüler nehmen das Angebot der Schule in Anspruch und wählen daraus eine Praktikantenstelle aus. Es gibt keine Beschränkung auf bestimmte Bereiche sozialer Dienste. Der Termin des Praktikums liegt um die Mitte des Schuljahres, zwei Wochen vor den Weihnachtsferien. Die Vorbereitung der Schüler auf die Wahl des Einsatzortes erfolgt durch informierende Einzelgespräche durch die Koordinatorin.

Die Einbindung des Lehrerkollegiums geschieht innerhalb der Jahrgangsstufenkonferenz durch Kurzbesuche aller Schüler an ihrer Einsatzstelle. Die Einführung des Projekts erfolgte aufgrund der Anregung der Schulleitung nach Abstimmung mit den Elterngremien und durch das Votum des Kollegiums.

2. Ein Gymnasium im Westen Baden-Württembergs in einer Großstadt mit über 250.000 Einwohnern. In der Stadt bestehen 10 weitere Gymnasien. Es handelt sich bei dieser Schule um ein Mädchengymnasium in katholischer Trägerschaft mit sprachlichen und naturwissenschaftlichen Zügen. Die ca. 450 Schülerinnen werden im Schuljahr 97/98 von ca. 40 Lehrerinnen und Lehrern unterrichtet.

Das Praxis- und Unterrichtsprojekt ist in der Klassenstufe 11 angesiedelt. Das Praktikum dauert zwei Wochen und liegt am Anfang des Schuljahres unmittelbar vor den Herbstferien. Ein kleiner Teil der Schülerinnen bewirbt sich selbständig um Praktikumsstellen, die übrigen Schülerinnen wählen einen Praktikumsplatz aus dem Angebot, das die Schule bietet. Der Bereich Kindergarten ist ausgeschlossen.

Praktikumsplätze werden in Zusammenarbeit mit der örtlichen Caritas innerhalb des Stadtgebietes bereitgestellt. Ein Teil der Schülerinnen kümmert sich selbst um einen Praktikumsplatz. Die Schülerinnen werden von den in der Klassenstufe tätigen Lehrkräften während des Praktikums besucht.

Die Einführung des Projekts erfolgte auf Initiative der Schulleitung. Das Lehrerkollegium wurde anhand des Projektpapiers Weisbrod/Kuhn/Hirsch und durch einen Vortrag über vorliegende Erfahrungen an einer anderen Schule informiert. Eltern und Schülerinnen wurden ebenfalls im Vorfeld informiert. Compassion wurde im Schuljahr 95/96 eingeführt. Die wissenschaftliche Begleitung untersuchte den dritten Jahrgang mit ca. 40 Schülerinnen in zwei Klassen. Die Zahl der in diesen Klassen unterrichtenden Lehrer beträgt ca. 30.

3. Eine Hauptschule im Westen Baden-Württembergs in einer Großstadt mit über 250.000 Einwohnern. In dieser Stadt gibt es 27 weitere Hauptschulen. Sie ist als Ganztagsschule konzipiert. Nachgefragt wird diese Schule von Familien, in denen beide Elternteile berufstätig sind oder von alleinerziehenden Eltern. Der Schulbezirk umfaßt das gesamte Stadtgebiet. Die Auswahl der Schüler erfolgt nach sozialen Kriterien. In dieser staatlichen Schule sind Jungen und Mädchen in ungefähr gleicher Zahl vertreten. Im Schuljahr 97/98 unterrichten ca. 30 Lehrer ca. 225 Schülerinnen und Schüler.

Das Praxis- und Unterrichtsprojekt wird in der Jahrgangsstufe 9 durchgeführt. Das Praktikum dauert zwei Wochen. Die Schule stellt Praktikumsplätze innerhalb des Stadtgebietes zur Verfügung. Die Schüler wählen aus diesem Angebot aus. Das Praktikum findet in der Mitte des Schuljahres statt. Die organisierende Lehrkraft übernimmt während dieser Zeit die Betreuung vor Ort. Eine Beschränkung auf bestimmte Bereiche sozialer Einrichtungen besteht nicht.

Die Einführung des Projekts im Schuljahr 96/97 geht auf die Initiative der Schulleitung zurück. Im Vorfeld wurden Eltern und Schüler vom Schulleiter sowie durch Lehrer und Schüler anderer Schulen informiert. Die Schulkonferenz stimmte der Einführung zu. Die wissenschaftliche Begleitung erhob die Daten des ersten (mit 12 Schülern) und der zweiten Jahrgangs (mit 16 Schülern). In der Klassen unterrichten ca. 10 Lehrkräfte.

4. Eine staatliche Förderschule im Süden Baden-Württembergs. Diese Schule liegt in einer Kleinstadt mit ca. 15.000 Einwohnern. Der Einzugsbereich geht über das eigentliche Stadtgebiet hinaus in das ländliche Umfeld. Das Zahlenverhältnis von Jungen und Mädchen ist ausgeglichen. Die Zahl der Lehrer im Schuljahr 97/98 beträgt ca. 15, die Zahl der Schüler ca. 90.

Das Praktikum wird in der Jahrgangsstufe 8/9 durchgeführt. Der Klassenlehrer übernimmt die Organisation geeigneter Einsatzorte im näheren Umfeld, und ordnet sie den Schülern zu. Er betreut sie auch während des Praktikums. Der Termin des praktischen Einsatzes liegt in der Mitte des Schuljahres. Mit der Vorbereitung des Projekts wurde im Schuljahr 96/97 begonnen. Durchgeführt wurde es erstmals im Schuljahr 97/98 mit neun Schülerinnen und Schülern.

Die Einführung von Compassion erfolgte aufgrund der Initiative der Schulleitung unter Einbeziehung der Eltern, Schüler und des Kollegiums. Grundlage für das Gespräch war das Projektpapier von Weisbrod/ Kuhn/Hirsch.

5. Ein Gymnasium am östlichen Rande des Ruhrgebiets in einer Kleinstadt mit ca. 22.000 Einwohnern. In der Stadt besteht kein weiteres Gymnasium. Die Schule ist in privater, evangelisch kirchlicher Trägerschaft. Die Zahl der Schüler beträgt im Schuljahr 1996/97 ca. 650, die der Lehrer ca. 50. Jungen und Mädchen besuchen diese Schule etwa in gleicher Zahl.

Das Praktikum wird in der Klassenstufe 12 durchgeführt und dauert 4 Schulwochen. Der Termin liegt vor den Sommerferien. Eine Vorbereitungsgruppe aus ca. 10 Lehrern und Eltern stellt ein Angebot aus Praktikumsplätzen zusammen, aus dem die Schüler dann auswählen. Der Bereich Kindergarten ist hier ausgeschlossen. Die Schule stellt die Verbindungen zu den sozialen Einrichtungen selbst her. Die Einbindung der restlichen Lehrerschaft der Klassenstufe erfolgt durch Besuche während des Praktikums. Aufgrund der Struktur des Schulumfeldes müssen die Schüler ihre Einsatzorte größtenteils außerhalb des Schulortes anfahren.

Die Einführung des Projekts erfolgte durch die Initiative der Schulleitung unter Einbeziehung von Eltern und Schülern und aufgrund der Zustimmung des Kollegiums. Eine andere Schule stellte sich mit ihren Erfahrungen vor. Die wissenschaftliche Untersuchung begleitete den ersten Jahrgang im Schuljahr 96/97 (mit ca. 60 Schülern in der Kursstufe). Erhoben wurden nur die Daten des ersten und zweiten Fragebogens.

6. Ein Gymnasium in einer Stadt mit ca. 130.000 Einwohnern südlich von Frankfurt. Die Schule ist privat, evangelisch kirchlich getragen. Das Zahlenverhältnis von Jungen und Mädchen ist ausgeglichen. In der Stadt gibt es noch sechs weitere Gymnasien. Im Schuljahr 97/98 unterrichteten ca. 70 Lehrkräfte ca. 800 Schüler. Es gibt sprachliche und naturwissenschaftliche Profile.

Das Praxis- und Unterrichtsprojekt wird in der elften Jahrgangsstufe durchgeführt. Das Praktikum dauert zwei Schulwochen und liegt in der Mitte des Schuljahres. Die meisten Einsatzorte liegen innerhalb des Stadtgebietes. Der Bereich Kindergarten ist hier ausgeschlossen. Die Schule stellt Plätze zur Verfügung. Die Schüler haben die Möglichkeit daraus auszuwählen. Z.T. ordnet die Schule aber auch gezielt zu. Die Vermittlung der Schüler wird durch die größeren caritativen Organisationen der beiden Kirchen vor Ort unterstützt. Es besteht für die Schüler die Möglichkeit, selbst Einsatzplätze ausfindig zu machen. Das Kollegium ist teilweise durch Besuche der Praktikanten einbezogen.

Das Praxis- und Unterrichtsprojekt wurde im Schuljahr 94/95 mit Unterstützung der Schulleitung aufgrund der Initiative einer Lehrkraft eingeführt. Eltern, Schüler und das Kollegium waren dabei einbezogen. Das Kollegium stimmte der Einführung zu. Die wissenschaftliche Untersuchung beobachtete den vierten Jahrgang (mit ca. 50 Schülern in drei Parallelklassen). Die Zahl der in den Projektklassen unterrichtenden Lehrerinnen und Lehrer liegt bei ca. 35.

7. Ein mathematisch-naturwissenschaftliches Gymnasium in einer Kleinstadt im Süden Baden-Württembergs mit ca. 10.000 Einwohnern. In dieser Stadt gibt es ein weiteres staatliches Gymnasium. Die untersuchte freie Schule befindet sich in katholisch kirchlicher Trägerschaft. Im Schuljahr 97/98 wurden hier ca. 600 Schülerinnen und Schüler von 50 Lehrern unterrichtet. Jungen und Mädchen besuchen diese Schule in ungefähr gleicher Zahl.
Das Compassion-Projekt ist in der 11. Klasse angesiedelt. Das zweiwöchige Praktikum findet am Anfang des Schuljahres vor den Herbstferien statt. Die Struktur des regionalen Umfelds macht für die Schüler Einsatzorte zumeist außerhalb des Schulortes notwendig. Die Schule bietet Praktikumsplätze an, aus denen die Schüler wählen können. Die Verbindung zu den Einsatzstellen werden vom organisierenden Lehrer selbst hergestellt. Zusätzlich können sich die Schüler selbst um geeignete Stellen bemühen. Eine Einschränkung auf bestimmte Bereiche sozialer Dienste besteht nicht. Die Schüler werden an ihrem Einsatzort zum Teil vom organisierenden Lehrer und von unterrichtenden Lehrern während des Praktikums besucht.

Die Einführung von Compassion erfolgte im Schuljahr 95/96 aufgrund der Initiative der Schulleitung und nach der Vorbereitung durch eine Gruppe aus dem Lehrerkollegium sowie aufgrund von Informationen aus Schulen mit Vorerfahrungen zu sozialen Praktika. Das Kollegium sprach sich mehrheitlich für die Einführung von Compassion aus. Die wissenschaftliche Begleitung untersuchte den vierten Jahrgang (mit ca. 70 Schülern in drei Parallelklassen). Die Zahl der in den Projektklassen unterrichtenden Lehrer liegt bei ca. 40.

8. Ein Wirtschaftsgymnasium in einer Kleinstadt (10.000 Einwohner) im Süden Baden-Württembergs. In der Stadt besteht kein weiteres Wirtschaftsgymnasium, es gibt aber zwei allgemeinbildende Gymnasien. Es handelt sich um ein freies Gymnasium in kirchlich katholischer Trägerschaft. Im Schuljahr 97/98 besuchen ca. 100 Schüler dieses Gymnasium. Das Kollegium besteht aus ca. 50 Lehrkräften. Das Zahlenverhältnis zwischen Schülerinnen und Schülern ist ausgeglichen.

Das Praktikum findet in der Jahrgangsstufe 11 am Beginn des zweiten Schulhalbjahres statt und dauert eine Woche. Die Schule bietet geeignete Einsatzmöglichkeiten an, aus denen die Schüler auswählen können. Es besteht für die Schüler die Möglichkeit, sich selbständig um Einsatzorte zu kümmern. Aufgrund der Verteilung der sozialen Einrichtungen müssen die Schüler zumeist Einsatzorte außerhalb des Schulortes im ländlichen Umfeld aufsuchen. Es werden keine Bereiche sozialer Dienste ausgenommen. Die Praktikanten werden zum Teil vom Koordinator und von unterrichtenden Lehrern besucht.

Das Praxis- und Unterrichtsprojekt wurde im Schuljahr 96/97 aufgrund der Initiative der Schulleitung und aufgrund der Vorerfahrungen in anderen Schulen eingeführt. Das Kollegium stimmte der Einführung zu. Die wissenschaftliche Begleitung erhob die Angaben des ersten (mit ca. 50 Schülern) und des zweiten Jahrgangs (mit ca. 50 Schülern in zwei Parallelklassen). Die Zahl der unterrichtenden Lehrer liegt bei ca. 30.

9. Eine Realschule in einer Stadt mit über 250.000 Einwohnern im Osten Baden-Württembergs. Die Schule liegt in einem sozialen Brennpunktstadtteil. In der Stadt bestehen 18 weitere Realschulen. Diese staatliche Schule ist eine Ganztagsschule und wird deshalb besonders von Familien, in denen beide Elternteile berufstätig sind, und von alleinerziehenden Eltern in Anspruch genommen. Die Schule besuchen im Schuljahr 97/98 zu etwa gleichen Teilen ca. 250 Schülerinnen und Schüler. Das Kollegium besteht aus ca. 25 Lehrkräften.
Das Praxis- und Unterrichtsprojekt ist Teil des Schulprofils, das soziale Elemente in allen Klassenstufen vorsieht.

Das Praktikum ist hier in der Klassenstufe 7 angesiedelt und erstreckt sich als Nachmittagseinsatz einmal pro Woche über ein Schulhalbjahr. Die Schüler wählen den sozialen Bereich unter anderen aus. Die Schule steht in Verbindung mit verschiedenen sozialen Einrichtungen. Die Schüler werden von der organisierenden Lehrkraft auf die Einsätze vorbereitet und dorthin begleitet.

Die Einführung des Projekts geht auf die Initiative des Schulleitung und des Kollegiums zurück. Der soziale Zweig des schulischen Profils wurde von der Schule selbständig erarbeitet.
Die wissenschaftliche Begleitung untersuchte im Schuljahr 97/98 den ersten Jahrgang (8 Schüler in zwei Parallelklassen).

III. Ergebnisse der Erhebungsphase des Schuljahres 1997/98

III.1 Allgemeine Ergebnisse der Gesamtgruppe

III.1.0 Vorbemerkung

In der folgenden Gesamtbetrachtung sind nur die Ergebnisse der eigentlichen Erhebungsphase des Schuljahres 1997/98 enthalten. Die Resultate für die Realschule und die Förderschule sind wegen der Andersartigkeit der Skalierung nicht direkt mit denen der Gymnasien und Hauptschulen vergleichbar. Diese beiden Schulen werden in einem eigenen Abschnitt dargestellt.
Die Überprüfung ausgewählter Ergebnisse erfolgt durch den T-Test oder den Chi-Quadrat-Test.[57]

III.1.1 Die Ausgangsbedingungen (Fragebogen Teil 1)

Die unterschiedlichen Schultypen und die damit verbundenen unterschiedlichen Altersgruppen erweisen sich in ihren Haltungen als relativ homogen.
Die Frage nach der Zufriedenheit mit durch äußere Umstände gesetzten Bedingungen ergibt eine auffällige Übereinstimmung.[58] Die Standardabweichungen (s) auf einer Skala von 0 bis 9 liegen für alle 11 Parameter unter 0,5, die Varianz zwischen 0,1 und 0,3. Sie übersteigt diesen Wert nur bei der Zufriedenheit mit den Berufschancen, wobei sich überraschenderweise die vergleichsweise jüngeren Hauptschüler gegenüber den Gymnasiasten zufriedener zeigen.[59]

Auch in der Zufriedenheit mit individuellen Eigenschaften sind die Befunde kaum differenziert.[60] Wenn die Standardabweichung wieder einen Wert von 0,5 überschreitet, dann nur bei der Zufriedenheit mit der Figur (s = 0,6), wobei sich die Schülerinnen der Mädchengymnasien deutlich selbstkritischer betrachten. Die Schülerinnen sehen auch ihre die Chancen beim anderen Geschlecht und ihre Sportlichkeit kritischer.[61]

---

[57] Vgl. dazu W. Wallis, Methoden der Statistik. Ein neuer Weg zu ihrem Verständnis, Freiburg ²o.J. Und A. Bucher, Einführung in die empirische Sozialwissenschaft, Stuttgart 1994.
[58] s. Anhang I Abb. 1.
[59] Diese Fragen stellte auch G. Schmidtchen, Ethik und Protest, 69. Der Vergleich zeigt, daß die Aspekte der Lebenszufriedenheit von den befragten Schülerinnen und Schülern z.T. anders als in der soziologischen Untersuchung eingeschätzt wird. Auffällig ist vor allem, daß die Jugendlichen der Modellschulen die Beziehung zu ihren Eltern auf den 1. Platz rücken, während dieser Parameter bei Schmidtchen nur einen mittleren Rang einnimmt. Dagegen liegt bei Schmidtchen die Zufriedenheit mit der Möglichkeit „mein Leben so zu führen, wie ich es für richtig halte" deutlich höher auf dem 3. Platz. Die Compassionschüler setzen dies erst auf Rang 8. Allerdings hat Schmidtchen junge Menschen im Alter von 15 bis 30 befragt. In dieser Gruppe wird die Unabhängigkeit vom Elternhaus durchschnittlich ausgeprägter sein als bei den Schülerinnen und Schülern.
Die Tatsache, daß sich die meisten Modellschulen in kirchlicher Trägerschaft befinden, verändert nichts am letzten Platz der kirchlichen Angebote.
[60] s. Anhang I Abb.2.
[61] Vgl. hierzu auch Schmidtchen, a.a.O., 75. Die Rangordnung der Parameter für das Selbstbild ist in beiden Fällen fast identisch. Nur die Frage nach dem Sport wird von den Projektteilnehmern höher eingeordnet. Nach Alter differenziert stellt Schmidtchen selbst fest, daß gerade die 15- bis 17jährigen also die Schüler der Klassenstufen 9 bis 11 relativ am häufigsten in Vereinen aktiv sind (vgl. S. 92).

Abhängig vom höheren Lebensalter und von der Intensität der Lehrerbeziehung verändert sich die Zufriedenheit mit dem eigenen Leben und der besuchten Schule. Die jüngeren Hauptschüler zeigen sich daher in der Werteskala zufriedener als die Gymnasiasten.

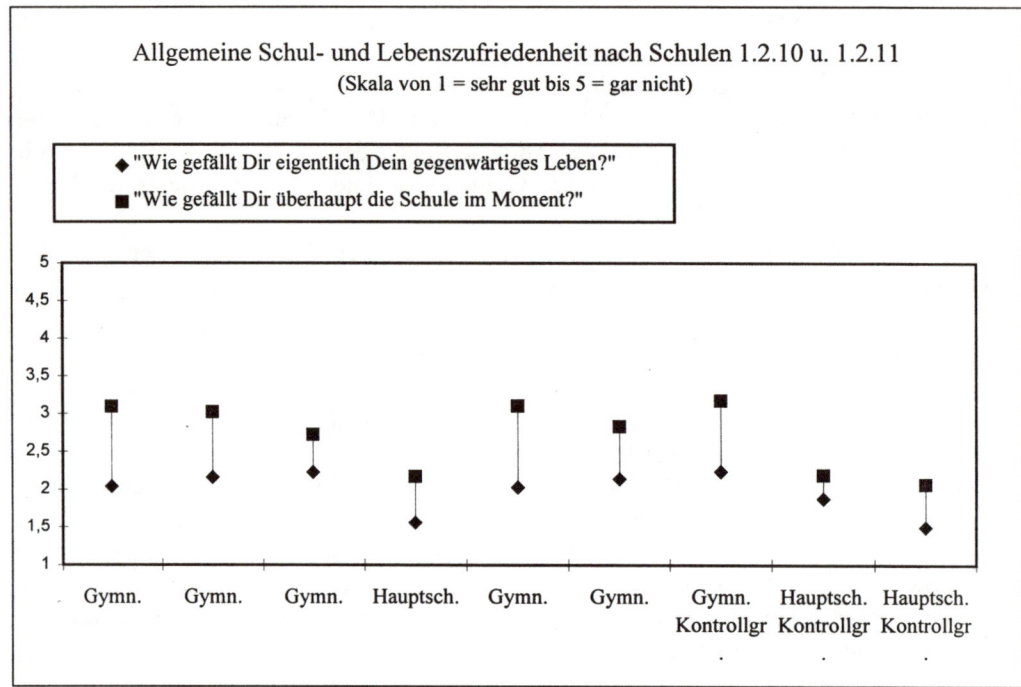

Abb. 3

Wieder nach Schulen gegliedert, nimmt bei der Frage nach den individuellen Wertorientierungen nach außen gerichtetes Engagement mit Abstand einheitlich die letzten Plätze ein. Auf einer Skala von 1=sehr wichtig bis 4=unwichtig belegen das Mitmachen in Kirche, Politik, Vereinen und Umweltschutz in dieser fast identischen Reihenfolge immer die hinteren 4 Ränge.[62] Ganz oben auf der Liste stehen individuelle Werte wie „verstanden werden", „Spaß haben", „das Leben genießen", Freunde und Familie. Das alles gilt den Schülerinnen und Schülern zumindest als „sehr wichtig bis wichtig".

In einer mittleren Position, d.h. zwischen 1,5 (= „sehr wichtig bis wichtig") und 2,0 (= „wichtig") liegen die nach außen gerichteten prosozialen Orientierungen: „sich für andere, d.h. außerhalb von Familie und Freundeskreis, einsetzen", „für andere dasein" und „einen Sinn im Leben finden".

Der praxisorientierte Teil des Compassion-Projekts trifft demnach bei den Schülern weder auf grundsätzliche Ablehnung noch auf Enthusiasmus, sondern eher auf eine wohlwollende Unentschiedenheit.[63]

---

[62] Diese Ergebnisse entsprechen wiederum den Ergebnissen von G. Schmidtchen, a.a.O., 30. In beiden Fällen wird nach außen gerichtetes Engagement von den Befragten auf die letzten Plätze gesetzt.
[63] s. Anhang I Tab. 1.

Der Fragebogen wiederholt die Fragestellung der Wertorientierungen am Ende des Untersuchungszeitraums. Im Durchschnitt können Veränderungen der Wertorientierungen auch nach dem Projekt nicht festgestellt werden. Man kann daraus schließen, daß Compassion nicht grundsätzlich gewachsene Orientierungen oder Persönlichkeitsmerkmale verändert, sehr wohl aber innerhalb situativer Kontexte zu Einsichten über die „condition humaine" führt.

Insgesamt dokumentieren die Antworten der Teilnehmer eine hohe Akzeptanz des Projekts. Auf einer Skala von 0 bis 9 erhalten unter neun möglichen Beweggründen die negativen Motivationen „habe keine Wahl" (2,9) und „tue es, weil es alle tun" (2,0) mit Abstand die schlechtesten Werte. Dagegen werden die Aussichten „neue Erfahrungen mit Menschen machen" (7,5) und „helfen" (7,2) zu können am höchsten bewertet. Dieser Befund belegt erneut die Bedeutung, die die Schülerinnen und Schüler dem Praktikum beimessen. Zudem wird zum Zeitpunkt der ersten Befragung am Anfang des Schuljahres die vorbereitende Organisation des Praktikums naturgemäß breiteren Raum und damit höhere Aufmerksamkeit beanspruchen als ein noch sehr undeutlich wahrzunehmender Unterricht. Das kognitive, mithin unterrichtliche Potential von Compassion finden die Schüler im Vergleich mit dem sozialpraktischen Aspekt im Durchschnitt weniger motivierend (zwischen 4,5 und 6,1).[64]

Gleichwohl halten es in dieser Phase der Untersuchung 67% der Schüler für „sehr wichtig" oder „wichtig", daß „Fragen des Praktikums im Unterricht thematisiert werden". 26% halten das für „weniger wichtig" oder „unwichtig", 7% haben dazu keine Meinung. Compassion als integratives Modell von Praxis und Unterricht trifft damit offenbar auf eine grundsätzliche Offenheit bei den Schülern.
Hinsichtlich der Fächer haben die Jugendlichen recht einheitliche Vorstellungen: mit großen Abstand setzen sie die Fächer Religion/Ethik (mit 194 Nennungen), Geschichte/Gemeinschaftskunde (mit 189 Nennungen) und Deutsch (mit 97 Nennungen) vor alle anderen Fächer. Danach folgen Biologie (mit 22 Nennungen) und fast alle anderen Fächer (mit insgesamt 30 Nennungen).
Diese Verteilung weist darauf hin, wie die Schülerinnen und Schüler das Compassion-Projekt verstehen, nämlich als soziales, sozialpolitisches, ethisches und Fragen der Anthropologie, des Sinns von Leben u.ä. berührendes Unternehmen. Den Lehrenden der genannten Fächer wird dabei vermutlich besondere Kompetenz zugestanden. Aber Kompetenz allein scheint nicht auszureichen. Viele mögen wohl der Schüleräußerung zustimmen, der Unterricht solle „in den Fächern, in denen sich die Lehrer für die Schüler interessieren", (ARS 6) stattfinden.

Fragt man nach der Haltung zum Compassion-Projekt, die Gleichaltrige einnehmen, die nicht auch Schüler der Projektschulen sind, ergibt sich ein gemischtes Bild. 46% geben an, diese fänden es „sehr gut" oder „gut". In 19% der Fälle finden sie es „weniger gut" oder „nicht gut". 10% meinen, ihrem gleichaltrigen Umfeld sei das gleichgültig. 28% wollen sich für keine dieser zusammenfassenden Stellungnahmen entscheiden.

---

[64] s. Anhang I Abb. 4.

Ein eindeutigeres Bild zeigt sich in der Einstellung der Eltern in den Augen der Schüler. 77% geben an, ihre Eltern betrachten Compassion als „sehr positiv" oder „positiv". Nur 2% schätzen ihre Eltern gegenüber dem Projekt als „negativ" eingestellt ein. Jeweils 10% meinen, ihren Eltern sei dies egal oder wollen sich dazu nicht äußern. Bei der ins Auge gefaßten Wahl ihrer Einsatzstelle sehen sich 81% von ihren Eltern unterstützt, nur 5% sind der Auffassung, daß dies wenig oder überhaupt nicht der Fall sei.

Insgesamt erscheinen die Elternhäuser damit als eindeutiger Rückhalt für das Unternehmen. Die Bedeutung des Elternhauses wird in einem eigenen Abschnitt detaillierter beschrieben.

Obwohl Compassion bei den Befragten auf ein insgesamt positives Umfeld trifft, verbinden doch 79% mit dem Praktikum Befürchtungen.

Parameter 1.5.2	Anteil der Zustimmungen (in %)
- daß ich einen schlimmen Fehler mache	42
- daß ich von den betreuten Menschen abgelehnt werde	35
- daß ich überfordert werde	34
- daß ich vom Personal abgelehnt werde	29
- daß ich ausgenutzt werde	21
- daß ich mich langweile	18
- anderes	5
- nichts davon	21

Tab. 2

Nach den Ursachen solcher Vorbehalte gefragt, führen die Schüler fast durchweg ihre Unerfahrenheit und damit verbunden ihre Unsicherheit an. Nur jeder zehnte Schüler hat in den bevorstehenden Praktikumsbereichen bereits Erfahrungen gesammelt.
Diese Beobachtung wird für die Durchführung von Compassion besonders in der Vorbereitungsphase besondere Berücksichtigung finden müssen.

Die gerade konstatierte Unsicherheit spiegelt sich in der anfänglichen Präferenz für einen Einsatz im Kindergarten (44%), gefolgt vom Krankenhaus mit 32%. Gewünscht wird das Altenheim von 6%, Behinderteneinrichtungen von 14%; andere Wünsche sind im Bereich sonstige zusammengefaßt.
Kindergärten und Krankenhäuser sind Felder, die in der individuellen Lebenserfahrung der Schüler noch am ehesten verwurzelt sind. Als Durchgangsstationen der Gesundung und der Vorbereitung verursachen sie offenbar die geringste Abwehr. Behinderteneinrichtungen und Altenheime treffen sich dagegen in ihrem Endgültigkeitscharakter Das Engagement scheint hier wegen der Unveränderbarkeit des Zustandes der Betreuten möglicherweise vermeintlich sinnlos. Die Jugendlichen

tendieren mit ihrer Hilfsbereitschaft (s.o.) offenbar eher in die sozialen Felder, die auch unmittelbare Erfolgserlebnisse ihrer Bemühungen erwarten lassen.

III.1.2 Nach dem Praktikum (Fragebogen Teil 2)

Daß im Vorbereitungsprozeß des Praktikums aufklärende Prozesse wirksam wurden, zeigt die konkrete Verteilung auf die verschiedenen Bereiche der Einrichtungen. Auffällig ist der starke Rückgang des Kindergartenanteils gegenüber dem ursprünglichen Wunsch (von 44% auf 31%), wobei die beiden Schulen im ländlichen Bereich am Anfang und im konkreten Praktikum mit 50% stabil bleiben. Für das Krankenhaus sinken die Werte leicht (von 32% auf 27%), während sie in den anderen Bereiche jeweils ansteigen: Altenheime von 6% auf 11%, sonstige von 11% auf 16% und Behinderteneinrichtungen von 14% auf 15% gegenüber den anfänglichen Wünschen.

Der Bereich „sonstige" vereint Tätigkeiten in Asylbewerberstellen, der Bahnhofsmission, Jugendzentren, der mobilen Hauspflege, in Mutter-Kind-Wohngemeinschaften, bei der Johanniter-Unfallhilfe oder der Hausaufgabenbetreuung für lernschwache Kinder.

Neben der unterschiedlichen Vorbereitung durch die organisierenden Lehrkräfte mögen für diese Bewegungen auch die tatsächlichen Angebote der Schulen eine maßgebliche Rolle gespielt haben. Es wird im Beschreibungsteil über die Schüler in den verschiedenen Bereichen (III.8) aber auch gezeigt werden, daß offenbar der individuelle Schülerwille von entscheidender Bedeutung war.

Die Dauer des Praktikums war für 85% der Schülerinnen und Schüler „eher zu kurz" oder „viel zu kurz". „Eher zu lang" oder „viel zu lang" meinen 5%. Von den 10%, die „weiß nicht" ankreuzen, vermißt eine größere Zahl die Möglichkeit „gerade richtig". An dieser Stelle lassen sich keine Unterschiede zwischen den Praktikanten mit einer oder mit zwei Wochen Praktikum feststellen.

Analysiert man die Schüleraussagen, dann war den Jugendlichen das Praktikum vor allem deshalb „zu kurz", weil sie eine gewisse Zeit für die Eingewöhnung in den normalen Arbeitsablauf benötigten, um sinnvoll und effektiv tätig werden oder Kontakt zu einzelnen Personen aufnehmen zu können.

Daß aufgrund der schulischen Vorbereitung und der Aufnahme der Praktikanten in den Einrichtungen das Praktikum in der Regel weitgehend unproblematisch verlief, belegt auch der Anteil von 81%, die nicht über negative Erfahrungen berichten können. Schulen und Schüler wählen demnach erfolgreich weitgehend solche Einrichtungen aus, die in der Lage sind, sie als Mitarbeiter auf Zeit sinnvoll zu integrieren. Aber immerhin 11% geben an, sie hätten sich zumindest zeitweise gelangweilt. Überfordert, abgelehnt oder ausgenutzt fühlten sich jeweils zwischen 1 und 3%.

Erfüllte Erwartungen nach dem Praktikum:

Parameter 2.2.6	Anteil der Zustimmungen (in %)
- daß ich viel Umgang mit Menschen habe	70
- daß ich Spaß habe	59
- daß ich lerne, mich in bestimmten Situationen richtig zu verhalten	52
- daß ich praktische Fähigkeiten erwerben kann	36
- daß ich etwas über mich selbst lerne	32
- daß ich meine eigenen Fähigkeiten und Grenzen kennenlerne	29
- daß ich mir über meine Berufswahl klar werde	11
- anderes	7
- nichts davon	2

Tab. 3

Eingetretene Befürchtungen:

Parameter 2.2.6	Anteil der Zustimmungen (in %)
- daß ich mich langweile	11
- daß ich überfordert werde	3
- daß ich von den betreuten Menschen abgelehnt werde	2
- daß ich vom Personal abgelehnt werde	2
- daß ich ausgenutzt werde	2
- daß ich einen schlimmen Fehler mache	1
- anderes	2
- nichts davon	81

Tab. 4

Von fast allen (95%) wird das Verhältnis zu den betreuten Personen als „sehr gut" oder „gut" beurteilt.

Zwei Drittel berichten von einzelnen betreuten Personen, die auf sie einen besonderen Eindruck gemacht haben.

Auf einer Skala von 0 bis 9 sollten die Schülerinnen und Schüler die Intensität persönlich empfundener Gefühle ausdrücken. Auch hier gibt es wieder eindeutige Ergebnisse. Freude (6,8), Zuneigung (6,0) und Bewunderung für betreuende und betreute Personen (5,4), also Emotionen empathischer Nähe, führen als zusammengehörende Gruppe die Reihe empfundener Gefühle an. Mitleid (3,7) und

Hilflosigkeit (2,3), also Empfindungen, die eher Distanz und Fremdheit ausdrücken, bilden eine mittlere Kategorie. Negative Emotionen wie Abscheu, Wut und Angst erhalten sehr niedrige Werte zwischen 1,0 und 1,3.
Die positive Beurteilung des Praktikums auf der emotionalen Ebene entspricht also dem kognitiven Urteil.

Maßgeblich dazu beigetragen hat offenbar auch das als positiv bewertete professionelle Umfeld, denn 98% (!) aller Praktikanten geben an, sie hätten zu den betreuenden Kräften ein sehr gutes oder gutes Verhältnis gehabt.
Dabei scheinen die von immerhin 22% erlebten negativen Vorbilder keine nachhaltige Wirkung auf die Gesamtbeurteilung gehabt zu haben. Kritisiert wurden an diesen vor allem arrogante Umgangsformen und mangelhafte Zuwendung zu den betreuten Menschen. Diese „negativen Vorbilder" entwickeln jedoch im Sinne von Compassion wiederum positive Effekte, indem sie den Schülern verdeutlichen, welches Verhalten sie mißbilligen oder positiv gewendet, sie begünstigen die Klärung wünschenswerter Verhaltensweisen.[65] Hier werden Aspekte wie die prinzipielle Gleichbehandlung aller betreuten Personen, die Verantwortungsfähigkeit von Menschen in Entscheidungspositionen und die Einhaltung bestimmter prosozialer Umgangsformen angemahnt. Fast immer wird somit die Negativität des Verhaltens an einem Mangel an Einfühlungsvermögen festgemacht. Die Äußerungen gerade dieser Schüler lassen so auf eine starke Verbundenheit mit den betreuten Menschen schließen.

Überwogen und ergänzt werden diese Erfahrungen durch positive Vorbilder, die jeder zweite Projektteilnehmer erlebt hat. Das Vorbildhafte wird dabei in der nahen Verbundenheit mit den betreuten Menschen gesehen. Als vorbildlich empfinden diese Schülerinnen und Schüler „ihren selbstlosen Umgang mit den Patienten, ihre Aufopferung, ihre Solidarität, ihren Willen, anderen zu helfen" (Schüler im Krankenhaus, BRS 11). Diese Vorbilder erfüllen offenbar die Funktion, Überzeugungen der Schüler zu konkretisieren und durch das Erlebnis, daß diese Überzeugungen wirklich gelebt werden können, zu festigen.

Als wünschenswerte persönliche Voraussetzungen für die Arbeit innerhalb einer sozialen Einrichtung setzen die Schülerinnen und Schüler Hilfsbereitschaft, Freundlichkeit, Geduld, Ausdauer und Einfühlungsvermögen mit beträchtlichem Abstand unter 13 möglichen Eigenschaften auf die ersten Ränge. Die Erfahrungen des Praktikums bestätigen und stabilisieren diese Einschätzung vom Anfang des Schuljahres. Einzig die „Ausdauer" tauscht mit dem Einfühlungsvermögen die Plätze 4 und 5 - ein Ergebnis der Einsatzerfahrung mit Arbeitszeiten von bis zu 7,5 Stunden - teilweise auch am Wochenende - und den damit verbundenen psychischen und physischen Belastungen.
Außerhalb der sozialen Einrichtung sind nach Einschätzung der Schüler z.T. andere Eigenschaften notwendig: neben Freundlichkeit (1), Hilfsbereitschaft (2) und Geduld (5) scheinen hier vor allem Selbstbewußtsein (2) und Durchsetzungsvermögen erforderlich (4).

---

[65] Vgl. F. Oser, Negative Moralität und Entwicklung. Ein undurchsichtiges Verhältnis, in: Ethik und Sozialwissenschaft. Streitforum für Erwägungskultur 9, 4(1998), 597-608.

Auf diese Reihenfolge übt das Projekt offenbar keinen besonderen Einfluß aus. Nur Geduld (4) wird am Ende vor Durchsetzungsvermögen (5) gestellt.

Die praktische Organisation und allgemeine Vorbereitung des Projekts, also die Arbeit der koordinierenden Lehrkräfte beurteilen die Schüler insgesamt überwiegend positiv: 55% bewerten die Arbeit der Koordinatoren als „sehr gut" oder „gut", jedoch immerhin 38% als „weniger gut" oder „schlecht". Kritisiert wird zumeist die fehlende Einführung in die konkreten Arbeitsverhältnisse der individuellen Einrichtungen.

Nach praktikumrelevantem Unterricht gefragt zeigt sich eine distanziertere Haltung der Schüler. 32% können dazu keine Angaben machen. 45% meinen, sie hätten „zu selten" oder „nie" im Unterricht zu diesem Thema gesprochen. Für 7% war Compassion „zu oft" ein Thema, 31% fanden es „gerade richtig". In einem besonderen Licht erscheinen die Zahlen unter Einbeziehung der Nennungen konkreter Fächer. Im Schnitt kann jeder Schüler 1,2 Fächer mit Compassionunterricht nennen. 138mal wird der Religionsunterricht genannt, 108mal Geschichte/Gemeinschaftskunde, 55mal Deutsch und 20mal Sport. Die anderen Fächer liegen bei unter 10 Nennungen. Die Verteilung entspricht zwar weitgehend den im ersten Fragebogen angegebenen Wünsche, aber offenbar bleibt die unterrichtliche Realität bis zum Termin des Praktikums hinter den Erwartungen der Schüler zurück. Man wird jedoch berücksichtigen müssen, daß die Beurteilung des Unterrichts auf dem Hintergrund des Praktikums naturgemäß kritischer ausfallen wird, denn dieser Unterricht hatte nur für ein Viertel der Praktikanten eine Verbindung zur Lebenswirklichkeit gehabt. Diese Verbindung scheint für die Schüler ein kritischer Maßstab zu sein. 57% meinen, der Unterricht hätte „wenig" oder „gar nichts" mit der Lebenswirklichkeit im Praktikum zu tun gehabt.

Dieser Befund erhellt ein zentrales Problem von Compassion. Als Einheit von Unterricht und Praktikum konzipiert, wird gerade die Verbindung der beiden Bereiche zum Problem. Dabei darf die Schule wohl nicht in Versuchung geraten, mit der Erlebniswirklichkeit in den sozialen Einrichtungen in Konkurrenz treten zu wollen. Dies würde letztlich nur auf eine Verlängerung des Praktikums in den dafür nur begrenzt tauglichen Raum der Schule hinauslaufen. Das Problem besteht maßgeblich in der Bewußtmachung der Korrelation der zwei Bereiche beim Lehrer wie beim Schüler. Die Schwierigkeit, wie die mit dem Projekt zusammenhängenden Fragen durch den Fachunterricht aufgegriffen werden können, scheint bisher erst in Ansätzen gelöst zu sein. Dazu wird im Abschnitt über Lehrer und Unterricht mehr zu sagen sein (III.3 und III.4).

Eine Verbindung zwischen Schule und Praktikum durch Personen soll zunächst während des praktischen Einsatzes durch die Lehrer selbst erfolgen. Aber nur 41% der Praktikanten fühlten sich in dieser Zeit „gut" oder „sehr gut" unterstützt, jeweils 22% fanden die Unterstützung „weniger gut" oder fühlten sich „überhaupt nicht" unterstützt. Hauptkritikpunkt ist der fehlende oder zu spät stattfindende Kontakt zu den betreuenden Lehrkräften. Diese Betreuung scheint damit ein wesentlicher Faktor von Compassion zu sein. Dabei besteht der Sinn dieser Besuche vor Ort möglicherweise nur vordergründig in einem fürsorglichen Handeln der Lehrkräfte, sondern vielleicht mehr noch in der Bewußtwerdung des Erfahrungshintergrunds der Schülerinnen und Schüler bei den Lehrkräften.

Aber auch bei erfolgten Besuchen fällt die Rückmeldung der Schüler auch dann negativ aus, wenn sie nicht den Eindruck echten Interesses gewinnen konnten.

Ein möglicher Grund: In den Augen der Schüler handelt es dich bei dem Praktikum zunächst um eine schulische Pflichtveranstaltung. Und daraus leiten sie die begründete Erwartung einer interessierten Betreuung ab. Gravierend erscheint es, wenn in den Augen der Schüler das erlebte Desinteresse von Lehrern und Schule an ihrem Einsatz ein Desinteresse an ihrer Person dokumentiert. Der Ausspruch eines Unterrichtenden nach dem Praktikum: „Nach 14 Tagen Ferien fängt jetzt wieder die Arbeit an." (BRS 1) ist fatal.

Sehr viel positiver als die Lehrer und die Schule beurteilen die Schüler ihre Eltern. 73% empfanden das Verhalten ihrer Eltern als Unterstützung, nur 8% fühlten sich „weniger gut" oder „überhaupt nicht" unterstützt. Fast alle (93%) führten während der Zeit ihres praktischen Einsatzes Gespräche mit ihren Eltern. Wobei für 86% die „persönlichen Erlebnisse" Thema dieser Gespräche waren; fast jeder zweite (45%) teilte den Eltern seine „Probleme" vor Ort mit. Spezielle Fragen zum sozialen Handeln wurde entsprechend der Verteilung auf die verschiedenen Einsatzbereiche besprochen.

Themen der Gespräche mit den Eltern:

Parameter 2.6.3	Anteil der Zustimmungen (in %)
- konkrete Erlebnisse	86
- Probleme vor Ort	45
- Fragen des Umgangs mit alten oder kranken Menschen	26
- Fragen der Erziehung	21
- Fragen des Umgang mit Krankheit und Tod	20
- Fragen des Umgang mit Behinderten	16
- Fragen des Altwerdens	14
- allgemeine Fragen des Menschseins	13
- religiöse Fragen	3
- Fragen des Umgangs mit möglichen eigenen Behinderungen	3
- andere	8
- nichts davon	3

Tab. 5

In den Aussprachen erlebten 83% das Interesse ihrer Eltern an ihrer konkreten Tätigkeit in den sozialen Feldern und 68% empfanden eine Aufmerksamkeit der Eltern für ihre persönlichen Erfahrungen. Immerhin noch jeder zweite Jugendliche konnte der Aussage „waren an mir interessiert" zustimmen. Nur knapp 30% erhielten ausgesprochene Anerkennung oder Unterstützung für ihre Tätigkeit und nur in zwei von zehn Fällen konnten sich die Schüler daran erinnern, daß ihre Eltern auch „von sich selbst erzählt" haben.

Beurteilung der Eltern in den Gesprächen:

Parameter 2.6.4	Anteil der Zustimmungen (in %)
- waren an meiner Arbeit interessiert	83
- waren an meinen Erfahrungen interessiert	68
- waren offen	50
- waren an mir interessiert	48
- wollten mir helfen	28
- haben mich anerkannt	27
- haben von sich selbst erzählt	19
- wollten sich mit mir auseinandersetzen	16
- haben nichts verstanden	2
- anderes	1
- nichts davon	3

Tab. 6

90% beurteilen ihre Erfahrungen vor Ort als persönlichen Gewinn, nur 8% verneinen das, und dies, obwohl mehr als ein Drittel während des Praktikums Grenzen der eigenen Hilfsbereitschaft erfahren hat. **Qualifizierende anthropologische Äußerungen über Menschen, die das einfache Erleben übersteigen, treffen 56% aller Befragten**. Respektvoll geäußerte Überzeu-gungen wie „Vor allem alte Menschen haben noch ein Anrecht darauf, versorgt und geliebt zu werden. Sie leben nämlich wieder in ein 'Babystadium' zurück, wo sie auf andere angewiesen sind" [APR 13], werden von den Schülern selbst als Lernfortschritt aufgrund authentischer Erfahrungen angesehen. 21 % aller Schüler - die Spanne reicht in den einzelnen Klassen von 9 bis 36% - sind bereit, diese neuen Überzeugungen auf alle Menschen zu übertragen, ihre Urteile nicht als individuell zufällig, sondern als etwas, was für alle Menschen gilt, anzunehmen. Und wenn 83% angeben, sie hätten in der Zeit des Praktikums etwas über sich selbst gelernt, dann zeugen die dazu gemachten Äußerungen von der Anerkennung der eigenen Leistungsfähigkeit, der Überschreitung vorheriger Grenzen und einem größeren Selbstbewußtsein. Eine Schülerin schreibt: Ich habe gelernt, „daß ich fähig bin, mit fremden Menschen umzugehen, so als ob ich sie schon lange kennen würde und daß ich mit den Situationen fertig werde, von denen ich glaubte, sie nicht bewältigen zu können." [AMD 25, sonst.]

III.1.3 Am Ende des Schuljahres (Fragebogen Teil 3)

Man wird nicht enthusiastische Äußerungen erwarten dürfen, wenn Schüler über ihre Lehrer urteilen dürfen. Aber auch an einer geringen Erwartung von Lob gemessen, bleiben die Projektteilnehmer eher zurückhaltend. Die Beurteilung ihrer praktischen

Tätigkeit durch die Lehrer empfand weniger als die Hälfte der Jugendlichen als „positiv"; ein Drittel macht dazu keine Angaben, und 19% erlebten gleichgültige oder sogar „sehr negativ" eingestellte Lehrkräfte.
40% haben sich „darüber gefreut", einem Viertel war die Art der Rückmeldung „egal", fast jeder zehnte war „enttäuscht".

Im Rückblick auf das Schuljahr kam Compassion im Unterricht für fast 50% der Befragten „zu wenig" vor; 40% fanden die Dosierung „gerade richtig", und 11% wären auch mit weniger zufrieden gewesen. Einen Bezug zwischen Unterricht und Praxisrealität vermögen im Rückblick auf das Schuljahr nur 15% zu erkennen, 78% meinen, es hätte wenig oder gar kein Bezug bestanden. Gleichwohl erinnern sich 86% an die Möglichkeit einer Aussprache über Erfahrungen in der Schule, wenn auch nur knapp die Hälfte ein Bedürfnis dazu verspürte.

Aussagen über Wirkungen von Unterricht:

Parameter 3.4.7	Anteil der Zustimmungen (in %)
- hat mich über den sozialen Bereich informiert	50
- hat mich zum Nachdenken über andere Menschen angeregt	40
- hat zum Meinungsaustausch mit meinen Mitschülern geführt	35
- hat mich zum Nachdenken über mich selbst angeregt	25
- hat mich zum Nachdenken über Werte angeregt	23
- hat mich mit meinen Erfahrungen ernst genommen	17
- hat mir die Möglichkeit gegeben, meine Überzeugungen auszusprechen	12
- anderes	3
- nichts davon	25

Tab. 7

Für die Schüler, die Unterricht erlebt haben, geschah dies rückblickend in 202 Fällen im Religionsunterricht, in 69 Fällen im Fach Geschichte/Gemeinschaftskunde und 61 Schülerinnen und Schülerinnen nennen den Deutschunterricht, alle anderen Fächer liegen unter 20 Nennungen, wobei von Schule zu Schule und innerhalb der Schulen enorme Unterschiede festgestellt werden können. Die Spanne reicht von einem bis zu 8 verschiedenen genannten Fächern.
Dieser Unterricht bot für die Hälfte der Befragten Informationen über den sozialen Bereich, 40% wurden zum Nachdenken über andere Menschen angeregt, ein Drittel zum Austausch mit Mitschülern. In ihren Überzeugungen und mit ihren Erfahrungen ernst genommen fühlten sich nur jeweils ca. 15%.

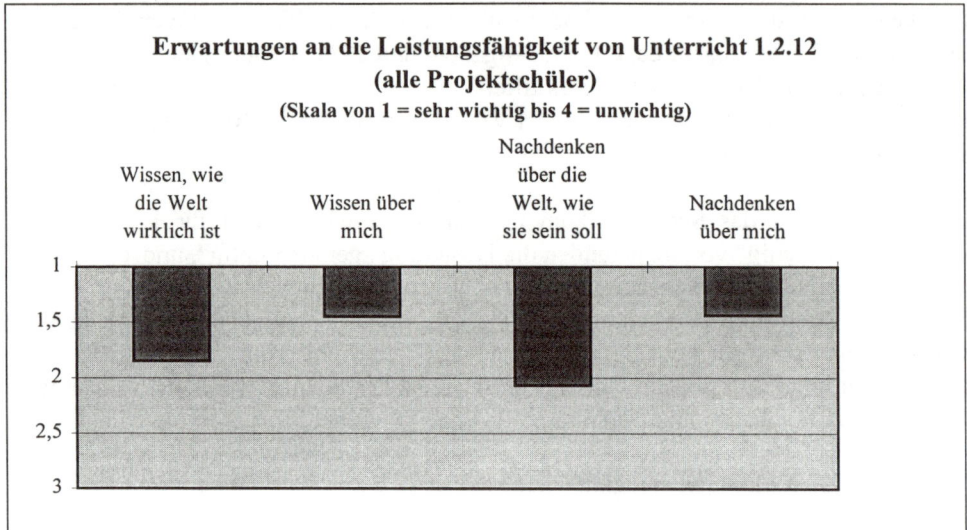

Abb. 5

Im Bereich des Weltzugangs wird der Schule eine eindeutig höhere Kompetenz zugewiesen als im Persönlichen. In der Wichtigkeit für die Schüler kehrt sich die Rangfolge allerdings genau um. Hier liegen die Ich-Bereiche deutlich vor den Aspekten des Zugangs zur Welt.[66]

Compassion erzeugt - dies ist ein vielleicht nicht ganz überraschendes Resultat - schul- und unterrichtskritischere Schüler: Auf einer Skala von 0 bis 9 sollten die Teilnehmer ihre Einschätzung der Leistungsfähigkeit von schulischem Unterricht ausdrücken. Dabei liegen zu Beginn des Schuljahres die Aspekte „Wissen über die Welt, wie sie wirklich ist" und „Nachdenken über die Welt, wie sie sein soll", also kognitiv rationale Zugänge zu einer äußeren Wirklichkeit mit deutlichem Abstand vor den persönlichen Unterrichtsaspekten wie „Wissen über mich" und „Nachdenken über mich".

Am Ende des Schuljahres zeigt sich allerdings eine deutlich veränderte Situation. Der Wert für die Vermittlungskompetenz des „Wissens, wie die Welt wirklich ist", sinkt deutlich um 25%,[67] während die Zahl für „Nachdenken über mich" bezogen auf den Ausgangswert um 20% höher liegt. Im Durchschnitt sehen alle Schüler den Unterricht als offenbar leistungsfähiger mit Blick auf diesen persönlichkeitsrelevanten Parameter an. Die anderen Werte sind kaum verändert.

---

[66] Die Standardabweichung für die 4 Parameter beträgt $2{,}0 < s < 2{,}5$ bei einer Varianz von $4{,}1 < v < 5{,}8$.
[67] Der gepaarte zweiseitige T-Test ergibt für den Parameter „Wissen, wie die Welt wirkliche ist, eine sehr starke Signifikanz von $p < 0{,}001$. In 9 von 14 Klassen ist $p < 0{,}05$, in einer Klasse $p < 0{,}1$.

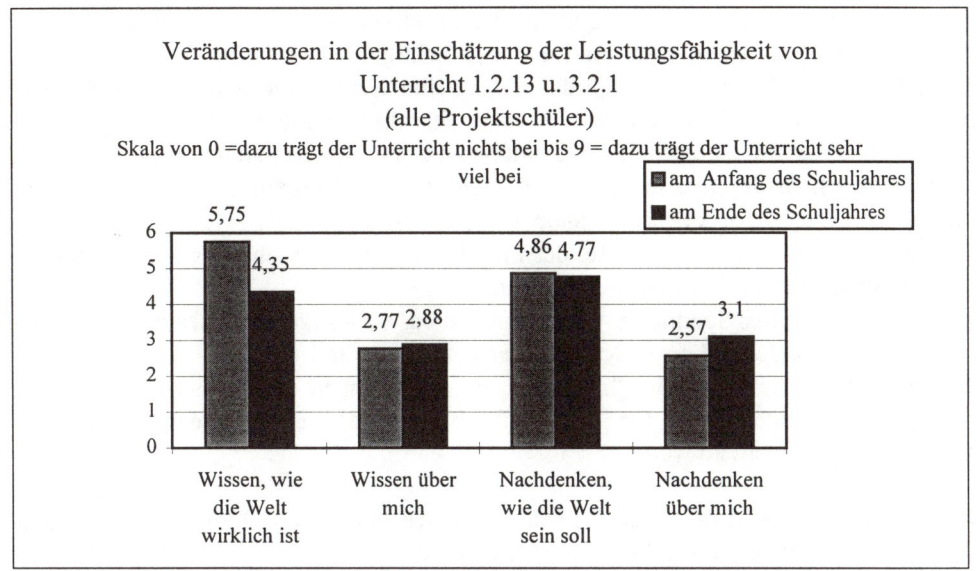

Abb. 6

Die abschließende Untersuchung zielte auf eine Bewertung des Gesamtunternehmens durch die Schülerinnen und Schüler der beteiligten Schulen. Grundsätzlich kann man davon ausgehen, daß im Vergleich zum Unterricht die Bedeutung des Praktikums von den Jugendlichen sicher höher eingeschätzt wird. Es ist anzunehmen, daß der intensivste Austausch zum Projekt außerhalb des Unterrichts innerhalb der Gruppe der Projektteilnehmer geschah. Deshalb interessierte uns, welche Bedeutung dieses Schuljahr mit Praktikum und Unterricht für die Mitschüler besitzt. Daß Compassion für die anderen Projektteilnehmer eine „große" oder „sehr große" Bedeutung habe, meinen 54% der Befragten. Daß das Projekt eine „weniger große" oder „keine" Bedeutung hat, sagen 28%. Der Rest will sich hier nicht festlegen.

Zur Möglichkeit der Fortsetzung des Praktikums:

Parameter 3.5.11	Anteil der Zustimmungen (in %)
- habe keine Zeit dafür	38
- ja, aber nur gegen Bezahlung	15
- habe genug davon	10
- überlege noch	20
- habe ich fest vor	8
- habe bereits weitergemacht	5
- weiß nicht	12

Tab. 8

Für die weitaus überwiegende Zahl bleibt das Praktikum eine, wenn auch erfreuliche Episode. Eine Fortsetzung faßt am Ende des Schuljahres immerhin ein Viertel ins Auge. Zwei Drittel haben „genug davon", „keine Zeit" oder wünschen sich eine Entlohnung. Nur eine Minderheit von 5% hat weiterhin Verbindung zum Einsatzort. Für 90% veränderte das Projekt das Verhältnis zu ihren Lehrern, zu den Eltern oder die Situation innerhalb der Klasse nicht. Daß sich aber ihr Verhältnis zu anderen Menschen durch Compassion verbessert habe, meinen immerhin 25%.
Selbstkritisch äußert sich ein Fünftel der Projektschüler. Mit mehr Engagement hätten sie mehr aus dem Praktikum machen können.
Dazu steht in gewisser Spannung, wenn dennoch ca. 80% sagen, „dieses Schuljahr mit Praktikum und begleitendem Unterricht war „eine gute und wichtige Erfahrung" und „das sollte jeder einmal machen". 41% sagen, sie hätten in diesem Schuljahr „etwas Wichtiges geleistet". Sogar für die Hälfte bestand das Besondere auch in dem Bewußtsein „gebraucht zu werden".

Wenn es stimmt, daß Jugendliche „nach nützlichen und gesellschaftlich anerkannten Aktivitäten"[68] suchen, dann scheint das Compassion-Projekt diese Nachfrage offenbar befriedigen zu können. Die Präferenz von Compassion ist aber nicht der soziale Bereich, den Compassion den Schüler nahebringt. Die Zahlen lassen jedoch immerhin den Schluß zu, daß sich die Schülerinnen und Schüler das anfänglich mit Ängsten und Unsicherheit besetzte Feld sozialen Engagements positiv erschlossen haben.
Greifbar wird dies in der Entwicklung der Vorschläge zur Lösung der selbst formulierter Krisenphänomene im sozialen Bereich. Um eine qualifizierte Bewertung zu erhalten, waren nur drei Möglichkeiten aus einer Gruppe von elf verschiedenen Vorschlägen wählbar. Im Sinne des vorangegangenen Schlusses sind folgende Veränderungen bemerkenswert: Daß „mehr freiwilliger und unbezahlter Einsatz vor Ort", also ein freiwilliges Ehrenamt, „durchsetzbar und wünschenswert" sei, das meinen am Anfang des Schuljahres 41%. Das ist im Vergleich der höchste Zustimmungswert, der bei den folgenden Messungen über 47% auf 49% steigt. Ebenso wächst im Verlauf des Projekts der Anteil derer, die ein unbezahltes soziales Pflichtjahr für alle fordern, von 19% auf 28%. Diese Entwicklung ist besonders bemerkenswert, weil die Umsetzung dieses Vorschlages die befragten Jugendlichen noch selbst in die Pflicht nehmen würde.
Beide Prozentwerte dürfen aber nicht einfach miteinander addiert werden, denn die Möglichkeit der Dreifachnennung macht Überschneidungen möglich. Von den 41%, die im ersten Fragebogen für mehr freiwilligen und unbezahlten Einsatz plädieren, stimmt ein Teil (7%Punkte) auch für das soziale Pflichtjahr. Damit halten am Anfang des Schuljahres 53% eine der beiden auf individueller Solidarität basierenden Lösungsvorschläge für sinnvoll. Arbeitet man die Überschneidungen in den folgenden Untersuchungsergebnissen heraus (12% bei der zweiten und 14% bei der dritten Befragung), dann steigert sich dieser Anteil auf 62% und schließlich auf 63%. Das heißt am Ende des Projektzeitraums konnten zusätzlich 10% aller teilnehmenden Schülerinnen und Schüler dem individuellen Engagement eine positive Bewertung abgewinnen. Das heißt aus einer anderen Blickrichtung, daß sich mehr als 20% derer, die am Anfang,

---

[68] H. Henz, Ethische Erziehung. Ethische Fundamentalpädagogik für Lehrer, Erzieher und Eltern, München 1992, 107.

diesen Möglichkeiten eher skeptisch gegenüberstanden, am Ende des Schuljahres dafür aussprechen. Darüber hinaus spricht der Anstieg der Überschneidungen der Voten für die genannten Parameter dafür, daß die Option für individuelle Hilfeleistungen sich im Verlauf des Schuljahres insgesamt verstärkt. Der Chi-Quadrat-Test ergibt unter der Annahme, daß sich für diese Parameter die Werte im Verlauf des Schuljahres nicht ändern, eine Zufallswahrscheinlichkeit unterhalb des 5%Niveaus. D.h. die erhobenen Veränderungen erweisen sich als signifikant. Dieses Ergebnis erscheint umso berechtigter, wenn man die Ergebnisse aus der Kontrollgruppe daneben stellt. Dort sinkt im Verlauf die Zustimmung für die Option eines individuellen Engagements ab. Wenn man nun auf die Inanspruchnahme gesellschaftlich und politisch relevanter Gruppen achtet, zeigt sich, daß die Schüler im Compassion-Projekt auch eine politische Dimension sehen. So steigen die Anteile derer, die mehr Engagement von Kirchen, Staat und Gewerkschaften einfordern, deutlich und beständig an.[69]

Das Compassion-Projekt führt also offenbar einerseits zu einem klareren Problembewußtsein, aber andererseits - und von der ersten Entwicklung untrennbar - zu der Überzeugung, daß die Lösung der empfundenen Problemlagen sowohl des individuellen Engagements als auch der sachkompetenten institutionellen Einwirkung bedarf. Das Compassion-Projekt macht die Schüler also nicht naiv, was ihre Einschätzung individuellen sozialen Engagements betrifft. Dem Staat und den gesellschaftlichen Gruppen werden zur Lösung sozialer Notlagen sowohl die Verantwortung als auch die dazu notwendigen Ressourcen zugesprochen.

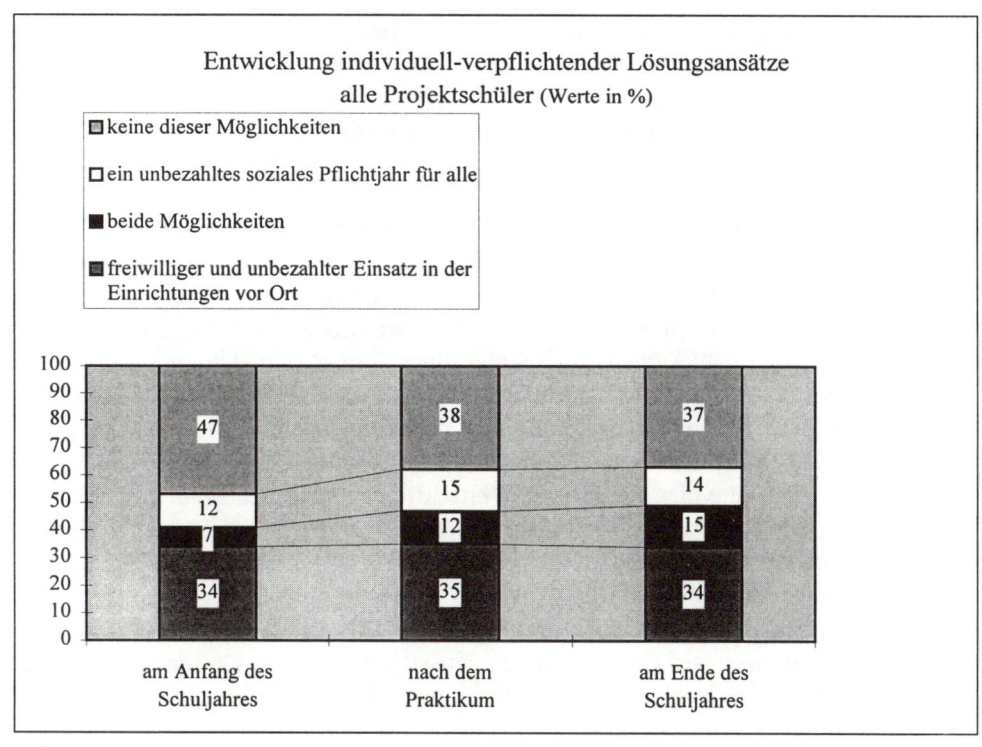

Abb. 8

---

[69] vgl. Anhang I Abb. 7.

III.2 Vergleich von Projekt- und Kontrollgruppe

III.2.0 Vorbemerkungen

Die Verifikation der Ergebnisse erfolgt durch den Vergleich mit einer Kontrollgruppe. Diese Schülerinnen und Schüler nahmen an keiner vergleichbaren Unternehmung teil. Sie erlebten einen Unterricht, von dem wir annehmen müssen, daß er in seiner Form dem Normalunterricht der Teilnehmer von Compassion entspricht. Mit Hilfe dieses kontrollierenden Vergleichs soll geprüft werden, ob die von uns gemessenen Wirkungen von Praktikum und Unterricht im Rahmen des Modellversuchs tatsächlich auf Compassion zurückzuführen sind oder ob wir nicht Daten erheben und Effekte feststellen, die sich auch sonst im Jugendalter oder durch normalen Unterricht auch ohne Praktikum quasi von alleine einstellen.

Die Bearbeitung des 2. Fragebogens, den die Compassionschüler im Anschluß an den Praxisteil ausgefüllt haben, entfällt folglich für die Kontrollgruppe. In den anderen Abschnitten der Befragung wurden ihnen nur die Fragen ohne Bezug zum Praktikum vorgelegt.

III.2.1 Zur Vergleichbarkeit der beiden Gruppen

Der größere Teil der Kontrollgruppe kommt aus einem kirchlichen Mädchengymnasium. Der Anteil der Mädchen liegt mit 83% deshalb weit höher als der der Jungen (17%). In der Compassiongruppe beträgt dieser Verhältniswert 60 zu 40. Zu den Unterschieden zwischen Jungen und Mädchen werden wir im Kapitel III.5 noch Genaueres sagen.

Von diesem Unterschied abgesehen zeigen sich die beiden Gruppen in der Frage der Wertorientierungen recht einheitlich. Beide setzen auf äußeres Engagement gerichtete Aktivitäten (Kirche, Verein, Politik, Umwelt) auf die letzten vier Ränge. Allerdings ordnet die Kontrollgruppe diesen Aktivitäten eine etwas höhere Wichtigkeit zu.

Tendenziell sind die Schülerinnen und Schüler ohne Compassion eher an altruistischen Haltungen orientiert. Die auffälligsten Unterschiede in der Rangfolge lassen sich gerade bei den Beurteilung prosozialen Engagements im Nahbereich ausmachen. „Sich für Freunde und Familie einzusetzen" und für diese „dazusein", gilt ihnen fast als das Wichtigste (man beachte hier die geringe Wertedifferenz zwischen Platz 1 und Platz 3 von 0,01). Bei der Compassiongruppe liegen diese Werte erst auf Platz 5. Dagegen finden sich dort Werte wie „das Leben genießen", „Spaß haben" und „leben wie ich bin", also Werte der Selbstentfaltung[70] klar auf den Rängen 3 bis 5; in der Kontrollgruppe belegen sie die Plätze 6, 8 und 10.

Allerdings beschränkt sich die höhere Einsatzbereitschaft für andere in der Kontrollgruppe auf den Nahbereich; für das weitere Umfeld, mithin das Tätigkeitsfeld

---

[70] vgl. H. Klages, Wertorientierungen im Wandel. Rückblick, Ausblick, Analyse. Prognosen, Frankfurt/New York 1984.

der Praktikantinnen und Praktikanten, kann keine abweichende Priorisierung festgestellt werden.

Kontrollgruppe Wertorientierung	Wichtigkeit Skala v. 0-4	Projektgruppe Wertorientierung	Wichtigkeit Skala v. 0-4
1. verstanden werden	1,21	1. verstanden werden	1,31
1. mich für Menschen, die mit nahestehen, also Familie oder Freunde einsetzen	1,21	2. eine richtige Familie haben	1,32
3. für Menschen, die mir nahestehen, also Familie oder Freunde dasein	1,22	3. das Leben genießen	1,35
4. eine richtige Familie haben	1,27	4. Spaß haben	1,37
5. mit anderen Menschen reden	1,29	5. für Menschen, die mir nahestehen, also Familie oder Freunde dasein	1,38
6. das Leben genießen	1,3	5. leben wie ich bin	1,38
7. einen guten Beruf haben	1,34	5. mich für Menschen, die mit nahestehen, also Familie oder Freunde einsetzen	1,38
8. leben wie ich bin	1,37	8. einen guten Beruf haben	1,41
9. viele Freunde haben	1,44	9. viele Freunde haben	1,44
10. Spaß haben	1,51	10. mit anderen Menschen reden	1,52
11. einen Sinn im Leben finden	1,52	11. einen Sinn im Leben finden	1,6
12. Geld verdienen	1,74	12. Geld verdienen	1,79
13. für andere Menschen dasein	1,85	13. mich für andere einsetzen	1,96
14. mich für andere einsetzen	1,89	14. für andere Menschen dasein	1,97
15. beim Umweltschutz mitmachen	2,17	15. in einem Verein mitmachen	2,37
16. in einem Verein mitmachen	2,3	16. beim Umweltschutz mitmachen	2,39
17. etwas in der Politik verändern	2,5	17. etwas in der Politik verändern	2,76
18. in der Kirche mitmachen	2,82	18. in der Kirche mitmachen	3,13

Tab. 9

Im Erleben der erwachsenen Umwelt, der Zufriedenheit mit äußeren oder persönlichen Gegebenheiten stimmen die beiden Gruppen wieder miteinander überein.

Zusammenfassend können wir aber feststellen, daß die Kontrollgruppe offenbar über den prosozialeren Hintergrund verfügt. Dies zeigt sich recht deutlich in den Antworten auf die Frage nach Vorerfahrungen mit freiwilligem und unbezahltem Einsatz. Während dies 78% aus der Kontrollgruppe bejahen, tun die Projektschüler dies nur zu 64%. Aufgefächert nach verschiedenen Bereichen liegen die Schüler ohne Compassion am Anfang des Schuljahres in allen Feldern um bis zu 14% über den Werten der Projektgruppe.

Die Jugendlichen der Kontrollgruppe wären für das Compassion-Vorhaben die „geeigneteren" Schülerinnen und Schüler, zeigen sie doch eine tendenziell höhere Handlungsbereitschaft im Sozialen. Dieser unterschiedlichen Ausgangsstandard von Compassion- und Kontrollgruppe ist bei der folgenden Auswertung mitzubedenken.

III.2.2 Ergebnisse

III.2.2.1 Prosozialität

Im folgenden sollen solche Fragestellungen betrachtet werden, die zu Beginn und zum Ende des Schuljahres in gleicher Form gestellt wurden.

Mit der Frage nach der Lebensrelevanz moralischen Verhaltens sollte die Einschätzung der lebenspraktischen Bedeutsamkeit prosozialen Verhaltens erhoben werden. Diese Frage fordert zu einer Stellungnahme auf, die eine Wahrnehmung, fast schon eine Lebensphilosophie zum Ausdruck bringt.[71] Zu vermuten wäre, daß das Erleben sozialer Realsituationen mit ihren Notwendigkeiten und das Erleben von beschäftigten Personen, deren Engagement von den Schülern als vorbildhaft - oder auch nicht - eingeschätzt wird, zu einer größeren Entschiedenheit in dieser Frage führen wird. Besonders dann, wenn der Prozeß durch einen unterrichtlichen oder sich selbst vollziehenden Reflexionsprozeß gestützt wird.

Daß also diese Annahme zutreffe, meinten in der 1. Befragung 81% der Projektschüler. 15% schränkten deren Geltung eher ein oder verneinten sie. Die bereits ausgemachte prosozialere Haltung der Kontrollgruppe macht sich auch hier bemerkbar: Die Zahlen für Zustimmung (84%) und Ablehnung (12%) bestätigen den Trend des 1. Fragebogens. Am Ende des Schuljahres stellen wir jedoch eine leicht veränderte Situation fest: nur noch 79% aus der Kontrollgruppe (-5%) unterstützen die Aussage und 18% glauben das nunmehr „eher weniger" oder „gar nicht". Während sich bei der Gesamtheit dieser Schüler offenbar eine größere Zurückhaltung abzeichnet, findet sich in der Projektgruppe eine gegenläufige Entwicklung. Hier legen die positiven

---

[71] In ihrer Formulierung ist sie der Untersuchung von Schmidtchen, Wie weit ist der Weg nach Deutschland? Sozialpsychologie der Jugend in der postsozialistischen Welt, Opladen 1997, 26f. entnommen.

Einschätzungen auf jetzt 89% (+8%) zu und nur noch 7% (-8%) meinen, das treffe „weniger" oder „überhaupt nicht" zu.
Für die Prüfung der Signifikanz soll angenommen werden, daß sich die Einstellungen zu dieser Frage nicht ändern. Diese These ist als eher vorsichtig zu beurteilen, weil in der Vergleichsgruppe eine Verschiebung zu einer kritischeren Position zu verzeichnen ist. Für den Chi-Quadrat-Test soll daher der prozentuale Ausgangswert als der erwartete Wert angenommen werden. Das Ergebnis des Tests liegt unterhalb des 5%Niveaus ($p < 0,05$), die Veränderung ist also signifikant. Für die gleiche Vorgehensweise ergibt der Test bei der Kontrollgruppe keine Signifikanz ($p = 0,22$).

1.2.14 u. 3.2.5
„Was meinst Du zu folgender Aussage: 'Mit moralischem Verhalten, d.h., wenn man andere nicht ausnutzt, sondern sie fördert, wenn man hilfsbereit ist und Frieden stiftet, steht man langfristig besser da als wenn man das Gegenteil tut.'"

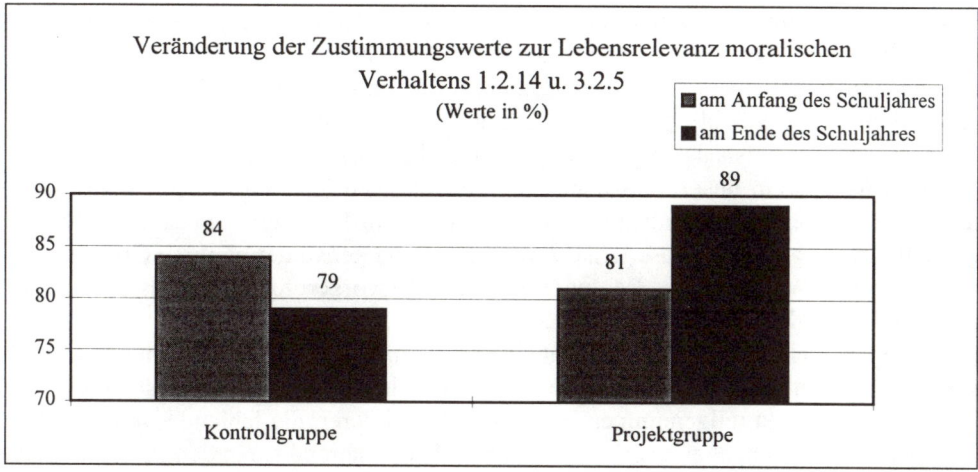

Abb. 9

Während sich also die Zustimmung zu dem Statement, daß Prozozialität sich lebenspraktisch lohnt und Sinn macht, in der Kontrollgruppe am Ende des Schuljahres eher leicht abschwächt, steigt die Zustimmung zu diesem Statement bei den Schülern des Compassion-Projekts an. Das bedeutet: Die Erfahrung ethischen Dringlichkeit prosozialen Engagements, welche sich aus der direkten Begegnung zwischen Helfenden und Hilfsbedürftigen ergibt, vermag die Disposition zu Prosozialität zu festigen und ihrer möglichen Ermüdung oder Abschwächung entgegenzuwirken, ja die Entwicklung sogar umzukehren.

III.2.2.2 Sozialpolitische Ebene

Zwei Fragen des ersten und dritten Fragebogens erheben eine politische Dimension sozialen Engagements in den Augen der Schüler. Deutlich werden soll in den Antworten auf die erste Frage die Komplexität eines Problem- und Ursachenbewußtsein und damit gleichzeitig ein Lösungsansatz. Dieser von den Schülern formulierte Ansatz macht gleichzeitig die Möglichkeit und den Weg eines eigenen Beitrags zur Krisenbewältigung im Rahmen der Möglichkeiten unserer gegenwärtigen Gesellschaft deutlich.

Die beschreibenden Angaben über die Ursachen der sozialen Krise lassen sich in 4 verschiedene Schemata einordnen. Wenn die Aussagen sich auf mehr als ein Feld beziehen ließen, wurden sie mehreren Parametern zugeordnet.

Die vier Felder sind:
– fehlendes Engagement der Individuen
– strukturelle Mängel
– Mißbrauch durch Einzelne
– Negation der Krise

In der ersten Befragung liegen die Werte beider Untersuchungsgruppen noch nahe beieinander: 16% der Kontrollgruppe sieht die Ursachen der sozialen Krise in einem mangelnden Engagement, fehlender Empathie der Individuen, die diese Gesellschaft ausmachen. Bei den Schülern der Projektgruppe folgen 23% dieser Einschätzung. Daß die Krise des Sozialstaats in fehlenden finanziellen Mitteln, der Arbeitslosigkeit, in Mängeln im System unserer sozialen Sicherungen, also letztlich in anonymen Strukturen besteht, meinen unter allen befragten Schülern im 1. Fragebogen ca. 60%. Daß es gar keine Krise gibt oder diese Krise durch bestimmte genau definierbare Gruppen wie Asylbewerber, Wohnsitzlose, Rentner und andere hervorgerufen wird, dieser Überzeugung sind in beiden Teilen nur zwischen 0% und 7%.
In den letzten beiden Bereichen bewegt sich bis zum Ablauf der Untersuchung nur sehr wenig. Dagegen fällt in der Gruppe der Schülerinnen und Schüler, die nicht am Compassion-Projekt teilgenommen haben, der Anteil derer, die fehlendes individuelles Engagement als Mangel ausmachen, auf 12% (-4%), während sie in den Projektklassen auf 36% (+13%) ansteigt. Der Anteil derer, die in den Strukturen die eigentliche Ursache sehen, sinkt auf 59% (-9%), bei der Kontrollgruppe steigt sie auf 76% (+17%) deutlich an.
Unter der Voraussetzung, daß keine Veränderung im Laufe des Schuljahres eintritt, ergibt der Chi-Quadrat-Test eine Signifikanz für die positive Veränderung innerhalb der Projektgruppe ($p < 0,05$). Die negative Entwicklung der Kontrollgruppe ist nicht signifikant ($p = 0,12$)
Diese veränderte Ursachenbestimmung kann als Ausdruck einer reflektierten Identifikation mit dem praktischen Tun gewertet werden. In dem Maße, in dem die Schülerinnen und Schüler selbst aktiv werden, erkennen sie mangelnde Aktivität in der Gesamtgesellschaft. Dieser Mangel wird als Krisenphänomen erlebt. Der soziale Bereich gewinnt offenbar für die Schülerinnen und Schüler eine individuelle Dimension.

Der nun folgende Blick auf die in diesem Bewußtsein sich entwickelnden Vorschläge zur Lösung der sozialen Krise stellt allerdings nicht nur eine zunehmende Forderung nach solidarischem Handeln einzelner in der Gesellschaft fest.

Im Vergleich der Vorschläge ergeben sich deutliche Unterschiede an zwei Stellen: die Kontrollgruppe zeigt sich im 1. Fragebogen wieder stärker als prosozial verpflichtet. 55% plädieren für „mehr privaten, freiwilligen und unbezahlten Einsatz in den Einrichtungen vor Ort" also eine Variante des individuellen solidarischen Engagements, bei der Projektgruppe tun das an dieser Stelle nur 41%. Die Abweichungen zwischen Kontroll- und Projektgruppe erklären sich aus dem höheren Mädchenanteil (vgl. III.5) und der relativ größeren Zahl kirchlich gebundener Jugendlicher (vgl. III.7). Viel stärker nehmen die Schülerinnen und Schüler der Vergleichsgruppe auch den Staat in die Pflicht. Mehr als jeder zweite (53%) sehen im sozialen Bereich ein staatliches Aufgabenfeld; die Projektschüler sehen das nur zu einem Drittel (36%) so. Sie halten wiederum eine Anhebung der Zahl der Fachkräfte für wichtiger (33%; andere nur 25%) und favorisieren damit stärker eine Lösung durch eine Reform der Organisationsebene.

Wie schon im Fall der vorangegangenen Fragestellung kehren sich die Tendenzen am Ende des Schuljahres um. Nun halten 49% (+8%) der Compassionschüler mehr freiwilligen und unbezahlten Einsatz vor Ort" für sinnvoll, wünschenswert und durchsetzbar. Bei der Kontrollgruppe sinkt der Wert auf 40% (-15%). Auch der Staat wird von der Projektgruppe jetzt stärker in die Pflicht genommen. 47% (+11%) erkennen hier staatlichen Handlungsbedarf. Bei der Projektgruppe sind es nur noch 44% (-9%). Ein vergleichbarer Impuls kann hinsichtlich der Forderung nach stärkerem Einsatz der Kirchen ausgemacht werden. Für die Kontrollgruppe steigen die Anteile von 16 auf 18%, in der Projektgruppe von 19 auf 32%.

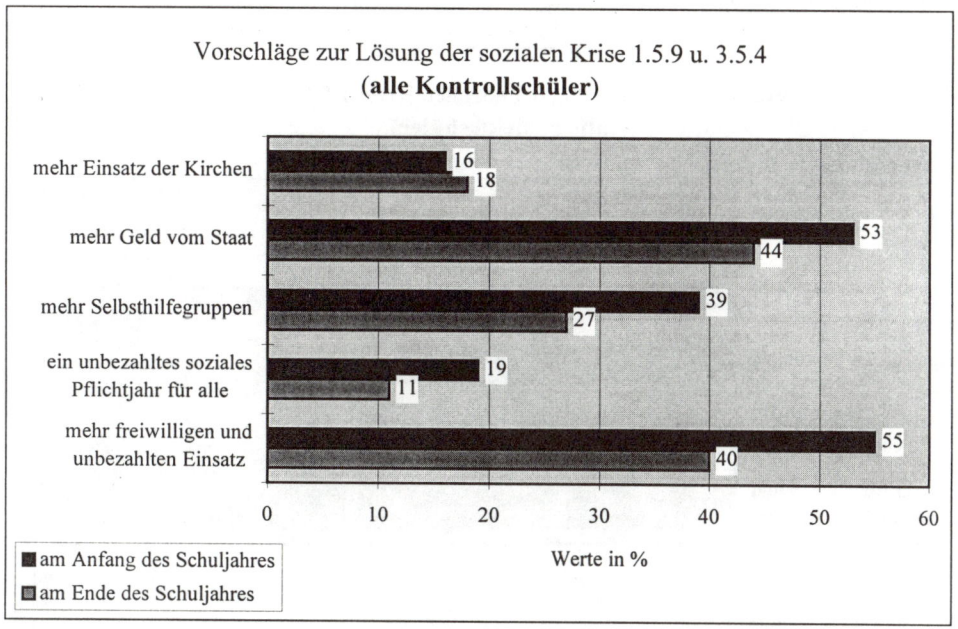

Abb.10

Noch deutlicher wird die auseinanderdriftende Bewegung in der Einstellung zum 'unbezahlten sozialen Pflichtjahr für alle'. Während sich das am Anfang des Schuljahres 19% als einen sinnvollen Lösungsweg vorstellen können, befürworten im

3. Fragebogen 28% (+9%) der Compassionschüler diese Variante, die Schüler der Vergleichsgruppe stimmen dem nur noch zu 11% (-8%) zu.
Insgesamt steigen bei allen vier institutionellen und solidarischen Lösungsansätzen die Prozentwerte der Teilnehmer am Projekt deutlich an; bei den anderen Parametern bleiben sie in etwa gleich oder sie sinken leicht. D.h. die Schüler nützen die Möglichkeit der 3 Angaben stärker aus, als im 1. Fragebogen. Für die Kontrollgruppe läßt sich hier wieder die gegenläufige Bewegung feststellen.
Aus diesem Vergleich läßt sich für die Teilnehmer am Projekt ein höherer Grad an Betroffenheit im Sinne sozialer Sensibilität ableiten. Man kann den Begriff der Betroffenheit „als eine Funktion des Bildes [verstehen], das sich eine Person von einer Situation macht". Im Falle der Ablehnung dieser Situation wird dann die Art der Abhilfe „durch das Bild [bestimmt], das sich die Person von der Situation und damit auch von sich selbst macht"[72]. Unter diesen Prämissen lassen dann die eben beschriebenen Entwicklungen darauf schließen, daß für die Projektschüler eine größere Betroffenheit für soziale Fragen angenommen werden kann. Das aus authentischen sozialen Kontakten gewonnene oder durch Unterricht oder Mitschüler vermittelte Bild der Wirklichkeit schärft offenbar nicht nur die Aufmerksamkeit für ein kritisches Feld, sondern initiiert gleichzeitig auch die auf Abhilfe gerichtete Reflexion und Option für persönliches und institutionelles Einwirken. Eine im Anschluß an das Praktikum wachsende Zahl von Schülerinnen und Schülern des Compassion-Projekts sieht den Staat, aber auch den einzelnen Bürger in der Verantwortung zum helfenden Engagement und betrachtet dieses Engagement der einzelnen als sinnvollen Beitrag zur Überwindung der Krise.

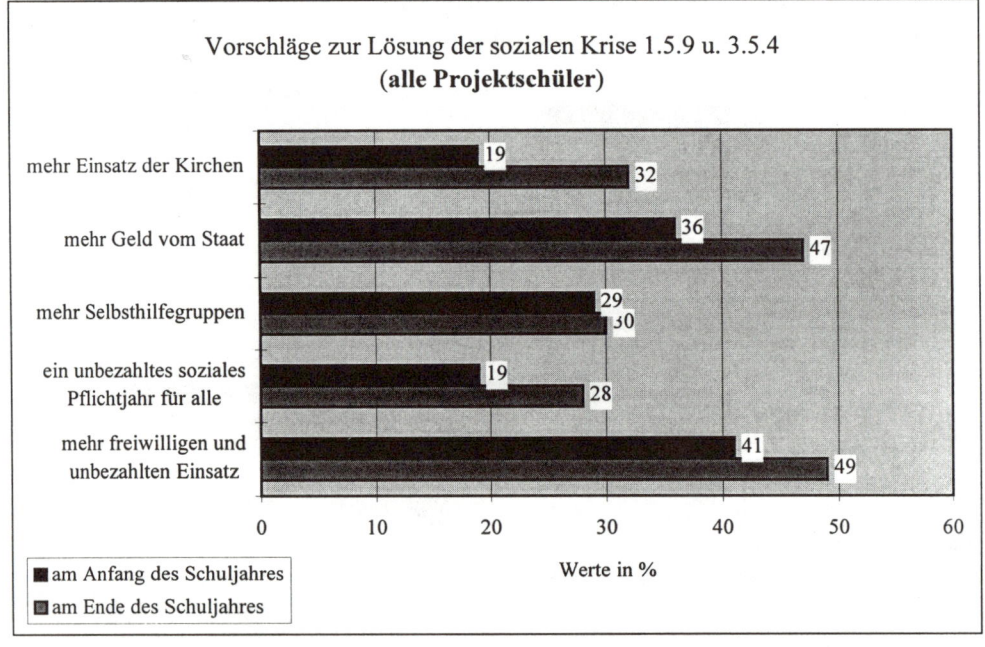

Abb. 11

---

[72] Mieg, a.a.O., 36.

III.2.2.3 Äußerungen zu Schule und Unterricht

Der unterrichtliche Aspekt von Compassion steht bei Schülern und Lehrkräften in der Gefahr, in der Wahrnehmung und der Wertschätzung hinter das Praktikum zurückzufallen. Da aber der Unterricht mit dem Praktikum als konstitutives Element des Projekts gilt, sollen nun vergleichend in diesem Abschnitt mögliche Wechselwirkungen zwischen Praktikum und Unterricht beschrieben werden.

Gefragt nach dem Beitrag von Unterricht zur sozialen Thematik zeigen sich die Projektschüler deutlich kritischer. Daß dieser „etwas zum Nachdenken über sie selbst" beigetragen habe, meinen aus der Kontrollgruppe 40%, aber nur ein Viertel der Projektschüler. Diese deutliche Diskrepanz wiederholt sich bei fast allen anderen Parametern.

Nur die Frage, ob sie der Unterricht „in ihren Erfahrungen ernst genommen" habe, bejaht die Compassiongruppe etwas stärker (17% gegen 13%). Am markantesten ist jedoch, daß sie mit einem Anteil von 50% meint, in diesem Schuljahr „Informationen über den sozialen Bereich" erhalten zu haben; in der Kontrollgruppe sind es gerade 23%.

Aussagen über Wirkungen von Unterricht:

Parameter 3.2.1	Anteil der Zustimmungen (in %)	
	Kontrollgruppe	Projektgruppe
- hat mich zum Nachdenken über mich selbst angeregt	40	25
- hat mich zum Nachdenken über andere Menschen angeregt	47	40
- hat mir die Möglichkeit gegeben, meine Überzeugungen auszusprechen	26	12
- hat mich mit meinen Erfahrungen ernst genommen	13	17
- hat mich zum Nachdenken über Werte angeregt	38	23
- hat zum Meinungsaustausch mit meinen Mitschülern geführt	39	35
- hat mich über den sozialen Bereich informiert	23	50
- nichts davon	15	25

Tab. 10

Man könnte diese letzte Antwort zunächst als Ergebnis einer gestiegenen Aufmerksamkeit für die genannten Fragestellungen deuten. Diese erste Erklärung muß aber relativiert werden, wenn man zwei weitere Aspekte näher bedenkt: Für die Projektschüler scheint grundsätzlich Unterricht in einem geringeren Maße einen Bezug zur Thematik „Menschsein für andere" gehabt zu haben (69% im Gegensatz zu 83% der Kontrollgruppe). Auch fällt ihr Urteil über den erlebten Unterricht vergleichsweise kritischer aus: 25% meinen nicht, daß ihnen der Unterricht „etwas gebracht" habe, bei den anderen sind das nur 10%. Der Schluß ist nicht abwegig, daß das Praktikum einen höheren Anspruch der Schüler an Unterricht nach sich zieht. Wenn dann aber Unterricht überhaupt stattgefunden hat, dann war die Verbindung zwischen Praktikum und Unterricht am ehesten im Geschichte/Gemeinschaftskundeunterricht mit seiner Sozialstaatsproblematik festzustellen, was sich in den deutlich höheren Anteilen für die Möglichkeit „Informationen über den sozialen Bereich" widerspiegelt. Man muß also bei der Bewertung der Angaben davon ausgehen, daß die Äußerungen der Projektschüler sich auf ein sehr viel schmaleres Segment von ausgesprochenem Projektunterricht beziehen als dies bei der Kontrollgruppe der Fall ist. Die Aufmerksamkeit auf diese bestimmte unterrichtliche Thematik des „Menschseins für andere" gerät mit dem Ausfall des Praktikums breiter und u.U. diffuser und führt daher zu höheren Prozentwerten als in der Gruppe der Compassionschüler.

Die kritischere Aufmerksamkeit der Schüler für die Leistungen des Unterrichts, die in der Darstellung der Gesamtgruppe bereits oben beschrieben wurde und sich in der im vorangegangenen Abschnitt dargestellten Beurteilung wiederholte, zeigt sich noch drastischer im folgenden Vergleich. Auf der Skala von 0 bis 9 unterscheiden sich die beiden Schülergruppen in ihrer Bewertung des Beitrags von Unterricht zum Wissen und Nachdenken über sie selbst und die sie umgebende Welt am Anfang des Schuljahres kaum. Erneut hat hier aber die Kontrollgruppe die Tendenz zu einer positiveren Bewertung.

Am Ende des Schuljahres wird jedoch die Aussage, daß der Unterricht in der Schule etwas zum „Wissen über die Welt, wie sie wirklich ist", beitrage, von den Schülerinnen und Schülern, die nicht an Compassion teilgenommen haben, nur leicht skeptischer eingeschätzt (Rückgang um -8%), bei den Projektschülern sinkt der Wert aber drastisch um die bereits genannten 25%. Damit kann man zunächst eindeutig ausschließen, daß die schlechteren Ergebnisse für Unterricht im Falle der Projektteilnehmer einen Reflex der mit dem Schuljahresende verbundenen Zeugnistermine darstellen.[73]

Man muß dies vielmehr als Ausdruck eines gestiegenen Selbstbewußtseins werten, das eine Schülerin, die ihr Praktikum in einem Altenheim geleistet hat, zum Ausdruck bringt, wenn sie sich wünscht, „daß manche Lehrer unserer Schule auch einmal ein solches Praktikum machen müßten." [CHT 59/3] Die Schüler erkennen nach der Erfahrung der sozialen Lebenswirklichkeit offenbar eine größere Diskrepanz zwischen der Welt, wie sie ihnen im Praktikum entgegentrat, und dem Anspruch der Schule in unterrichtlichen Prozessen Zugänge zu dieser Welt im allgemeinen zu eröffnen. Dies erfahren die Schüler ohne Compassion offenbar in weitaus geringerem Maße als Problem.

Eine gewisse Gegenbewegung kann an einer anderen Stelle ausgemacht werden: Daß Unterricht etwas zum „Nachdenken über mich selbst" beitrage, sehen die Kontrollschüler im 1. Fragebogen etwas stärker. Am Ende des Schuljahres liegen beide Schülerfraktionen fast gleichauf, wobei die Steigerung der Kontrollgruppe vom Ausgangswert 8% beträgt, die der Projektschüler 21%. Es wird im Abschnitt Unterricht und Praktikum gezeigt werden, daß diese höhere Steigerung fast ausschließlich

---

[73] Der gepaarte zweiseitige T-Test ergibt nur für eine der 6 Kontrollklassen ein signifikantes Ergebnis: $p = 0{,}05$. In allen anderen Klassen liegt die Zufallswahrscheinlichkeit über dem Signifikanzniveau: $p > 0{,}3$.

auf die Projektklassen zurückzuführen ist, in denen der Fachunterricht das Praktikum intensiv für seine Zwecke genutzt hat (vgl. III.4).

III.2.3 Fazit zum Schuljahr

Eindrucksvoll faßbar werden die Effekte des Projekts in der Gesamtbeurteilung des Schuljahres im dritten Fragebogen.
Daß dieses Schuljahr „wie alle anderen auch" war, meinen 25% der Schülerinnen und Schüler im normalen Unterricht. Die Compassiongruppe sieht das sehr stark signifikant anders; nur 6% können dem zustimmen (p < 0,001). Dagegen meinen von diesen mehr als drei Viertel (77%): „Dieses Schuljahr mit Praktikum und begleitendem Unterricht war eine gute und wichtige Erfahrung". Die Kontrollgruppe kann dem nur zu 56% zustimmen (p < 0,001). Die Besonderheit des Schuljahres liegt allerdings nicht auf der Ebene der beruflichen Entscheidungsfindung. In dieser Frage liegt die Gruppe ohne Compassion mit 44% deutlich vor den Projektteilnehmern mit 20%. Bis auf eine liegen auch alle einzelnen Klassen der Kontrollgruppe in dieser Frage über den Werten der einzelnen Projektklassen.

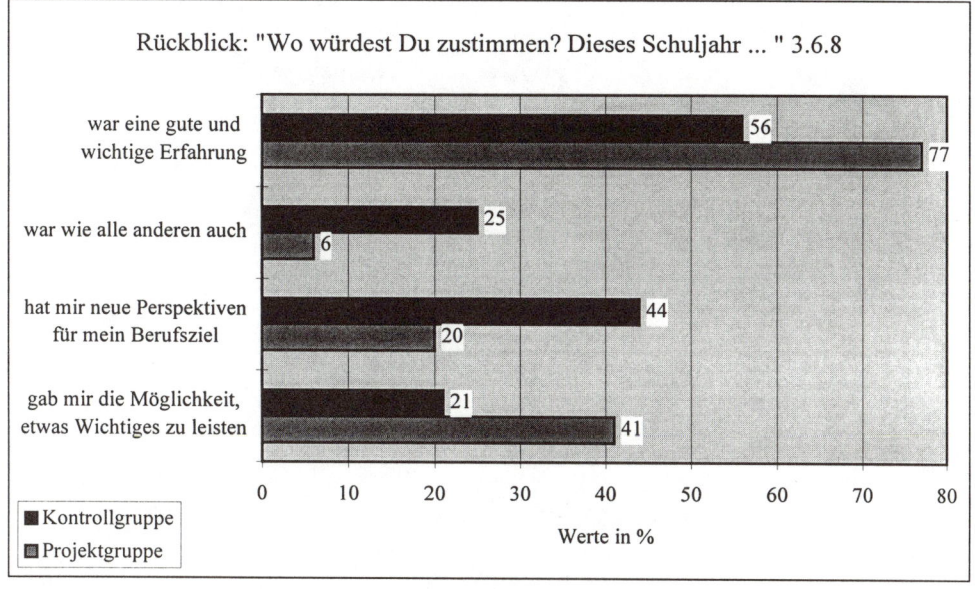

Abb. 12

Compassion erfüllt demnach für die Schüler nicht das Ziel der Berufsorientierung, sondern bietet vielmehr eine Möglichkeit der Ich-Stärkung, indem es die Reflexion der Bedeutsamkeit des eigenen Handelns in das Schulleben hineinträgt. Es eröffnet des Teilnehmern in offenbar weit stärkerem Maß das Bewußtsein eines sinnvollen Tätigseins. Daß dies gelingen kann, läßt sich daran ablesen, daß die Projektgruppe in weit stärkerem Maße angibt, in diesem Schuljahr „etwas Wichtiges geleistet" zu haben (41%). Die anderen sehen das nur zu 21% so (p < 0,01). Daß dieses Handeln für den einzelnen Schüler nicht nur für ihn selbst aufgrund seiner eigenen Beurteilung wesentlich war, zeigen die hohen Zustimmungswerte für ein soziales Phänomen. Das „Gefühl gebraucht zu werden", also in seinem Tun von seinem Gegenüber geschätzt und anerkannt zu werden und damit auch sich selbst zu schätzen und anzuerkennen, empfanden in diesem Schuljahr 49% aller Befragten aus den Projektschulen, aber nur 20% aus den Vergleichsschulen ($p < 0{,}001$).

III.3 Ergebnisse der Lehrerbefragung

III.3.0 Vorbemerkung

Damit Compassion als Praxis- und Unterrichtsprojekt dauerhaft und fundiert innerhalb einer Schule implementiert werden kann, ist die Akzeptanz des Unternehmens innerhalb der jeweiligen Kollegien unentbehrlich.

III.3.1 Zum Modus der Lehrerbefragung

Compassion soll im Fachunterricht seine Realisierung finden. Die Fächer unterscheiden sich nach ihren Inhalten und ihrem fachmethodischen Zugriff auf spezielle compassionrelevante Fragestellungen. Sie repräsentieren Compassion in ihrer fachspezifischen Form.
Allen in den Projektklassen unterrichtenden Fachlehrern wurde gegen Ende des Schuljahres über die jeweiligen Schulleitungen ein dreiseitiger Fragebogen mit einem adressierten und frankierten Rückumschlag zugestellt. Um die Befragung in ihrer Anonymität zu sichern und von äußeren Einflüssen freizuhalten, sollten die Rückmeldungen auf dem normalen Postweg direkt an die Pädagogische Hochschule Karlsruhe geschickt werden.
Zur weiteren Anonymisierung und aus den oben genannten erhebungsmethodischen Gründen wurden nicht die einzelnen Lehrkräfte, sondern Fächer zur Grundlage der Befragung gemacht. Lehrerinnen und Lehrer, die in derselben Schule in mehreren Projektklassen oder in derselben Klasse in mehreren Fächern unterrichten, wurden gebeten, auch die entsprechende Zahl von Fragebögen auszufüllen. Mit der Erhebung individueller Lehreräußerungen wäre der fachspezifische Aspekt des Projekts nicht ausreichend berücksichtigt.

III.3.2 Übersicht über die Lehrerrückmeldungen

Insgesamt bieten die Rückmeldungen eine Übersicht über die Lehrermeinungen aus 56% aller möglichen Fächer. Die Zahlen für die einzelnen Klassen schwanken zwischen 20% und 76% aller Fächer.
Aber auch für die einzelnen Fächer ergibt sich ein unterschiedliches Bild. Aus den 14 hier zusammengefaßten Klassen beteiligten sich elf der 14 Fachlehrer aus dem Bereich Geschichte an der Befragung. Das ist der höchste Wert. Die Hauptfächer Deutsch, Mathematik und Englisch sind je zur Hälfte vertreten. Aus zehn Klassen antworten die katholischen Religionslehrer und aus vier Klassen die evangelischen Kollegen. Die Naturwissenschaften Physik und Chemie sind mit je zehn Antworten ebenso gut vertreten wie der Sportunterricht (10). Mit vier liegen die Rückmeldungen aus dem Fach Musik am niedrigsten. Dabei muß u. U. mitberücksichtigt werden, daß in den Gymnasien Fächer wie Musik und Erdkunde nur einstündig bzw. ein Halbjahr zweistündig unterrichtet werden. Insgesamt kann man die Zahl der Rückmeldungen als

ausreichende empirische Grundlage ansehen. Vor allem die Fächer Geschichte/Gemeinschaftskunde, Religion, aber auch die Sprachen, die einen leichteren inhaltlichen Zugang zum Projekt aufweisen, sind mit 50% bis 75% auf der Ebene der Rückmeldungen gut vertreten.

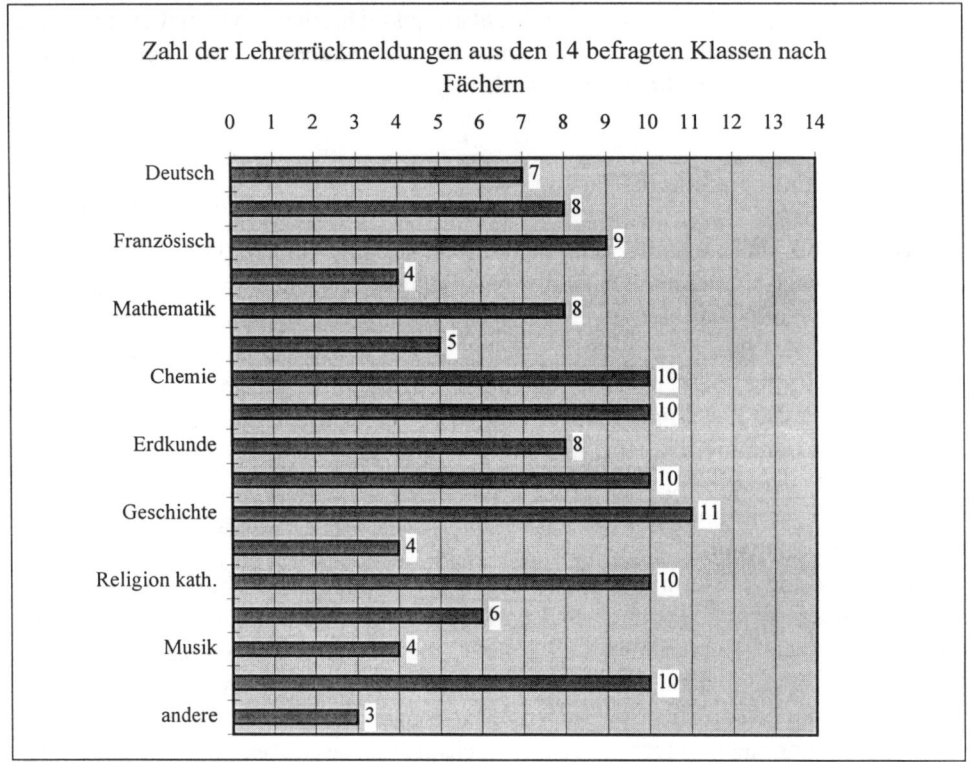

Abb. 13

Die nun folgenden Zahlen beziehen sich auf diese Menge der Rückmeldungen.

Wenn auch das Praxis- und Unterrichtsprojekt insgesamt von fast allen Lehrern als „wichtige und sinnvolle Ergänzung" für die Schule betrachtet wird (88%) und zwei Drittel aller Fachlehrer die Beobachtung gemacht haben, daß durch das Praktikum „die sozialverpflichtete Einstellung der Schüler gegenüber den von ihnen betreuten Menschen gestärkt wurde, gibt es dennoch von ca. 30% aller Antwortenden klare Anfragen an die Umsetzung innerhalb der Schule. Daß der Austausch im Kollegium über den Ablauf nicht ausreichend stattfinde meinen 29%. Das muß als Wunsch nach stärkerer Kommunikation mit den Koordinatoren in den Schulen verstanden werden. Gleichzeitig halten 31% das „Gespräch im Kollegium über die Möglichkeiten unterrichtlicher Begleitung" für ungenügend. Die weitere Beschreibung im Kapitel Schule und Unterricht (III.4) wird zeigen, daß sich das Bedürfnis nach Information zur Unterrichtsgestaltung besonders in den Klassen entwickelt hat, in denen eine große Zahl von Fachlehrern den unterrichtlichen Aspekt von Compassion ernstgenommen hat.

Nur 3% (n = 2) hielten ein Berufspraktikum für sinnvoller und nur 2% (n = 1) meinen, daß der Zeitraum des Praktikums verkürzt werden solle. 13% meinen, die Praktikumsphase solle eher verlängert werden, wobei dieser Wunsch nach Verlängerung fast ausschließlich von den Fachlehrern der beiden Klassen mit nur 1 Woche Praktikum geäußert wird.

2 von 10 der rückmeldenden Fachlehrer fühlten sich durch das Praktikum für ihren Unterricht „neu motiviert", aber immerhin 17% meinen, der mit dem Praktikum verbundene Unterrichtsausfall habe „das Schuljahr eher belastet". Damit halten sich ausgesprochene Skeptiker und Befürworter des Praktikums in etwa die Waage.

Man wird mit guten Gründen annehmen dürfen, daß die Lehrkräfte, die sich am praktischen Teil des Compassion-Projekts beteiligen, mehr Aufmerksamkeit für ihre Schülerinnen und Schüler und mehr Aufmerksamkeit auch für die Inhalte ihres Faches entwickeln als diejenigen, die keine Aufgaben innerhalb des Praktikums übernehmen. Für die folgenden Zahlen wird man berücksichtigen müssen, daß die Umsetzung an den verschiedenen Projektschulen ganz unterschiedlich organisiert ist. Teilweise sind grundsätzlich alle Lehrer in die Praxisphase integriert, etwa als „Paten" der einzelnen Schüler in den Einrichtungen, also als Ansprechpartner und damit als Verbindung zwischen Schülern und Schulen während der Zeit des Praktikums z.B. durch Besuche. Z.T. sind die Funktionen in die freiwillige Zustimmung der Lehrkräfte gestellt. Z.T. werden außer den Koordinatoren die Lehrkräfte für den praktischen Teil überhaupt nicht einbezogen. Dieses differenzierte Verfahren spiegelt sich deutlich in den Antworten wider: 60% der Fachlehrer, die den Fragebogen zurückgeschickt haben, geben an, sie seien als Koordinatoren, in besuchender oder beratender Funktion in die Vorbereitung oder Durchführung des Praktikums einbezogen gewesen. 40% verneinen diese Frage.

Nach positiven oder negativen Veränderungen bei den Schülern durch das Praktikum gefragt, zeigen sich die Lehrkräfte eher zurückhaltend. Ca. ein Drittel bejaht diese Frage, mehr als zwei Drittel verneinen sie. Allerdings beurteilt das erste Drittel der Fachlehrer, die meinen, Veränderungen bei den Praktikantinnen und Praktikanten festgestellt zu haben, diese durchweg als positiv. Diese festgestellten Entwicklungen erweisen sich allerdings nicht als Verhaltensmodifizierung innerhalb des Schulbetriebs. Die Veränderungen vollziehen sich nach der Wahrnehmung der Lehrkräfte in einer Weiterentwicklung des Selbstbewußtseins der Schülerinnen und Schüler, ihrer sozialen Kompetenz und ihrer Urteilsbildung zur erlebten Wirklichkeit. Auffällig ist dabei, wie signifikant die Lehrkräfte, die persönlich am Praxisteil von Compassion beteiligt waren, positive Entwicklungen feststellen können: während von dieser Gruppe 43% Aussagen über positive Veränderungen machen können, liegt der Wert in der Lehrergruppe ohne Integration ins Praktikum nur bei 18% ($p < 0,05$ für den Chi-Quadrat-Test mit absoluten Zahlen). Diese Beobachtung spricht sehr deutlich für die Einbeziehung möglichst vieler Lehrkräfte in den praktischen Teil des Projekts, um aus dem Erleben der Schüler Motivation für einen Unterrichtsprozeß zu gewinnen.

In ca. 40% der rückgemeldeten Fächer wurde der unterrichtliche Aspekt von Compassion realisiert. Diese Lehrerinnen und Lehrer geben an, in fast 400 Stunden ihren Unterricht auf Compassion abgestimmt zu haben.

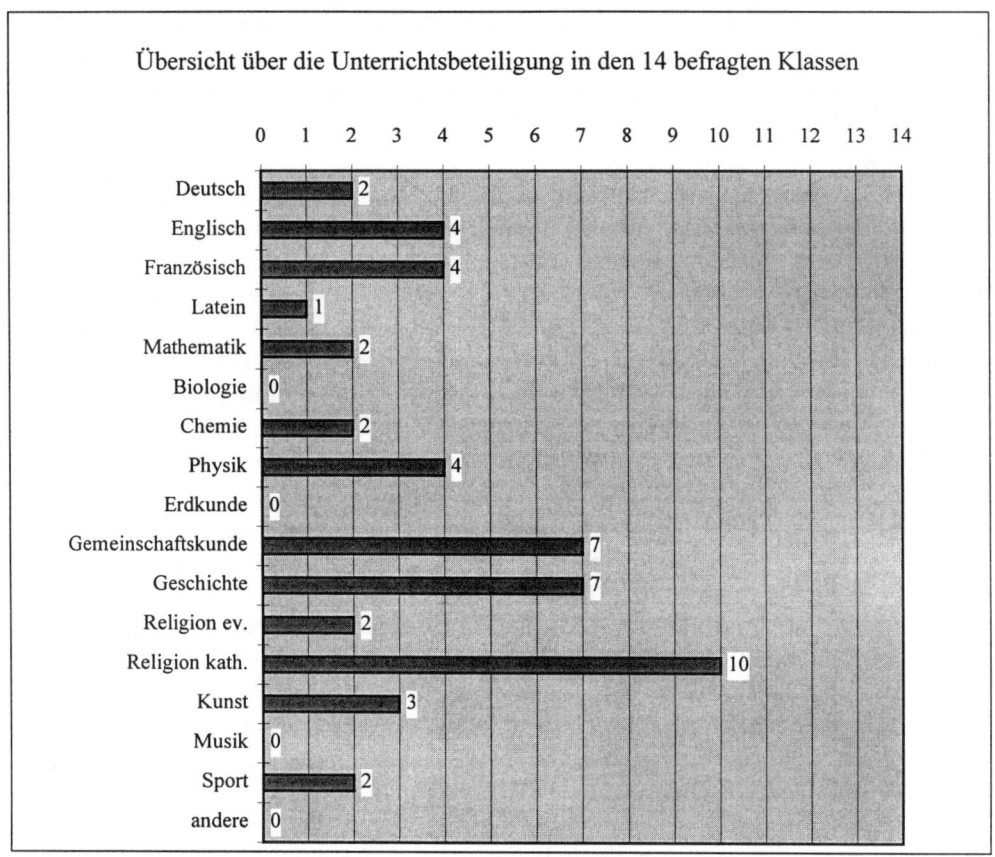

Abb. 14

In zwei der 14 hier darzustellenden Klassen haben Deutschlehrer den Zusammenhang zwischen Praktikum und Schule hergestellt, jeweils in vier Klassen die Englisch- oder Französischlehrer. In 10 Klassen beteiligten sich die katholischen Religionslehrer und in jeweils sieben die Lehrer für Geschichte oder Gemeinschaftskunde. Nimmt man die Rückmeldungen als repräsentativ, fallen aus Sicht der Schülererwartungen die niedrigen Beteiligungen im Bereich des Deutschunterrichts und der evangelischen Religionslehre ins Auge. Dagegen entsprechen die hohen Beteiligungen in den Fachbereichen katholische Religion und Geschichte/Gemeinschaftskunde den Erwartungen der Schüler und auch dem compassionnahen Profil dieser Fachbereiche.[74]

Daß der gehaltene Unterricht sich eindeutig auf das Projekt bezieht, wurde in 31 Fällen explizit gemacht. In 28 Fällen haben die Fachlehrer so unterrichtet, daß ein Bezug zu den Fragestellungen von Compassion nicht ausdrücklich formuliert wurde.

Besondere Lehr-Lernformen zur Umsetzung des unterrichtlichen Aspekts des Projekts haben die Lehrer, die sich mit ihrem Fachunterricht beteiligten, eher selten eingesetzt. Dies geschah nur in 15% aller beteiligten Fächer; in den anderen Unterrichten erfolgte

---

[74] Vgl. Weisbrod, a.a.O., 13ff. Übersicht über mögliche Compassionthemen für die Klasse 11 des Gymnasiums.

die Integration von Compassion über den Weg des normalen Unterrichts und der im Lehrplan ohnehin vorgegebenen Inhalte.

III.3.3 Unterrichtsinhalte

Übersicht über die gewählten Unterrichtsinhalte nach Fächern (die Übersicht gibt keine Dopplungen wieder, die sich durch das Unterrichten desselben Themas in mehreren Klassen ergeben):

Unterrichtsfach	Angaben der Lehrkräfte
Bildende Kunst	Transparent für die „Eröffnung" des Seniorenhauses in [Ortsname]
Bildende Kunst	„Umgang mit alten Menschen in unserer Gesellschaft"
Bildende Kunst	2 Schülerinnen sollten miteinander ein Bild malen, dabei hatte eine Schülerin verbundene Augen (war also blind) und die andere Schülerin hatte keine Arme. Die blinde Schülerin rührte dabei unter Anweisung der sehenden Schülerin die Farbe an und half der armlosen (behinderten) Schülerin beim Malen eines Bildes mit dem Mund. Thematik: Gefühlsmäßig gestaltetes Bild der Eindrücke, die beim Compassion-Projekt gewonnen wurden. Bei der Arbeit waren beide Schülerinnen aufeinander angewiesen. Es kamen schöne und interessante Ergebnisse zustande.
Chemie/Physik	Energie, Schutz der Erdatmosphäre
Deutsch	1 Unterrichtseinheit explizit. Texterörterung; danach jeweils bei passender Gelegenheit, z. B. Humanismus, Humanitätsbegriff
Deutsch	homo faber
Englisch	Probleme alter Menschen
Englisch	„An Inspector Calls". Die Verantwortung für den Menschen
Englisch	„Stories of Initiation" darunter eine über einen Besuch eines Mädchens in einem Altersheim.
Englisch	Gespräch in Englisch über die Tätigkeiten und Eindrücke der Schüler während des Projekts
evang. Religion	vorher: Integration Behinderter Wohlfahrtsverbände nachher: Diskussion; mündliche Berichte der Schüler
evang. Religion	Sinn des Lebens
Französisch	Lehrbucheinheit: cours intensif II Leçon de transition 1: soigner et témoigner; A. Médecins sans frontières, B. une mission au Soudan
Französisch	Soziale Minderheiten in Frankreich
Gemeinschaftskunde	Bundesrepublik Deutschland, Sozialstaat
Geschichte/ Gemeinschaftskunde	Im Rahmen „Sozialstaat" Berichte, Erfahrungen aus dem Praktikum

Geschichte/ Gemeinschaftskunde	Sozialstaat/ Soziale Marktwirtschaft/ Soziale Probleme im Mittelalter
Geschichte/ Gemeinschaftskunde	GK LP 1: Gesellschaft und Sozialstaat
Geschichte/ Gemeinschaftskunde	1. Vorbereitung: Erwartungen - Befürchtungen 2. Auswertung 3. UE: Gesellschaft in Deutschland → Problematisierung auf ethische Fragen hin
Geschichte/ Gemeinschaftskunde	kurzes Ansprechen bei geeigneten Themen, z. B. im Zusammenhang 19. Jahrhundert „Soziale Frage"
kath. Religion	Lebensgestaltung, Kontext: „Sinnfrage"
kath. Religion	Mitteilungen leidender Menschen bemerken und verstehen
kath. Religion	Soziales System in Deutschland, „normal" sein, Leben mit Behinderungen
kath. Religion	LPE: „Sinn des Lebens"
kath. Religion	Ethische Fragestellungen (u.a. Abtreibung). Wegen der ausführlichen UE wenig direkte Thematisierung
kath. Religion	Frage 7: 4 Std. als Vorbereitung auf das Projekt 10 Std. unmittelbar nach dem Projekt Frage 8: UE: Kultur des Erbarmens – Lk 10, 25ff – biblisches Menschenbild – Auszüge aus Peter Singers „Praktische Ethik" – Stellungnahme von Fredi Saal zur „humanen Sterbehilfe" – Das Menschenbild der Bioethik – Diskussion von Dilemmata: Sterbehilfe
Mathematik/Physik	Zukunftsfragen an Technik, Medizin
Physik	explizit: unmittelbar danach (ca. 20 Min.) implizit: bei verschiedenen Gelegenheiten Zukunftsfragen der Gesellschaft: Wohlstand/ Technik/ medizinische Möglichkeiten
Sport	Sport mit Behinderten; Kenntnis- und Wissensvermittlung, Praxiserfahrung, Erfahrungsaustausch

Tab. 11

III.3.4 Fazit

Die Lehreräußerungen belegen die überwiegend positive Resonanz, die das Projekt in den einzelnen Schulen auch in den Kollegien findet. Diese Aufgeschlossenheit läßt sich wohl nicht zuletzt auch auf die Einbeziehung der Lehrkräfte in die Entscheidungsprozesse vor der Einführung von Compassion zurückführen. Diese Prozesse vollzogen sich in fast allen am Modellversuch beteiligten Schulen.

Besonders die Übersicht über die Themen zeigt, daß die Lehrer, die zur Teilnahme am Projekt motiviert waren, ohne Schwierigkeiten in ihren Fachbereichen Anknüpfungspunkte für die Realisierung des unterrichtlichen Aspekts von Compassion gefunden haben. Die Übersicht zeigt auch, daß sich zwar grundsätzlich in allen Fächern Bezüge herstellen lassen, daß sich aber in einigen Fächern (Religion, Geschichte/Gemeinschaftskunde) leichter ein Zugang finden läßt als in anderen.

Die Verbindung von Praktikum und Unterricht geschieht fast ausnahmslos über die regulären Unterrichtsinhalte, z.T. direkt aus dem Lehrbuch.

Als wesentliche Voraussetzung für die unterrichtliche Seite von Compassion erscheint die organisatorische Integration der Lehrkräfte in die Begleitung der Schülerinnen und Schüler in der Praxis.

Zur Vertiefung und Verbreitung des Compassionunterrichts erscheinen Anstrengungen in der Lehrerfortbildung wünschenswert zu sein. Die Fortbildungsmaßnahmen sollten zum Ziel haben, den Kollegien die bestehenden Anknüpfungspunkte zum normalen Unterrichtsprogramm und auch die im Projekt angelegte Möglichkeit des fächerverbindenden Unterrichts aufzuzeigen. Sie sollten dazu auch die Reflexion über besonders geeignete Lernformen (bspw. die Dilemmadiskussion nach Kohlberg) anregen.

III.4 Wirkungen von Unterricht

III.4.0 Vorbemerkungen

Die bereits beschriebenen Ergebnisse verdeutlichen, daß der neben dem Praktikum eigentliche schulische Aspekt von Compassion, also der Unterricht, das problematische Element von Compassion darstellt. Compassion zielt nicht nur auf die Hoffnung der Erlebnispädagogik, daß sich die Schülerinnen und Schüler gleichsam auf sich gestellt in einem ihnen bisher weitgehend fremden Erfahrungsraum zu bewähren hätten und die Erlebnishaftigkeit dieser Räume sie überwältigt und so allein das Erlebnis, d.h. die angetroffenen Umstände sie in eine bestimmte gewünschte Richtung drängen. Diese Befangenheit in der Erlebnishaftigkeit als Ziel und Methode müßte Compassion in letzter Konsequenz dem Vorwurf der Manipulation aussetzen.

Daß die Erfahrung in der Erlebniswelt des Praktikums allein schon Prozesse in Gang setzt, soll nicht bestritten werden, nur daß diese Prozesse als schulische Prozesse aufgenommen oder gar von der Schule mit veranlaßt werden, das ist „wesentlicher Bestandteil des Projekts"[75], der sich als fächerverbindender Unterricht in möglichst vielen Fächern realisieren soll. Dieser fächerverbindende Unterricht kann dem Inhalt nach die Dimension sozialer Lebenswirklichkeit in die unterrichtlichen Prozesse aufnehmen und Entscheidungssituationen genereller und individueller Art bedenken, er kann allgemein zur Entwicklung moralischer Urteilsfähigkeit nach dem Kohlberg'schen Modell der Diskussion moralischer Dilemmata beitragen oder er kann auch versuchen, über die Bearbeitung von Texten den Schülerinnen und Schülern Formulierungshilfen für ihre Erfahrungen und Urteile zu geben.

III.4.1 Zur Kategoriebildung

Zu berücksichtigen ist für die vorliegende Untersuchung, daß die Einführung von Compassion in den verschiedenen Schulen unterschiedliche Erfahrungszeiträume für die unterrichtliche Umsetzung bereitstellt. Es ist zu erwarten, daß die Lehrkräfte erst mit der Zeit Formen von Compassionunterricht entdecken und verwirklichen werden.

Dennoch scheint es für die Beurteilung von Compassion wesentlich, die mögliche Bedeutung von erteiltem Unterricht für das Projekt zu untersuchen. Zur Einteilung in Gruppen mit viel oder weniger Unterricht dienen nicht die Schüleräußerungen über erlebten Unterricht. Die Angaben der Schüler erscheinen hinsichtlich einer möglichen impliziten Aufnahme der Thematik durch die Lehrer als zu unsicher. Als Entscheidungsgrundlage für die folgende Gegenüberstellung fungieren daher die Rückmeldungen der befragten Fachlehrer. Man wird mit der Annahme nicht fehlgehen, daß gerade die Fachlehrer, die sich im untersuchten Schuljahr an der Durchführung des Projekts unterrichtlich beteiligt haben, auch den zugegangenen Fragebogen zurückgeschickt haben.

---

[75] Weisbrod, a.a.O., 12.

Nach Klassen geordnet ergeben die Rückmeldungen folgendes Bild:

Anzahl der rückgemeldeten Unterrichtsfächer	0	1	2	3	4	5	6	7
Anzahl der Klassen mit der rückgemeldeten Fächerzahl	3	1	2	1	2	3	1	1

Tab. 12

Aufgrund der Rückmeldungen lassen sich 5 Klassen aus 3 verschiedenen Schulen zusammenfassen, in denen in wenigstens 5 Fächern (Höchstzahl 7) Lehrer Compassionunterricht realisiert haben: zwei Klassen des Mädchengymnasium, zwei Klassen des ländlichen Gymnasiums und eine Klasse des Gymnasiums im großstädtischen Einzugsbereich (im folgenden 5plus-Klassen). In allen diesen Schulen wurde der 3. bzw. 4. Jahrgang des Projekts untersucht. In den anderen Schulen waren mit einer Ausnahme weniger Vorerfahrungen mit dem Projekt gegeben.

In allen anderen 9 Klassen waren zwischen 0 und 4 Fächern pro Klasse rückgemeldet (im folgenden 5minus-Klassen). Damit wird das in dieser Hinsicht obere Drittel mit insgesamt 112 befragten Schülerinnen und Schülern den anderen beiden Dritteln gegenübergestellt. Bestimmend für die Einteilung der Gruppen ist also ein quantitativer Aspekt gewesen. Ein Kriterium für die projektbezogene Qualifizierung bspw. des Latein- gegenüber dem Gemeinschaftskundeunterricht kann u.E. nicht gefunden werden. Wir können keine Aussagen machen über das Verhältnis der Lehrer zu ihren jeweiligen Klassen, über die Güte des erteilten Unterrichts oder auch den Zeitraum, den die Lehrkraft bisher in dieser Klasse unterrichtet hat. Das alles sind bedeutsame Faktoren für den Ablauf unterrichtlicher Prozesse. Wir gehen aber davon aus, daß sich diese Aspekte in der Gruppenzusammenfassung ausgleichen werden. Sie wurden deshalb nicht erhoben.

Mit der gewählten Kategorisierung nach rückgemeldeten Fächern haben wir in den 5plus-Klassen 216 der 395 angegebenen Unterrichtsstunden zusammengefaßt.

III.4.2 Zur Vergleichbarkeit der beiden Gruppen

III.4.2.1 Ausgangsbedingungen

Beide Schülergruppen geben in etwa gleicher Weise an, bereits über Vorerfahrungen mit freiwilligen, unbezahlten Einsätzen gemacht zu haben. Die Werte unterscheiden sich nur unwesentlich (zwischen 0 und 5 Prozentpunkten). Durch die verschiedenen Anteile von Jungen und Mädchen ist in der 5plus-Gruppe der Einsatz in der Familie etwas stärker, der in den Vereinen etwas geringer ausgeprägt. Der gleiche Umstand erklärt auch die größere Zurückhaltung bei der ursprünglichen Motivationslage für das Praktikum: keine Wahl zu haben, wird in den Klassen mit weniger als fünf Fächern Compassionunterricht bedeutsamer eingeschätzt.

Die Frage nach der Schulzufriedenheit beantworten am Anfang des Schuljahres nahezu alle übereinstimmend. Sie entspricht mit 2,95 bzw. 2,92 der Aussage „es geht" (=3,0), die einen mittleren Wert zum Ausdruck bringt. Auf die Frage „Wie gefällt Dir Dein gegenwärtiges Leben?" entsprechen die angegebenen Mittelwerte von 2,12 bzw. 2,05 der Antwortmöglichkeit „gut" (=2,0).

Den wichtigsten Unterschied zwischen beiden Schülerfraktionen stellt die Geschlechterverteilung dar. In der Gruppe mit viel Compassionunterricht sind die Jungen nur zu einem Viertel vertreten. In der Gruppe mit weniger oder ohne Compassionunterricht sind sie leicht überrepräsentiert (60:40). Der Versuch, diese Differenz auszugleichen, indem z.B. eine der beiden Mädchenklassen aus der 5plus-Gruppe ausgeschlossen wurde, erschien problematisch, weil an dieser Stelle kein eindeutiges Kriterium für die Auswahl auszumachen war.

In der Ordnung der Wertorientierungen gibt es kaum Unterschiede. Einzig der Parameter „für Menschen, die mir nahestehen, also Familie und Freunde dazusein" liegt in der Rangfolge merklich höher - eine Beobachtung, die sich durch den bereits bestimmten größeren Anteil an Schülerinnen erklären läßt (vgl. dazu III.5).

Unterricht zu Compassion halten am Beginn des Schuljahres beide Teilgruppen in gleichem Maß für „wichtig" oder „sehr wichtig" (jeweils zwei Drittel). Bei allen Schülerinnen lag diese Zahl bei 71%, für die Jungen bei 61%. Der höhere Mädchenanteil wirkt sich an dieser Stelle offenbar nicht aus. Allerdings machen sich die 5plus-Schülerinnen und Schüler mit jeweils 2 Fächern für Compassionunterricht klarere Vorstellungen als die 5minus-Schülerinnen und Schüler mit jeweils nur 1,6 Fächern. Auch in der Beurteilung des Praktikums durch die Eltern liegen beide Projektgruppen mit 80% bzw. 74% für „sehr positiv" oder „positiv" fast gleichauf.

Übersicht über Wertorientierungen:

5plus-Klassen Wertorientierungen	Wichtigkeit Skala v. 0-4	Wichtigkeit Skala v. 0-4	5minus-Klassen Wertorientierungen
1. verstanden zu werden	1,22	1,30	1. eine richtige Familie zu haben
2. für Menschen, die ihnen nahestehen, also Familie oder Freunde dazusein	1,31	1,34	2. das Leben zu genießen
3. eine richtige Familie zu haben	1,35	1,35	3. Spaß zu haben
3. so zu leben, wie sie sind	1,35	1,37	4. verstanden zu werden
5. sich für Menschen, die ihnen nahestehen, also Familie oder Freunde einzusetzen	1,38	1,38	5. sich für Menschen, die ihnen nahestehen, also Familie oder Freunde einzusetzen
5. das Leben zu genießen	1,38	1,39	6. so zu leben, wie sie sind
7. Spaß zu haben	1,41	1,40	7. viele Freunde zu haben

7. einen guten Beruf zu haben	1,41	1,42	8. für Menschen, die ihnen nahestehen, also Familie oder Freunde dazusein
9. viele Freunde zu haben	1,51	1,42	8. einen guten Beruf zu haben
9. mit Menschen zu reden	1,51	1,52	10. mit Menschen zu reden
9. einen Sinn im Leben zu finden	1,51	1,74	11. Geld zu verdienen
12. für andere Menschen dazusein	1,83	2,02	12. sich für andere Menschen einzusetzen
13. sich für andere Menschen einzusetzen	1,87	2,05	13. für andere Menschen dazusein
14. Geld zu verdienen	1,89	2,37	14. in einem Verein mitzumachen
15. beim Umweltschutz mitzumachen	2,24	2,47	15. beim Umweltschutz mitzumachen
16. in einem Verein mitzumachen	2,37	2,77	16. einen Sinn im Leben zu finden
17. etwas in der Politik zu verändern	2,74	2,77	16. etwas in der Politik zu verändern
18. in der Kirche/religiöse Gemeinschaft mitzumachen	2,99	3,22	18. in der Kirche/religiöse Gemeinschaft mitzumachen

Tab. 13

Es zeigt sich damit, daß zwar insgesamt ein gewisser Effekt der Geschlechterverteilung festzustellen ist, dieser aber nicht besonders ausgeprägt scheint. Es wird im folgenden darum gehen, gerade diejenigen Aspekte aufzuzeigen, die sich gegen den sonst anzunehmenden Trend entwickeln.

III.4.2.2 Erfahrungen im Praktikum

Ziel dieses Abschnitts ist die Bestimmung des möglichen Einflusses von Unterricht unter Ausschluß der Praktikumserfahrung. Dazu muß überprüft werden, ob hier bestimmte Einflüsse wirksam werden, die den Faktor Unterricht möglicherweise überlagern.

Gegen die Ergebnisse des Vergleichs Jungen-Mädchen insgesamt verteilen sich die 5plus-Schülerinnen und Schüler stärker auf die Krankenhäuser (34% gegen 23%) und etwas weniger auf Behinderteneinrichtungen (11% gegen 17%).

Die allgemeine und organisatorische Vorbereitung durch die Koordinatoren, also einen schulbezogenen Parameter, bewerten beide Teilgruppen in fast gleichem Verhältnis als „sehr gut" oder „gut" (54% zu 59%).

Die Zahlen, die eine Bewertung der Erfahrungen des Praktikums erlauben würden, weisen einen hohen Grad der Übereinstimmung auf. Die Angaben über empfundene Gefühle auf der Skala von 0 bis 9 unterscheiden sich in einer Größenordnung von durchgehend < 1; die Standardabweichung der Differenzbeträge liegt bei 0,2. Die Standardabweichung der Differenzbeträge zwischen Jungen und Mädchen lag bei 0,6.

Allerdings liegen die Angaben über erlebte Vorbilder in der 5plus-Gruppe um genau den Prozentsatz höher, der auch die Differenz zwischen Jungen und Mädchen ausmacht (16%). Die Abweichung ist also nicht die Folge von Unterricht, sondern Ergebnis der Geschlechterdifferenz.

Zu gleichen Teilen haben beide Gruppen empfunden, daß die Erfahrung des Praktikums für sie ein persönlicher Gewinn war. Dieser Aussage stimmen 88% der 5plus-Klassen und 91% der 5minus-Klassen zu.

89% der Schülerinnen und Schüler der 5pus-Klassen hielten den Zeitraum des Praktikums für „eher zu kurz" oder für „viel zu kurz". In den 5minus-Klassen sagen das 83%.

Das Verhältnis zu den betreuten Menschen ordnen 98% der 5plus-Praktikanten der Kategorie „sehr gut" oder „gut" zu, bei der 5minus-Gruppe sind es 94%.

Die Praktikumserfahrung erweist sich nach diesen Beobachtungen als im hohen Maße übereinstimmend und kann deshalb als differenzierender Faktor ausgeschlossen werden.

III.4.3 Praktikum und Unterricht

III.4.3.1 Angaben der Lehrkräfte

Die folgende Übersicht über die Rückmeldungen der Fachlehrer bezüglich ihrer Teilnahme am Unterricht gibt einen Eindruck über die Verteilung der Fachbereiche in den 5plus- und den 5minus-Klassen.

Fach	D	E	F	L	M	Ch	Ph	Gm	G	evR	kR
Compassionunterricht in den 5plus-Klassen	1	2/3	3	0	2	2	4	2	2	0	5
Compassionunterricht in den 5minus-Klassen	1	1	1	1	0	0	0	6	5	2	5

Tab. 14

Insgesamt müssen wir davon ausgehen, daß in den anderen Klassen in gleicher Weise und in gleicher Verteilung Lehrkräfte unterrichtet haben; aus diesem Grund betrachtet die Untersuchung an dieser Stelle auch nicht die Antworten der Lehrkräfte einzelner

Klassen, sondern vielmehr die Gesamtheit der Lehrerinnen und Lehrer der beiden Vergleichsgruppen.

Die Aussagen der Gesamtheit aller rückmeldenden Lehrkräfte aus den 5plus-Klassen weisen aber auf eine größere Verbundenheit mit den Zielen und Aufgaben von Compassion hin. Ob sich diese Haltung erst durch das Projekt selbst eingestellt hat oder bereits zuvor gegeben war, können wir nicht eindeutig feststellen. Tatsache ist allerdings die intensivere Aufnahme des Projekts als ein Merkmal des Unterrichts. Dies weist eher auf eine positive Voreingenommenheit hin.
Im Rückblick auf das Schuljahr meinen in den 5plus-Klassen 24% der Lehrer, das Projekt habe sie für ihren Unterricht neu motiviert. Bei den anderen sind das nur 15%, was sich schon allein aus der Tatsache begründet, daß die Mehrheit das Unterrichtselement gar nicht umgesetzt hat. Die Angaben können aber als positive Rückwirkungen des Projekts auf den Schulraum für den Fall gewertet werden, daß Lehrer sich dafür öffnen.

Die befragten Mitglieder in den 5plus-Kollegien haben offenbar gute Erfahrungen auch mit dem praktischen Teil von Compassion gemacht. Sie gaben zu 79% an, bei den Praktikantinnen und Praktikanten eine Stärkung der sozialverpflichteten Einstellung gegenüber den betreuten Personen festgestellt zu haben (andere 55%). Möglicherweise ist die Bereitschaft zur Integration des Projekts in den Unterricht auch ein Faktor für eine gewachsene Aufmerksamkeit gegenüber den Erfahrungen der Schülerinnen und Schüler.
Gleichwohl äußern sie sich deutlich kritischer über die vorfindlichen Voraussetzungen der von ihnen realisierten Umsetzung. 41% meinen, der „Austausch im Kollegium über den Ablauf" finde nicht ausreichend statt (andere nur 18%) und sogar 43% vermissen das „Gespräch über die Möglichkeiten unterrichtlicher Begleitung" (andere nur 20%). Bei diesen Lehrerinnen und Lehrern ist demnach nicht nur das Verhalten ein anderes, sie haben sich das Projekt offenbar zu eigen gemacht und eine engagierte Haltung dazu entwickelt. Dazu mag die Beobachtung passen, daß in 21 der 28 teilnehmenden Fächer der 5plus-Klassen die Lehrkräfte den Eindruck hatten, daß ihre Verbindung von Unterricht und Praktikum positiv gewertet wurde.

Aber immerhin in mehr als jedem 10. der rückmeldenden Fächer (12%; n=4) aus den Klassen mit intensivem Unterricht unterrichteten Lehrer, die den praktischen Teil von Compassion lieber aus dem Schulleben in den Freizeitbereich der Schüler verlegt wissen wollen (andere 3%; n=1). Und in jedem dritten Fach (andere sogar jedes zweite) hat der jeweilige Fachlehrer nicht an der Vorbereitung oder Durchführung des Praktikums (z.B. durch Besuche) teilgenommen.

III.4.3.2 Angaben der Schüler zum Unterricht

Offenbar haben die Lehrer der verschiedenen Fächer gerade vor dem Praktikum intensiv die möglichen Themen bearbeitet. Und so meinen in der zweiten Erhebung in den 5plus-Klassen 26%, es sei „zu häufig" Unterricht zu Compassion gemacht worden.

In den Klassen mit wenig Unterricht liegt der Anteil nur bei 8%. Jeweils ein Drittel hält die Dosis für „gerade richtig", aber immerhin 28% der Schüler mit intensivem Unterricht geben an, „zu wenig" Compassionunterricht erlebt zu haben. In den anderen neun Klassen liegt der Anteil bei 46%.

An diesen Angaben läßt sich ablesen, daß die Schülerinnen und Schüler im Durchschnitt offenbar sehr wohl über eine genaue Einschätzung intendierter unterrichtlicher Prozesse verfügen. Am Ende des Schuljahres scheinen sich die Werte über die Häufigkeit von Unterricht wieder anzugleichen. Nun meinen nur noch 13% der Schüler mit der intensiven unterrichtlichen Begleitung, Compassion sei „zu oft" ein Thema gewesen (andere 15%), und gar für 33% kam es „zu selten" vor (andere 41%).

Daß die Lehrer mit ihrem Eindruck der positiven Akzeptanz des von ihnen erteilten Unterrichts nicht ganz fehlgehen, zeigt sich an der Tatsache, daß 41% der Schüler mit Unterricht zu Compassion in mehr als 4 Fächern die unterrichtliche Vor- und Aufbereitung als „sehr gut" oder „gut" beurteilen. Bei den anderen Schülern sind das nur 30% und das obwohl gerade die Mädchen in ihrer Gesamtheit in ihrem Urteil zum erlebten Unterricht eher kritisch sind.

Compassionunterricht kommt offenbar an, er ist den Projektteilnehmern wichtig, denn sie sehen sich mit ihren Erfahrungen und Erwartungen an Schule ernst genommen. Lehrkräfte, die diese Erwartungen ernst nehmen und realisieren, dürfen für ihren Fachunterricht auf positive Resonanz hoffen.

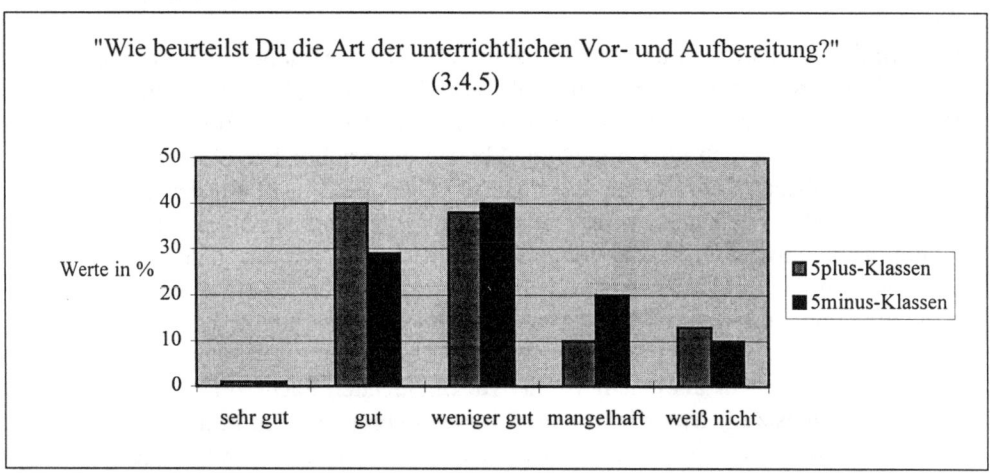

Abb. 15

Andere positive Effekte des intensiveren Unterrichts zeigen sich in den Aussagen über wahrgenommene Einzelaspekte.

Daß der erlebte Unterricht zum „Nachdenken über andere" angeregt habe, sagen 36% der Jungen und 42% der Mädchen. Nach der hier zu betrachtenden Differenzierung liegen die Werte noch weiter auseinander: nämlich bei 34% für die 5minus-Klassen und bei 46% für die 5plus-Klassen. Zum „Nachdenken über mich selbst" hat der intensivere Unterricht bei mehr als einem Drittel der befragten Schüler geführt, aber nicht einmal bei 2 von zehn (19%) in den Klassen mit weniger intensivem Unterricht.

Die größte Zustimmung erzielte die Antwortmöglichkeit „hat mich zum Austausch mit meinen Mitschülern angeregt". Diesen Effekt bestätigt fast die Hälfte aus der ersten Gruppe, während die Klassen mit weniger oder fehlender unterrichtlicher Integration dem nur zu 28% zustimmen können.

Wenn sich Fachunterricht letztlich als Form der fachmethodischen Erschließung von Wirklichkeit auszeichnet,[76] dann wird man davon ausgehen können, daß die Vielfalt der methodischen Angebote als Ergebnis der Vielfalt der teilnehmenden Fächer größere Chancen der Annahme bei der Vielfalt der Schüler besitzt. Gleichzeitig wird die größere Vielfalt der Lehrerpersönlichkeiten als Folge der breiteren Repräsentanz der Fachlehrer die Aussicht auf positive Akzeptanz der unterrichtlichen Versuche erhöhen. Wenn ein Fachlehrer auf sich gestellt die Verantwortung für die Synthese von Schule und Praktikum trägt, wird Compassionunterricht notwendigerweise mit den aus Schülersicht positiven und negativen Implikationen dieses Faches und dieser Person in Verbindung gebracht werden.

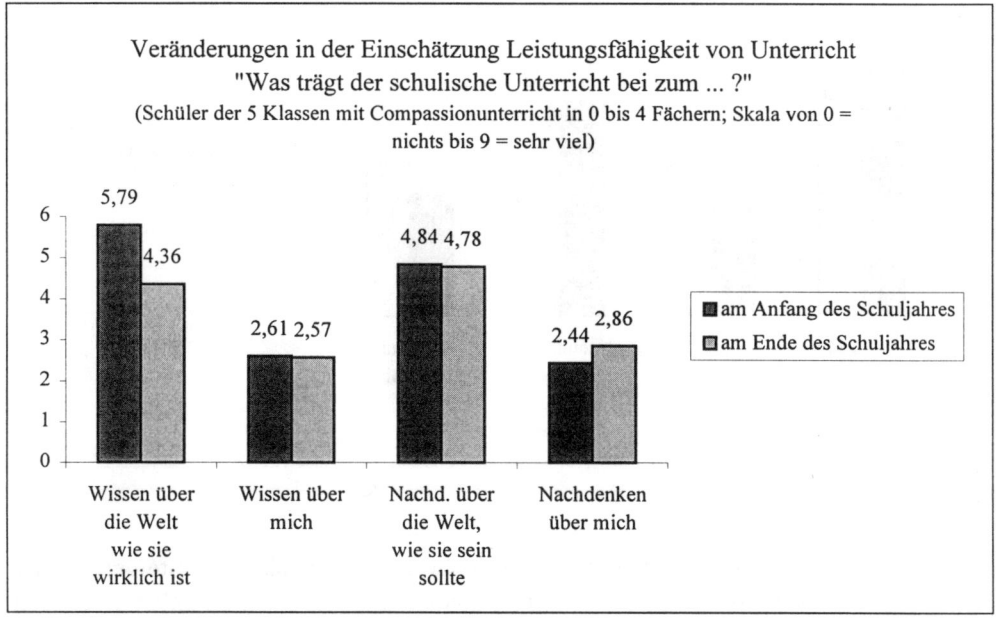

Abb. 16

Die positiven Rückwirkungen auf Schule drücken sich in den Veränderungen zur Einschätzung der Leistungsfähigkeit von Unterricht dar. Unabhängig von der erlebten Intensität von Unterricht sinkt die Einschätzung, daß Unterricht etwas zum „Wissen, wie die Welt wirklich ist" beitrage. Die neue Selbstsicherheit der Schüler scheint damit als Ergebnis des Praktikums erneut bestätigt. Die Funktion „Nachdenken über die Welt, wie sie sein soll" rückt damit in beiden Teilgruppen an die erste Stelle, weil sie keine Veränderung der Werte erfährt. Während sich in der Schülergruppe mit wenig Unterricht die beiden Ich-Aspekte des Unterrichts nur wenig oder überhaupt nicht

---

[76] Vgl. J. Rekus, Bildung uns Moral. Zur Einheit von Rationalität und Moralität in Schule und Unterricht, Weinheim/München 1993, 29.

verändern, erfahren sie in der Gruppe mit der breit angelegten Aufnahme von Compassion in den verschiedenen Fächern eine eindeutige Steigerung. Daß der Unterricht insgesamt etwas zum „Wissen über mich" beitrage, bewerten die Schülerinnen und Schüler der 5plus-Klassen mit 12% höher als zu Beginn (andere ±0%), daß die unterrichtlichen Prozesse etwas zum „Nachdenken über mich" beitragen, sogar um 26% (andere 17%).Als Vorwegnahme: bei den Mädchen insgesamt ist dieser letzte Wert sogar um 10% gesunken.

Der erlebte Unterricht hemmt diese Entwicklung offenbar nicht nur, er ist sogar in der Lage sie umzukehren.

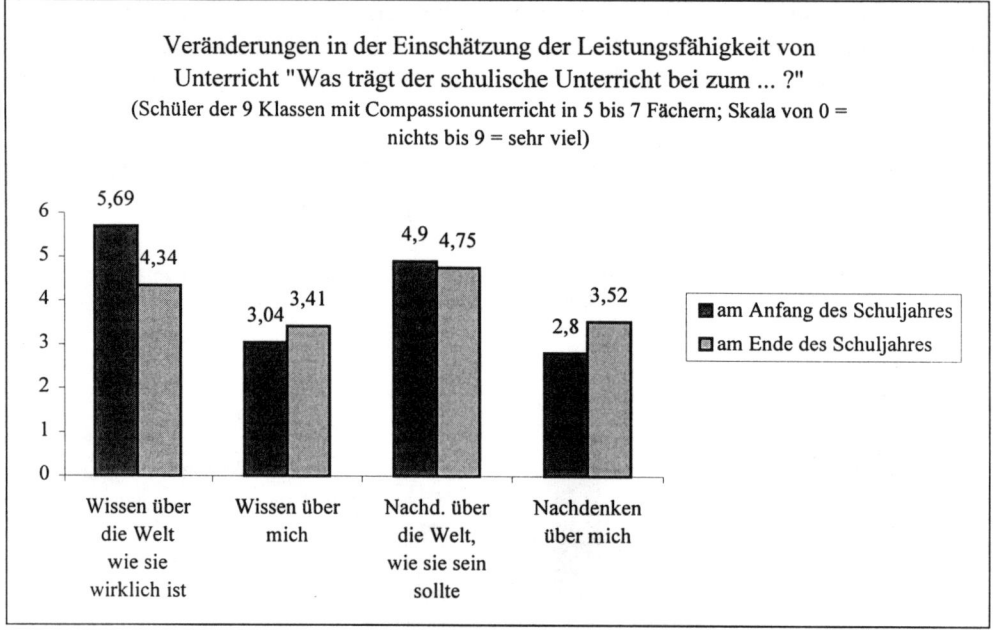

Abb. 17

Das Compassion-Projekt vermag offenbar mehr zu leisten als eine Steigerung der Sensibilität für die sozialen Fragen der Gegenwart. Es vermag offenbar auch den Aspekt der Lebensrelevanz von Unterricht zu steigern. Dies stellt sich zum einen als Ergebnis eines Zusammenwirkens von Praxiserfahrung und -reflexion durch die Schüler selbst und zum anderen durch die Aufnahme des Problembereichs in den Unterricht durch sensibel gewordene Lehrkräfte ein.

Compassion senkt natürlich nicht die Leistungsfähigkeit der Schüler, wie man an der absteigenden Tendenz der Beurteilung zum Potential der Wissensvermittlung vielleicht ablesen könnte, aber das intensive Miteinander von Unterricht und Praktikum scheint dazu angetan, bei den Schülern das Bewußtsein einer persönlichen Bedeutsamkeit des Unterrichtsgeschehens auszubauen. Und gerade die Aufklärung der eigenen Persönlichkeit ist für alle Schüler „sehr wichtig bis wichtig". Wenn man die erhobenen Daten in dieser Weise deuten will, dann gelingt dem weit gespannten, d.h. von möglichst vielen Fächern getragenen Compassionunterricht nachprüfbar eine bessere Übertragung der individuellen Erlebnisse auf eine unterrichtliche und damit schulisch relevante Ebene.

Compassion trägt aber auch auf der Seite der Lehrer unübersehbar dazu bei, das persönlich-schülerorientierte Potential des Unterrichts auszuschöpfen, ohne die inhaltlichen Vorgaben des Unterricht dadurch zu vernachlässigen.

Daß die Menge des Unterrichts in Verbindung mit dem Praktikum aber nicht unausweichlich zu einer Verbesserung der Einschätzung von Unterricht führt, zeigt folgende Übersicht.
Die obere Spalte gibt eine Übersicht über den Saldo der Veränderungen bezüglich der letzteren drei Parameter („Wissen über mich", „Nachdenken über die Welt wie sie sein soll", „Nachdenken über mich"). Die untere die Zahl der zurückgemeldeten Fächer:

+0,4	±0,0	-0,3	-0,8	+3,5	+1,1	**+3,1**	-2,6	-0,5	+1,8	+2,9	+3,7	-0,2	-1,3
4	5	2	2	3	4	**7**	6	0	1	5	5	0	0

Tab. 15

Deutlich erkennbar ist, daß unter den vier Klassen mit den positivsten Veränderungen drei Klassen sind, die wir nach dem Prinzip der Häufigkeit zusammengefaßt haben. In der vierten Klasse wurden nur drei Fächer zurückgemeldet. Auffällig ist die negative Veränderung der Werte in der Klasse mit sogar sechs Fächern. Diese Gruppe von Schülerinnen ist erst am Beginn des Schuljahres aus zwei vordem getrennten Klassen zusammengefügt worden. In einigen Fächern wird diese Klasse weiterhin getrennt unterrichtet. Damit kann zunächst festgestellt werden, daß nicht in allen gemeldeten Fächern auch alle Schülerinnen gemeinsam unterrichtet wurden. Die negative Entwicklung der Unterrichtsbeurteilung kann damit aber auch auf andere Faktoren zurückgeführt werden, die möglicherweise den Einfluß von Compassion überlagern.
Rechnet man die genannte Gruppe an dieser Stelle aus der Gesamtheit der fünf Klassen heraus, ergibt sich für die verbleibenden 100 Schülerinnen und Schüler beim Parameter „Wissen über mich" eine Steigerung um 20% und bei der Möglichkeit „Nachdenken über mich" sogar um 41% bezogen auf den Ausgangswert.

	Wissen, wie die Welt wirklich ist	Wissen über mich	Nachdenken, wie die Welt, sein sollte	Nachdenken über mich
5minus am Anfang des Schuljahres	5,79	2,61	4,84	2,44
5plus (4 Klassen) am Anfang des Schuljahres	5,56	2,85	4,52	2,58
5minus am Ende des Schuljahres	4,36	2,56	4,78	2,86
5plus (4 Klassen) am Ende des Schuljahres	4,33	3,42	4,85	3,63

Tab. 16

Die folgende Graphik belegt die Veränderung de Einschätzung dieses Aspekts von Unterricht als Entwicklung aller Schüler der 4 Klassen mit intensiver unterrichtlicher Begleitung:

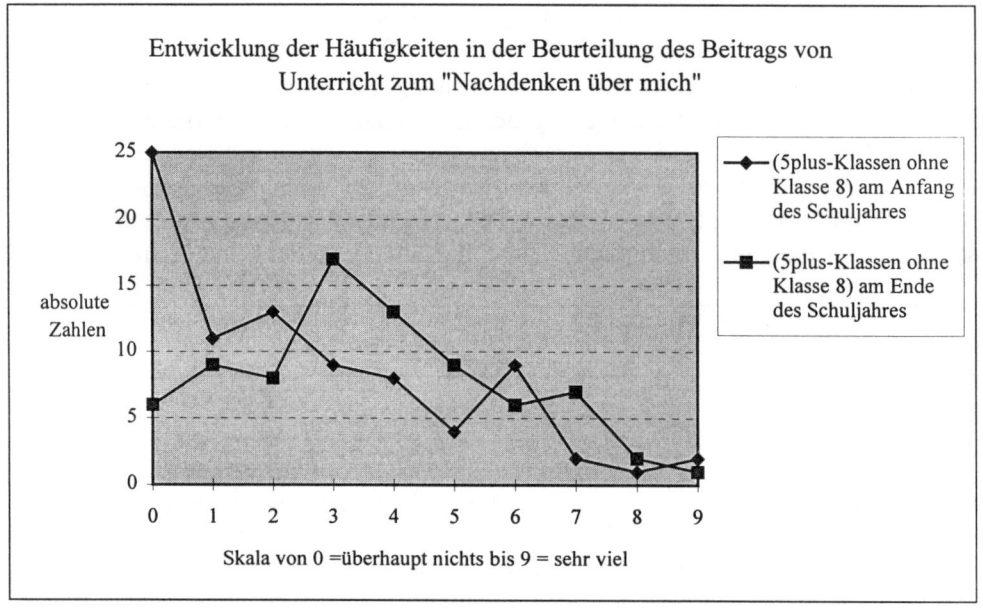

Abb. 18

Um es noch einmal zu wiederholen: offenbar ist die Häufigkeit von Fachunterricht ein wesentlicher Faktor im Rahmen des Compassion-Projekts, eine Möglichkeit die Qualität des gehaltenen Unterrichts zu messen, steht uns aber nicht zur Verfügung.

Unter einer unterrichtstheoretischen Fragestellung leistet der Compassionunterricht augenscheinlich einen wesentlichen Beitrag, die Segmentierung der Unterrichtsfächer zu überwinden, indem er dazu verhilft, daß die Schülerinnen und Schüler selbst diese Interdisziplinarität herstellen. Dies geschieht offenbar durch die Zuweisung subjektiver Bedeutsamkeit zu den einzelnen Inhalten, wie sich an der Zunahme der Ich-relevanten Parameter ablesen läßt. Damit realisiert der Compassionunterricht das Postulat des fächerverbindenden Unterrichts. Anhand der Thematik der sozialen Lebenswirklichkeit, wie sie ausschnittweise im Praktikum erfahren und vom Schüler schon selbst bedacht wird, ordnen sich für die Lernenden und die Lehrenden die Inhalte des Unterrichts in neuer Weise. Die Schüler erkennen für sich lebensrelevante Zusammenhänge der einzelnen Fachbereiche.

Wenn fächerverbindender Unterricht ein geeignetes einendes Band benötigt, dann scheint das Compassion-Projekt in seinen praxis- und unterrichtsorientierten Elementen für die teilnehmenden Jugendlichen und die Lehrkräfte diese Funktion zu erfüllen. Für die Schüler stellt sich dieses Ergebnis offenbar dann stärker ein, wenn möglichst viele Lehrkräfte das Compassion-Projekt für ihre Lehrplaninhalte als Orientierungsvorgabe entdecken und nutzen.

Betrachtet man nun die Rückwirkung auf sozialverpflichtete Einstellungen, wie sie sich möglicherweise in den gewählten Antworten auf die Lösung der sozialen Krisendimension in unserem Staatswesen darstellen könnten, läßt sich eine besondere Abweichung der fünf zusammengefaßten Klassen von den neun anderen nicht feststellen. Die Differenzen bewegen sich nicht über das Maß hinaus, das sich aufgrund der Geschlechterverteilung vermuten ließe. Ein Grund mag sein, daß nur in zwei Fällen in den 5plus-Klassen sich die Gemeinschaftskundelehrer mit der Sozialstaatsproblematik an Compassion beteiligt haben.

III.5 Jungen und Mädchen

III.5.0 Vorbemerkungen

Soziales Engagement in professioneller und ehrenamtlicher Art wird noch heute weitgehend von Frauen geleistet. Die klassische Verteilung von Haus- und Erwerbsarbeit scheint hier gleichsam eine Fortsetzung zu finden. Soziale Berufe in Erziehung und Pflege werden besonders von Frauen ausgeübt. Klassische Frauenberufe werden bislang auch geringer bezahlt.
Es stellt sich für das Compassion-Projekt die Frage, wie heutige Jugendliche mit der traditionellen Rollenzuordnung umgehen. Es wäre davon auszugehen, daß Jungen und Mädchen davon aktuell weniger beeinflußt sind und gerade in der Gruppe der Gymnasien mit ihrer Zielstellung der Vorbereitung auf die allgemeine Hochschulreife die Ausprägung geschlechtsabhängiger Verhaltensmuster eher unbedeutend sind.

Insgesamt haben 115 Jungen und 182 Mädchen aus den Gymnasien und der Hauptschule des Untersuchungsjahrgangs 1997/98 zum Zustandekommen der folgenden Zahlen beigetragen.

III.5.1 Wertorientierungen im Vergleich

Als wesentliche Voraussetzung für das individuelle Erleben und die Verarbeitung des Projektfeldes erscheinen die persönlichen Wertorientierungen.
Der Blick auf die Rangfolge belegt z. T. recht deutliche Unterschiede zwischen den befragten Jungen und Mädchen.
Die Schülerinnen setzen den Wert „verstanden werden" an die 1. Stelle, für sie sind positive Rückmeldungen von Außenstehenden, das Angenommenwerden ihrer Persönlichkeit ein Ziel mit hoher Priorität. Dieses Verstanden-werden vollzieht sich offenbar in den engeren, unmittelbaren Kontaktbereichen. „Für andere dazusein" und „eine richtige Familie zu haben", mithin den häuslichen und fürsorglichen Bereich setzen die befragten Mädchen im Durchschnitt auf die Plätze 2 und 3. Die Jungen werten tendenziell anders: „Spaß zu haben" ist ihnen das Wichtigste (ein Wert, der für die Mädchen nur den mittleren Platz 8 einnimmt), danach folgt die Familie. Mit ihr verbinden die männlichen Projektteilnehmer aber offenbar ganz andere Werte als die Schülerinnen, denn das „Einsetzen" (Rang 7) oder auch das „Dasein" (Rang 9) für Familie und Freunde belegen bei ihnen nur Positionen im Mittelfeld. Wichtiger für die Schüler ist die große Zahl der Freunde (4), „viele Freunde zu haben" steht für die Mädchen aber erst auf Rang 11.
Beim Engagement außerhalb des Nahbereiches, also dem Praxisbereich des Compassion-Projekts gleichen sich die Rangzumessungen wieder an. „Sich für andere einzusetzen" oder „für sie dazusein" liegt für Jungen wie Mädchen auf der Skala zwischen 12 und 14, wobei die Zahlenwerte auf eine vergleichsweise höhere Bedeutsamkeit dieser Parameter bei den Mädchen schließen lassen.

Diese letzte Beobachtung wird unterstützt durch die Wahrnehmung der erwachsenen Umwelt. Während sich Mädchen und Jungen sonst kaum unterscheiden, erleben die Schüler Erwachsene stärker als im Vereinsleben engagiert (46% gegen 34%). Meinen 65% aller männlichen Befragten, die Erwachsenen ihrer Umgebung setzten sich für andere Menschen ein oder seien für diese da, liegt bei den Mädchen der Anteil dagegen signifikant höher bei 78% ($p < 0,05$).

Bei der Zufriedenheit mit den persönlichen Voraussetzungen zeigen sich nur geringe, aber vielleicht nicht unerwartete Differenzen. Während die Jungen ihre Sportlichkeit auf einer Skala von 0 (= überhaupt nicht zufrieden) bis 9 (= sehr zufrieden) mit knapp 7 einschätzen, geben sich die Mädchen dafür nur 5,8 Punkte. Im selben Abstand liegen die Werte zur äußeren Erscheinung auseinander. Während die Jungen sich insgesamt selbstbewußter zeigen, gehen die Mädchen mit sich offenbar kritischer um. Daraus erklärt sich möglicherweise die hohe Wichtigkeit des Wertes „verstanden werden".

Bei der Frage, in welchen Bereichen sie Verantwortung für andere Menschen übernehmen, geben die Mädchen häufiger Familie und Freundeskreis, also soziale Innenbereiche an. Im Gegensatz zu den Jungen: diese zeigen sich in Verein und Schule aktiver.

„In welchem dieser Bereiche übernimmst Du Verantwortung für andere Menschen?" (1.2.7):

Parameter	Anteil der Zustimmungen (in %)	
	Jungen	Mädchen
- in meiner Familie, in meinem Elternhaus	55	66
- in meinem Freundeskreis	37	46
- in dem Verein, in dem ich bin	40	19
- in der kirchlichen Jugendgruppe, in der ich bin	7	15
- in meiner Schule	28	23
- in einer anderen Gruppe	8	12
- nichts davon	14	10

Tab. 17

Mädchen bringen auch deutlich mehr Vorerfahrungen durch „freiwilligen sozialen Einsatz für andere Menschen" mit. Und auch hier liegen die Mädchen im familiären Feld (54%) vor den Jungen (36%). Diese engagieren sich wiederum stärker in Vereinen (26% zu 15%).

III.5.2 Voreinstellungen zum Projekt

Die beschriebenen unterschiedlichen Dispositionen zwischen Jungen und Mädchen schlagen sich in den Erwartungshaltungen vor dem Projekt deutlich nieder.
Schüler erleben den praktischen Teil von Compassion stärker als Zwang. Auf einer Skala von 0 (= überhaupt nicht) bis 9 (= sehr stark) bewerten sie die Tatsache, keine Wahl zu haben mit 4,0 und damit doppelt so hoch wie die Schülerinnen. Die Möglichkeit des sozialen Engagements qualifizieren hingegen die weiblichen Praktikanten im Durchschnitt um einen Punkt höher. Die beobachteten Unterschiede der prosozialen Dispositionen mit Blick auf den Nahbereich (Familie und Freunde) machen sich damit offenbar auch im Außenbereich des Projekts bemerkbar.[77]

Die größere Zurückhaltung der Schüler zeigt sich als Unentschlossenheit in der Wahl des Praktikumsplatzes am Anfang des Schuljahres. Sprechen sich die Schülerinnen zu diesem Zeitpunkt deutlicher für einen Einsatz in Krankenhäusern und Behinderteneinrichtungen aus, liegen bei den Jungen die Kindergärten vorn. Allerdings will sich von den Jungen jeder 6. noch gar nicht entscheiden, bei den Mädchen sind es gerade einmal 2%.

Schüler nehmen aus ihrem Umfeld offenbar signifikant weniger positive Rückmeldungen auf. Während bei den Mädchen 54% angeben, andere Gleichaltrige würden das Projekt befürworten, äußern die Jungen dies nur zu einem Drittel ($p < 0,05$) und damit signifikant seltener. Für die Wahl ihres Praktikumsbereichs erkennen nur 49% die Unterstützung ihrer Eltern, bei den Mädchen sind es 70% ($p < 0,01$).

Diese Zahlen mögen einfach die Schülerhaltung zum Praktikum widerspiegeln, es mag aber auch sein, daß sie die Ursache dieser Haltungen greifbar werden lassen. „Sich für andere einzusetzen" entspricht nicht nur nicht dem Selbstkonzept der Jungen, sondern auch nicht den von außen an die männlichen Projektteilnehmer herangetragenen Erwartungen. Damit wird der Zugang der Schüler zu einem Projekt wie Compassion auch durch die Umfeldkonstellation erschwert.
Schülerinnen scheinen also im Unterschied zu Schülern das Compassion-Projekt eher im Sinne einer Moral der Fürsorge zu verstehen und zu befürworten. Dieser Unterschied widerspricht aber nur scheinbar den gegenwärtig vorherrschenden Aussagen der an Kohlberg orientierten Moralpsychologen, die keine geschlechtlichen Unterschiede im Bereich des moralischen Urteils feststellen können. Unsere Messungen haben wie vermutet Sozialisationseffekte zur Kenntnis genommen.[78]

III.5.3 Schülerinnen und Schüler im Praktikum

Die bisher gemachten Beobachtungen lassen für das Praktikum mit ebenso differenzierten Ergebnissen rechnen.

---

[77] Vgl. Anhang I Abb.19.
[78] Vgl. oben Teil A.

In der tatsächlichen Verteilung auf die verschiedenen Einsatzbereiche gab es unter den Geschlechtern allerdings keine nennenswerten Unterschiede.

Für fast die Hälfte (7 von 19) der anfangs unentschlossenen Jungen fand sich die passende Nische im Bereich „sonstige", wo die Jungen insgesamt leicht überrepräsentiert sind. Dagegen wählte ein etwas geringerer Anteil einen Praktikumsplatz in den Behinderteneinrichtungen als dies bei den Mädchen der Fall war (11% gegen 18%). Der am Beginn des Schuljahrs von allen fast zur Hälfte gewünschte Kindergarten ging einheitlich auf 30% zurück.

Abb. 20

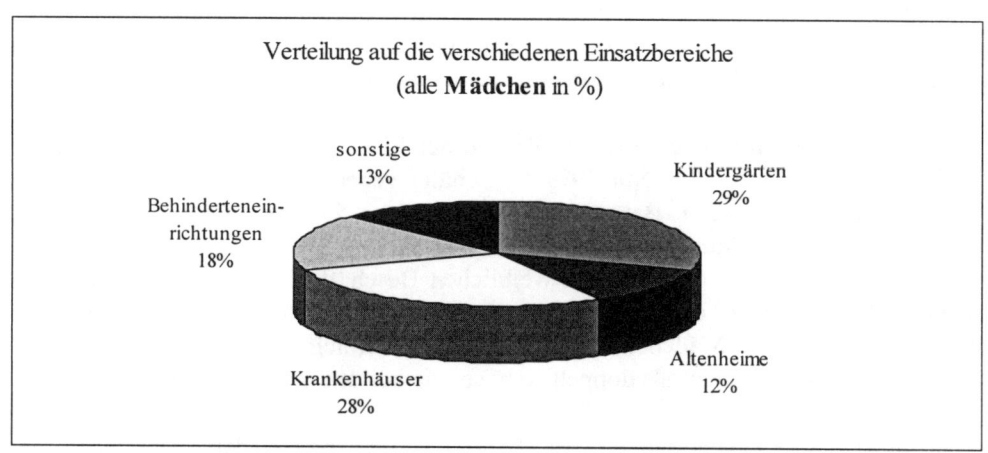

Abb.21

Nach dem Praktikum geben alle gleichermaßen (70%) an, intensiven „Umgang mit Menschen" und auch „Spaß" gehabt zu haben. Dagegen beschreiben die

Praktikantinnen den Erwerb beruflicher Perspektiven (15% gegen 4%) und die Tatsache, praktische Fähigkeiten erworben zu haben (40% gegen 28%) häufiger als zutreffend. Die von den Jungen besonders gefürchtete Langeweile stellte sich nicht ein. Man wird diese und die folgenden Zahlen als Hinweise auf ein stärkeres persönliches Engagement der Schülerinnen im Praktikum werten können, denn fast jede zweite der befragten Praktikantinnen (44%) stimmt der Antwortmöglichkeit zu, innerhalb der zwei Wochen „an eigene Grenzen gestoßen" zu sein. Die Jungen sehen das nur zu 29% so. Dies mag sich z.T. als Ergebnis des doch leicht unterschiedlichen Wahlverhaltens zurückführen lassen. Aber z.B. auch innerhalb des Krankenhauses stimmen dem 42% der Mädchen zu, aber nur 34% der Jungen. In allen anderen Einsatzfeldern liegen die Anteile der Mädchen für diese Fragestellung deutlich über denen der Jungen. Besonders gut nachvollziehbar wird die Differenzierung im Bereich „sonstige", der für die Jungen offenbar tatsächlich als Nische fungiert. Von den 24 dort agierenden Jungen sehen sich nur 4 (17%) mit ihren eigenen Grenzen konfrontiert, von den 22 Mädchen sind es dagegen 9 (41%). Die Praktikantinnen engagieren sich also auch während des Praktikums persönlicher als die Jungen.
So entwickelt sich bei ihnen mehr Empathie. Ihre Angaben für empfundene Zuneigung zu den dort betreuten Menschen fallen mit 6,6 auf den Skala von 0 bis 9 deutlich höher aus. Die Jungen kommen hier nur auf einen Wert von knapp unter 5.

Wenn Schülerinnen und Schüler Hilfsbereitschaft entwickeln, dann kann diese Bereitschaft in ihren Augen auch ausgenützt werden. Je geringer diese Option ausgeprägt ist, umso schneller werden erhobene Ansprüche auch abgelehnt und als Überforderung angesehen werden, wird also Hilfsbereitschaft an ihre Grenzen geführt.
Männliche Praktikanten äußern dieses Empfinden ausgenützt zu werden als Ursache oder als Ergebnis ihrer größeren Zurückhaltung gegenüber dem Unternehmen Compassion signifikant häufiger. So kam sich mehr als ein Drittel (37%) der Jungen in bestimmten Situationen von betreuenden Kräften oder den betreuten Menschen ausgenützt vor. Bei den Mädchen erlebte das nur jede 5. (20%). Der Chi-Quadrat-Test ergibt hier eine Signifikanz unterhalb des 1%Ni-veaus ($p < 0,01$).

Eine große Bedeutung mag dabei der Prozeß der Identifikation mit den betreuenden Fachkräften vor Ort spielen. Nur 39% der Schüler geben an, unter den Beschäftigten Vorbilder erlebt zu haben. Bei den Mädchen sind es 55% ($p < 0,05$). Ein nicht zu unterschätzendes Erklärungsmoment für diese Tatsache ist wohl der Umstand, daß das soziale Berufsfeld noch weithin von weiblichen Beschäftigten geprägt wird und die Identifikation innerhalb der Geschlechtergrenzen wohl leichter gelingt. So liegt denn auch der Anteil der Mädchen, die im sozialen Bereich für sich eine berufliche Perspektive erkennen mehr als doppelt so hoch wie bei den männlichen Praktikanten.

Aber auch die Rückmeldungen der Eltern werden neben den Reaktionen der Beschäftigten die Selbstwahrnehmung positiv oder negativ beeinflussen. In den Wertorientierungen setzten die Mädchen den Aspekt „mit anderen Menschen reden" auf Platz 7, die Jungen nur auf Platz 10. Es mag deshalb nicht unbedingt an einer weniger ausgeprägten Gesprächsbereitschaft der Eltern liegen, wenn die Schüler zu Hause etwas weniger Gespräche über das Praktikum führten.

Und auch die Intensität der thematischen Auseinandersetzung fällt geringer aus. Obwohl die Anteile der beiden Praktikantengruppen im Krankenhaus etwa gleich war (25% der Jungen und 28% der Mädchen), geben nur 11% der Schüler an, mit ihren Eltern über den „Umgang mit Krankheit und Tod" gesprochen zu haben. Von den Mädchen taten das 27%.

Ob auch die folgenden Antworten den tatsächlichen Umgang zwischen den Eltern und ihren Söhnen wiedergeben oder nur die geringere Gesprächsbereitschaft der Jungen dokumentieren, kann für diese Untersuchung offen bleiben. Tatsächlich bescheinigen aber nur 41% der Jungen ihren Eltern, sie seien an ihnen selbst interessiert gewesen (Mädchen 53%), nur 39% erlebten ihre Eltern in den Gesprächen als offen (Mädchen 57%), und nur wenig mehr als die Hälfte gibt an, ein Interesse der Eltern an den gemachten Erfahrungen empfunden zu haben (Mädchen 76%).

III.5.4 Schülerinnen und Schüler zu Schule und Unterricht

Die Frage nach der Beurteilung der praktischen Tätigkeit durch die Lehrkräfte ergibt einen eigenartigen Befund. Ca. die Hälfte aller Schüler gibt an, positive oder sehr positive Rückmeldungen von Lehrern bekommen zu haben. Es mag nicht nur an der Art und dem Inhalt der Beurteilung, sondern auch am Selbstverständnis der Schüler liegen, wenn der Anteil der weiblichen Jugendlichen, die dieses positive Urteil „gefreut" hat, relativ stabil bleibt, der bei den männlichen Schüler jedoch auf 32% absinkt. Jedem Dritten der positiv beurteilten Jungen war dieses Urteil schlicht „egal".

Eine Verbindung von Praktikum und Unterricht hielten am Beginn des Schuljahres weniger Jungen als Mädchen für „wichtig" oder „sehr wichtig" (61% gegen 72%). Jungen geben zu diesem Zeitpunkt 1,6 Fächer für den unterrichtlichen Aspekt von Compassion an, Mädchen 1,9. In der generellen Beurteilung von Schule liegen die Werte der beiden Teilgruppen aber fast identisch bei einem mittleren Wert: Jungen 2,96 und Mädchen 2,92 (3,0 = „es geht").

Dennoch: bezüglich der allgemeinen und organisatorischen Vorbereitung auf das Praktikum zeigen sich die Jungen zufriedener. 68% finden diesen Teil des Projekts als „sehr gut" oder „gut" umgesetzt, 31% „weniger gut" oder „schlecht". Unter den Mädchen ist es nur jede zweite, die die Vorbereitung durch die Schule positiv oder sehr positiv bewertet, 46% finden es „weniger gut" oder „schlecht". Diese Unterschiede dokumentieren möglicherweise eine intensivere Zuwendung der koordinierenden Lehrkräfte zu den als widerständig erlebten Schülern. Andererseits könnte die positivere Beurteilung der schulischen Aktivität im Vorfeld des Praktikum auch durch die reserviertere Grundhaltung der männlichen Praktikanten motiviert sein, die sich im Verlauf des Praktikums ins Positive wendete und damit das schulische Engagement in ein helleres Licht rückte.

Die Unterstützung der Schule während des Praktikums wird von Jungen wie Mädchen fast gleich bewertet (je zu Hälfte zufrieden oder unzufrieden).

Am Ende des Schuljahres erkennen beide in gleicher Weise (85% bzw. 89%) Bezüge des Unterrichts zum Projekt.

Für 53% der Mädchen sind diese Bezüge aber eher nicht in ausreichender Menge gegeben gewesen (Jungen 41%). In der qualitativen Beurteilung des Unterrichts ergeben sich zwischen Jungen und Mädchen nur unwesentliche Unterschiede. Die Hälfte aus beiden Gruppen erkennt den Ertrag des Unterrichts in der Informationsvermittlung über den sozialen Bereich. Die Mädchen sehen etwas häufiger den reflektorischen Aspekt verwirklicht. Daß der Unterricht sie „zum Nachdenken über sie selbst gebracht" hat, meinen 21% der Jungen und 28% der Mädchen. Zum „Nachdenken über andere" fühlten sich durch den Compassionunterricht 36% der Jungen und 42% der Mädchen angeregt.

Parameter 3.2.1	Anteil der Zustimmungen (in %)	
	Jungen	Mädchen
- hat mich zum Nachdenken über mich selbst angeregt	21	28
- hat mich zum Nachdenken über andere Menschen angeregt	36	42
- hat mir die Möglichkeit gegeben, meine Überzeugungen auszusprechen	8	14
- hat mich mit meinen Erfahrungen ernst genommen	19	16
- hat mich zum Nachdenken über Werte angeregt	20	24
- hat zum Meinungsaustausch mit meinen Mitschülern geführt	32	36
- hat mich über den sozialen Bereich informiert	50	50
- nichts davon	31	22

Tab. 18

Der Vergleich der Parameter zur Leistungsfähigkeit von Unterricht zwischen dem Schuljahresbeginn und dem Schuljahresende zeigt allerdings wieder unterschiedliche Entwicklungen. Während den Mädchen die Ich-Aspekte von Unterricht etwas wichtiger sind als den Jungen und sie am Beginn des Schuljahres diese auch vergleichsweise mehr im Unterricht verwirklicht sehen als ihre männlichen Mitschüler, kehren sich am Ende des Schuljahres die Verhältnisse um.

Daß der schulische Unterricht tatsächlich etwas zum „Wissen über mich" beitrage, meinen die Mädchen am Ende des Schuljahres in gleicher Weise wie am Anfang. Bei den Jungen liegt der Wert am Ende des Schuljahres bezogen auf den Anfangswert um 10% höher. Beim Parameter „Nachdenken über mich" beträgt die Steigerung 38%, bei den Mädchen nur 11% - wiederum bezogen auf den Wert vom Anfang des Schuljahres. Die Wahrnehmung der Fähigkeit von Unterricht „Wissen über die Welt, wie sie wirklich ist" zu vermitteln, sinkt deutlich um 25% bei beiden Teilgruppen. Die größere Kritik gegenüber der Sachkompetenz von Unterricht ist also unabhängig von den Geschlechtergrenzen. Die Veränderungen der Ich-Relevanz von Unterricht wird allerdings - wie im Kapitel zum Unterrichtsaspekt von Compassion gezeigt wurde (III.4) - vom konkret erlebten Unterricht beeinflußt.

III.5.5 Allgemeine Entwicklungen

Im Teil der Gesamtdarstellung der Projektteilnehmer konnte eine positive Entwicklung auf die Frage nach der Lebensbedeutsamkeit moralischen Verhaltens festgestellt werden. Die Differenzierung nach Geschlechtern weist diese Entwicklung für beide Gruppen nach. Daß es zutrifft, „daß man mit moralischem Verhalten langfristig besser dasteht als wenn man das Gegenteil tut", hielten in der 1. Befragung 77% der Schüler und 84% der Mädchen für zutreffend. In der abschließenden Befragung äußerten 84% der Jungen und 91% der Mädchen diese Überzeugung. Die praktische Erfahrung und die schulische Reflexion lassen diese Position für beide - Jungen wie Mädchen - im Verlauf des Schuljahres gegen den Trend in der Kontrollgruppe für zustimmungswürdiger erscheinen als am Anfang. Die aufgrund der größeren Zurückhaltung der Schüler gegebene Möglichkeit einer Abwehrreaktion hat sich demnach nicht realisiert. Es zeigt sich vielmehr an dieser Stelle, daß das Projekt vorhandene prosoziale Dispositionen zumindest stabilisiert, wenn nicht sogar ausbaut.
Die folgenden Zahlen sind nun dazu geeignet, diesen gerade gezogenen Schluß noch zu untermauern:

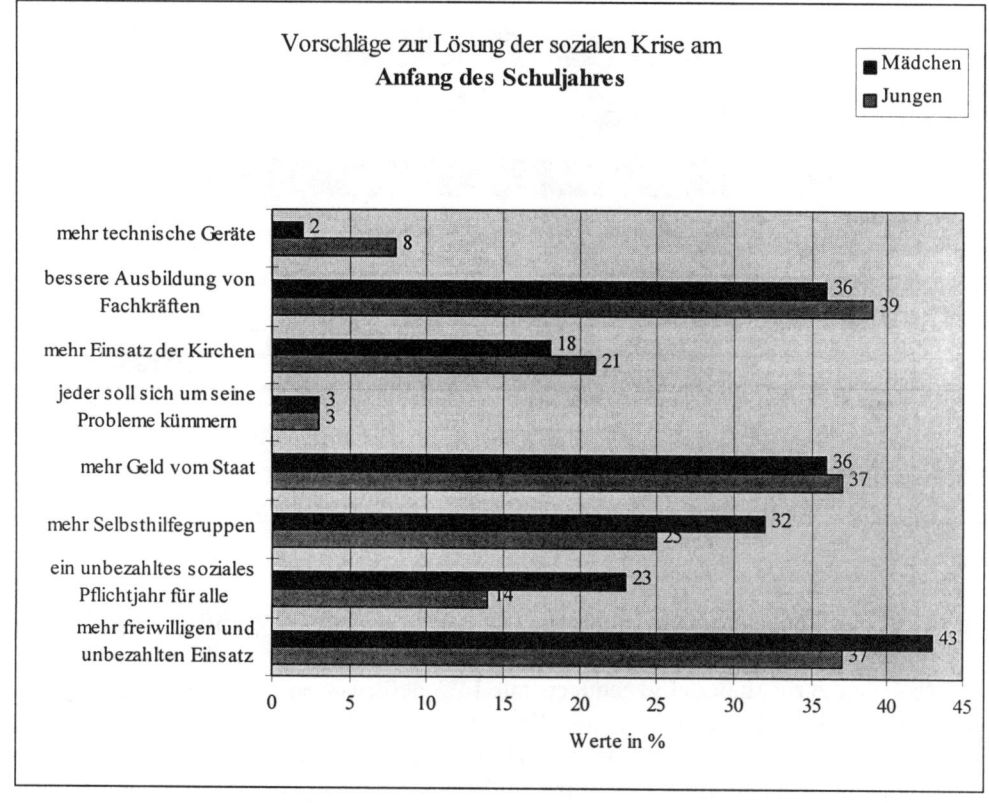

Abb. 22

Die politische Fragestellung, die versucht, Lösungsvorstellungen einer selbst beschriebenen sozialen Krisensituation der Gegenwart zu erheben, zeigt, daß die

Jungen ähnliche Entwicklungen durchmachen wie die Mädchen. Für „mehr freiwilligen und unbezahlten Einsatz in den Einrichtungen vor Ort", also eine verallgemeinernde Umsetzung der eigenen Tätigkeit während des Praktikums, plädieren am Anfang des Untersuchungszeitraumes 43% der Mädchen und 37% der Jungen. Die Anteile steigen in beiden Teilgruppen nach dem Praktikum auf 52% bzw. 39% und am Ende des Schuljahres auf 41% bzw. 55%. Für diese Variante sprechen sich also tendenziell mehr Mädchen aus.

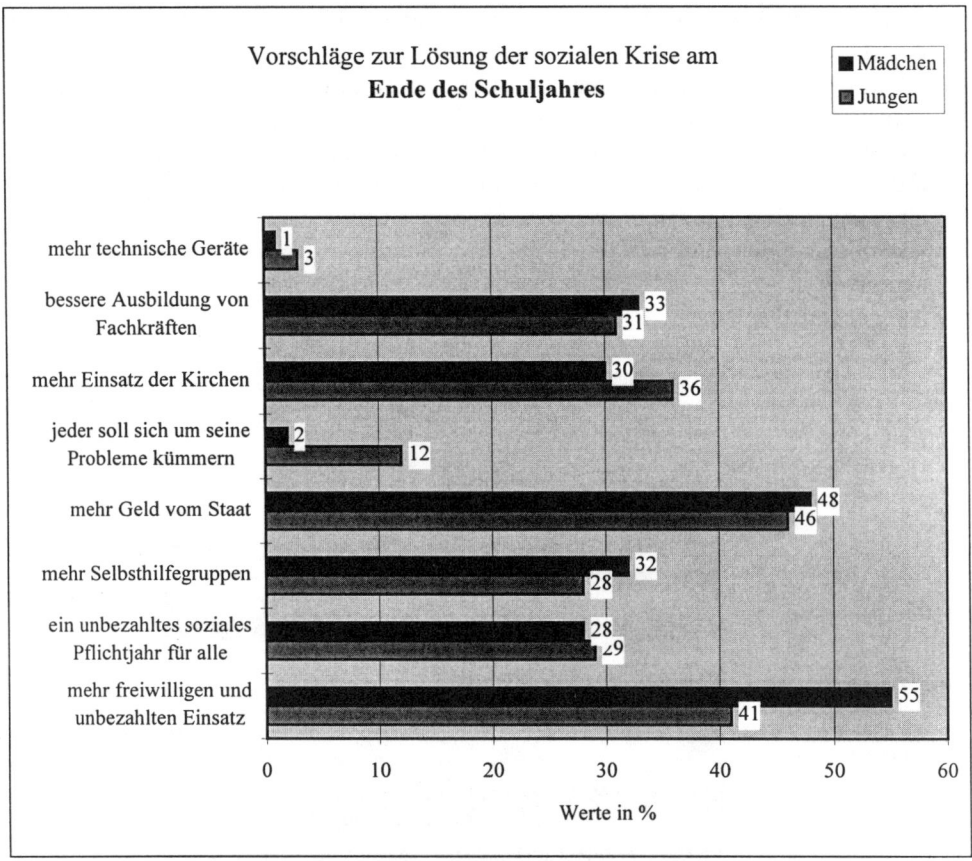

Abb. 23

Einem „unbezahlten sozialen Pflichtjahr für alle", also einer Verpflichtungsvariante mit Zwangs- und Verzichtscharakter, stehen die männlichen Projektteilnehmer zunächst eher zurückhaltend gegenüber: nur 14% befürworten in der ersten Befragung diese Möglichkeit, bei den Mädchen liegt der Anteil bei 23%. Bis zum Ende des Projektjahres steigt der Wert für die Schülerinnen auf 28%. Die oben gemachte Erfahrung mit dem Parameter „mehr freiwilligen und unbezahlten Einsatz vor Ort" läßt hier nur mit einer geringen Steigerung rechnen. Gegen diese Erwartung erhöht sich der Anteil der Jungen, die diese Variante befürworten, von den genannten 14% über 25% auf sogar 29% und erreicht damit den Wert der Mädchen. Damit lassen sich fast 20 der über 100 Jungen als Befürworter für diese Variante gewinnen. Nimmt man für den

Chi-Quadrat-Test den Ausgangswert der 1. Befragung als erwarteten Wert, dann erweist sich die Steigerung als hochsignifikant ($p < 0,001$).

Die anderen Parameter weisen keine geschlechtsspezifischen Differenzen auf. Die institutionellen Lösungsvarianten wie staatliche oder kirchliche Intervention werden von beiden Teilgruppen gleichermaßen befürwortet.

Die 13 Schüler (12%), die am Ende des Untersuchungszeitraumes die Möglichkeit „jeder solle sich selbst um seine Probleme kümmern" befürworten, sind keine entschiedenen Verfechter eines Entsolidarisierungsprogramms, sondern verbinden diese Position in vier Fällen mit dem Wunsch nach „mehr freiwilligem und unbezahltem Einsatz in den Einrichtungen vor Ort" und in zwei Fällen sogar mit dem „unbezahlten sozialen Pflichtjahr" für alle.

Die Werte zum Rückblick auf das Schuljahr bieten ein relativ einheitliches Bild oder lassen sich als weitere Bestätigung der bisher festgestellten Differenzierungen lesen. Als „gute und wichtige Erfahrung" schätzen 72% der Schüler und 81% der Schülerinnen „dieses Schuljahr mit Praktikum und begleitendem Unterricht" ein. Jeweils etwas mehr (79% und 86%) meinen, daß jeder Jugendliche an einem solchen Projekt teilnehmen sollte. Als Beitrag zur beruflichen Orientierung sehen es nur 12% der Jungen, aber ein mehr als doppelt so hoher Anteil der Mädchen (26%). „Etwas Wichtiges geleistet" zu haben, das meinen 44% aller Mädchen, aber nur ein gutes Drittel aller Jungen (35%). Hier bildet sich das bereits an anderer Stelle zu erkennende persönlichere Engagement der Mädchen im Praktikum erneut ab. Dem entspricht auch, daß der größere Teil der Mädchen angibt, während des Praktikums „das Gefühl gebraucht zu werden" empfunden zu haben (53%). Bei den Jungen sind es 41%.

Allerdings mögen die neuen persönlichen Eindrücke eigener prosozialer Selbsttätigkeit für die Jungen neue Einsichten eröffnet haben. Eine positive Veränderung bei sich selbst erkennen denn auch 40% von ihnen, aber nur 20% bei den Mädchen.

III.5.6 Fazit

Zusammenfassend kann man sagen, daß für das Praktikum und die unterrichtliche Begleitung in Rechnung gestellt werden muß, daß bei den Jungen eine größere Reserviertheit als bei den Mädchen besteht und daß diese im Verlauf des Projekts aber nicht unüberwindlich ist. Damit wird es u.E. möglich, für die Behandlung sozialer Fragestellungen in der Schule als bedeutsame Thematik einen größeren Kreis von Schülern aufzuschließen, sofern der Unterricht dieses für sich als Chance erkennt und für sich nutzbar macht.

Die in den beschriebenen Zahlen greifbar werdende größere Offenheit für wesentliche Fragen des Menschseins bei Schülerinnen und gerade auch bei Schülern zu erhalten und vielleicht sogar zu vertiefen, ist Aufgabe des Unterrichts. Die unterschiedlichen Wirkungen des Projekts bei Jungen und Mädchen, bei den Mädchen tendenziell eine Vertiefung ihrer Vorerfahrungen, bei den Jungen tendenziell eine Erweiterung der Beziehungskompetenz sind Hinweis genug für eine intensive Selbstwahrnehmung, welche das Projekt anregt. Diese Selbstbeobachtung und was der einzelne für sich daraus gelernt hat, wird durch Unterricht, der sich darauf bezieht, im Gedächtnis bleiben.

III.6 Bedeutung des familialen Umfelds

III.6.0 Vorbemerkungen

Bereits die ersten Erhebungen in der Pilotphase des Schuljahrs 1996/97 weisen eine Gruppe von Schülern aus, die angaben, ihre Eltern stünden dem Compassionprojekt ablehnend gegenüber. Daß dieser benannte Elternhintergrund offenbar wirksam ist, zeigte sich an der Beobachtung, daß sich in Einzelfällen derart vorgeprägte Praktikanten während des gesamten Zeitraums ihres Einsatzes geweigert haben, mit den zu betreuenden Menschen Kontakt aufzunehmen und statt dessen lieber rein hauswirtschaftliche Dienste verrichteten.

Aber nicht nur diese Ereignisse, sondern auch die beschriebenen Ergebnisse der anderen Gruppierungen (z.B. Jungen vs. Mädchen, s. III.5 und kirchlich gebundene vs. andere s. III.7) lassen einen bedeutsamen Einfluß des Elternhauses vermuten.

Die Beziehungen zu den Eltern werden im Durchschnitt von allen befragten Schülerinnen und Schülern sehr positiv bewertet. Unter den äußeren Lebensfaktoren erreicht der Parameter Zufriedenheit mit der Liebe der Eltern auf der Skala von 0 bis 9 mit 8,0 den höchsten aller Werte.

Selbst gegenüber dem Freundeskreis schneiden die Eltern im Durchschnitt besser ab. Wenn es darum geht die Frage „Wo fühlst Du Dich aufgehoben?" qualifizierend zu beantworten, erhalten bei den Befragten die Eltern die Note 1,5 und liegen damit etwas besser als die Freunde mit 1,6. Die Lehrer schneiden bei dieser Frage mit 3,2 deutlich schlechter ab.

Diese Beobachtungen lassen es sinnvoll erscheinen, die Bedeutung der Elternhaltung für den Verlauf des Projekts zu untersuchen und dafür eigene Schülerfraktionen auszuweisen.

In einer Gruppe wurden alle die Schülerinnen und Schüler zusammengefaßt, die angeben, ihre Eltern stünden dem Praxis- und Unterrichtsprojekt negativ gegenüber. Als Gründe für diese kritische Haltung geben sie mögliche Nachteile für den Gang der schulischen Ausbildung an oder sie drücken eine ganz grundsätzliche Ablehnung eines Praktikums im sozialen Bereich aus. Möglicherweise spielen hier aber auch Unsicherheiten wegen fehlender Erfahrungen im Bereich sozialer Einrichtungen eine wesentliche Rolle. Da diese Gruppe zahlenmäßig sehr klein ausgefallen wäre (n = 5), wurde sie um die Schülerinnen und Schüler erweitert, die angeben, ihren Eltern sei das Unternehmen Compassion gleichgültig. Damit entstand eine Teilgruppe von 32 Teilnehmerinnen und Teilnehmern des Projekts, die etwas mehr als 10% der Gesamtgruppe ausmacht. Wegen der geringen Gruppengröße wird der Chi-Quadrat-Test immer mit den absoluten Zahlenwerten und nicht mit den Prozentwerten durchgeführt.

Sie wird im folgenden mit den 229 Schülerinnen und Schülern verglichen, die im Fragebogen eine „positive" oder „sehr positive" Haltung ihrer Eltern angegeben haben. Alle Befragten, die sich bei dieser Fragestellung nicht entscheiden wollten und deshalb die Antwortmöglichkeit „weiß nicht" gewählt haben, werden keiner der beiden Gruppen zugeordnet und bleiben daher in diesem Teil der Darstellung unberücksichtigt.

Zur Klarstellung soll an dieser Stelle nachdrücklich betont werden, daß auf dem hier beschrittenen Weg nicht die Eltern gleichsam über die Schüler in die Untersuchung einbezogen werden sollen. Ob die jeweiligen Eltern tatsächlich eine offene oder reservierte Haltung gegenüber Compassion einnehmen, kann aufgrund der Schülerantworten nicht bestimmt werden. Die Ergebnisse halten lediglich die Haltung der Eltern in den Augen der Schülerinnen und Schüler fest. D.h. diese drücken damit ihre subjektive Wahrnehmung aus oder geben Vermutungen Ausdruck. Über die tatsächlichen Verhältnisse in den Elternhäusern können damit keine Aussagen gemacht werden.

III.6.1 Zur Ausgangslage

Das Zahlenverhältnis zwischen Jungen und Mädchen beträgt in der Gruppe mit dem kritischen Elternhintergrund 50:50, wobei in der Teilgruppe der 5 Schüler mit dem angesprochenen negativen oder sehr negativen Elternhintergrund 4 Jungen sind. Die Vergleichsgruppe mit den positiv eingestellten Elternhäusern besteht zu einem Drittel aus Jungen und zu zwei Dritteln aus Mädchen.

Schüler mit ablehnenden oder gleichgültigem Elternhintergrund	Wichtigkeit	Schüler mit positivem Elternhintergrund	Wichtigkeit
Wertorientierungen 1.2.1	Skala v. 0-4	Wertorientierungen 1.2.1	Skala v. 0-4
1. Spaß zu haben	1,19	1. eine richtige Familie zu haben	1,29
2. verstanden zu werden	1,28	1. verstanden zu werden	1,29
3. das Leben zu genießen	1,31	3. so zu leben, wie sie sind	1,35
3. einen guten Beruf zu haben	1,31	4. für Menschen, die ihnen nahestehen, also Familie oder Freunde dazusein	1,36
3. viele Freunde zu haben	1,31	5. sich für Menschen, die ihnen nahestehen, also Familie oder Freunde einzusetzen	1,37
3. eine richtige Familie zu haben	1,31	5. das Leben zu genießen	1,37
7. so zu leben, wie sie sind	1,47	7. Spaß zu haben	1,39
7. sich für Menschen, die ihnen nahestehen, also Familie oder Freunde einzusetzen	1,47	8. einen guten Beruf zu haben	1,43
9. Geld zu verdienen	1,48	9. viele Freunde zu haben	1,46
10. für Menschen, die ihnen nahestehen, also Familie oder Freunde dazusein	1,5	10. mit Menschen zu reden	1,5
11. mit Menschen zu reden	1,61	11. einen Sinn im Leben zu finden	1,55
12. einen Sinn im Leben zu finden	1,8	12. Geld zu verdienen	1,83

13. sich für andere Menschen einzusetzen	2,16	13. für andere Menschen dazusein	1,91
14. für andere Menschen dazusein	2,22	13. sich für andere Menschen einzusetzen	1,91
15. in einem Verein mitzumachen	2,44	15. beim Umweltschutz mitzumachen	2,34
16. etwas in der Politik zu verändern	2,66	16. in einem Verein mitzumachen	2,36
17. beim Umweltschutz mitzumachen	2,68	17. etwas in der Politik zu verändern	2,75
18. in der Kirche/religiöse Gemeinschaft mitzumachen	3,39	18. in der Kirche/religiöse Gemeinschaft mitzumachen	3,04

Tab. 19

Der Blick auf die Wertorientierungen offenbart signifikante Differenzen zwischen den beiden Schülerpopulationen, die die Gruppe der Schüler mit dem kritischen Elternhintergrund als eher ich-orientiert ausweisen.

So liegt bei ihnen der Wert „Spaß haben" an erster Stelle. In der Vergleichsgruppe folgt er erst auf Rang 7. Der T-Test ergibt eine Signifikanz von $p < 0,05$. Mit dieser Wertigkeit korrespondiert die hohe Wichtigkeit von „viele Freunde haben" (Rang 3 gegenüber Rang 9). Für die Freunde und die Familie, also für den persönlichen Nahbereich dazusein, folgt für diese Schülerinnen und Schüler aber erst auf Rang 10. Bei den Befragten, die angeben, ihre Eltern stünden dem Compassionprojekt positiv gegenüber, befindet sich diese Wertorientierung schon auf Platz 4. Der T-Test belegt eine sehr deutliche Signifikanz von $p < 0,01$ für die Differenz der Mittelwerte beim Parameter „viel Geld verdienen". Dem entspricht die höhere Priorisierung des „guten Berufs" (Platz 3, andere Platz 8).

Werte, die gemeinschaftsorientiert sind, stehen bei der Gruppe mit negativen oder gleichgültig eingestellten Eltern nicht hoch im Kurs. Der „Umweltschutz" rangiert zwar nur unwesentlich unter der Vergleichsgruppe, der Vergleich der Mittelwerte ergibt aber eine signifikant geringere Wichtigkeit ($p < 0,05$), genauso wie bei der Wertorientierung „für andere Menschen dasein" ($p < 0,05$).

Es erstaunt daher nicht, wenn diese Schülerinnen und Schüler ihre Erwachsenenumwelt in paralleler Weise wahrnehmen. Während beide Schülergruppen mit ca. 90% in gleichem Maße Erwachsene als um ihren Nahbereich, also um Freunde und Familienangehörige bemüht wahrnehmen, gibt es bei der Frage, die die Beziehungen der Erwachsenen zu ihrem Außenbereich bestimmen will, regelrechte Einbrüche. Daß sich die Erwachsenen des eigenen Umfelds „für andere Menschen einsetzen", meinen nur noch 35% der Schüler mit dem kritischen Elternhintergrund. In der Vergleichsgruppe mit den positiven Eltern halten das 75% für zutreffend. Der identische Abstand zwischen beiden Schülergruppen läßt sich bei der Variante „für andere Menschen dasein" konstatieren (37% gegenüber 78%). Der Chi-Quadrat-Test, für den nicht die Prozentwerte, sondern die absoluten Zahlen eingesetzt wurden, liefert hier eine sehr starke Signifikanz von $p < 0,001$. Gerade für diese Projektteilnehmer könnte es also eine fast existentielle neue Erfahrung sein, wenn sie Erwachsene in sozialen Berufen erleben, die den Einsatz für andere Menschen zu ihrem Beruf und damit zum Hauptinhalt ihres Tagesablaufs gemacht haben.

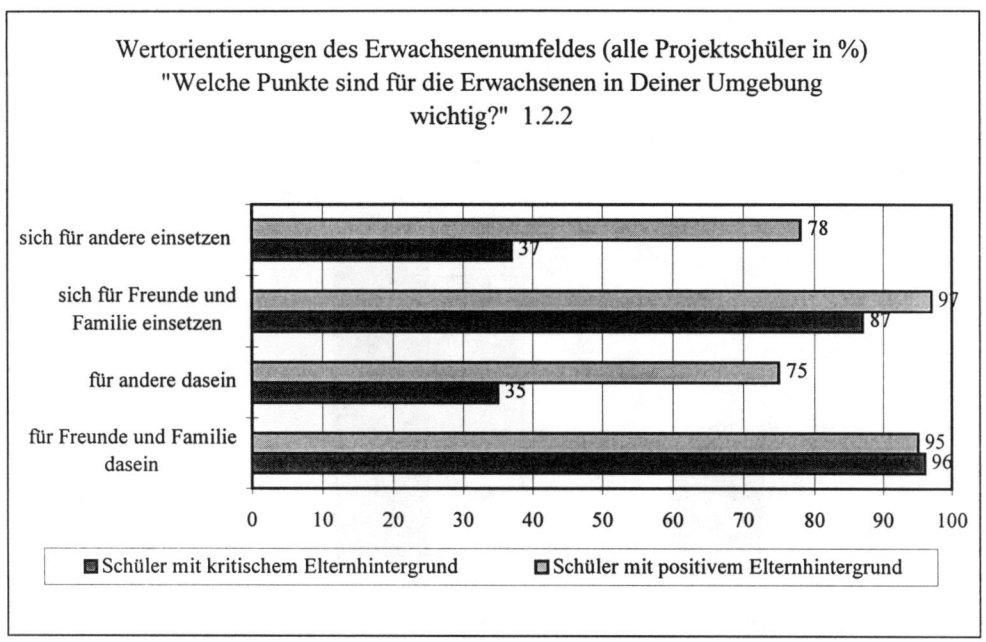

Abb. 24

Gerade weil die Eltern offenbar einen maßgeblichen Einfluß auf die prosozialen Orientierungen ihrer Kinder haben, mag es dennoch überraschen, daß die Eltern mit der kritischen oder gleichgültigen Haltung zum Projekt von den Jugendlichen allgemein kritischer beurteilt werden.
Bei der Frage „Wo fühlst Du Dich aufgehoben?" geben die Befragten mit dem reservierten Elternhintergrund für ihre Eltern die Note 1,9, die anderen die Note 1,4. Auch bei den Lehrern fühlen sich die Projektschüler mit negativen oder gleichgültigen Eltern weniger gut aufgehoben. Die Lehrer erhalten von ihnen nur die Note 3,6, von der Vergleichsgruppe immerhin noch die Note 3,1.
Und auch bei der Frage „Wo fühlst Du Dich ernst genommen?" benoten die Schüler mit dem kritischen Elternhintergrund die Lehrer und Eltern eine halbe Note schlechter (Der T-Test ergibt $p < 0{,}05$). Statt dessen bewerten sie in beiden Fragestellungen ihre Freunde vergleichsweise besser.

Diese Freunde unterstützen offenbar die Ablehnung des Projekts. Gefragt nach der Meinung, die Gleichaltrige, die keine Mitschüler sind, zum Praxis- und Unterrichtsprojekts einnehmen, sagen nur 28% der Schüler mit negativem Elternhintergrund, diese fänden es „gut" oder „sehr gut", 35% meinen, diese Freunde fänden es „weniger gut" oder „nicht gut", der Rest meint, ihnen sei es „egal" oder sie wollen dazu keine Angaben machen. In der Vergleichsgruppe mit dem positiven Elternhintergrund sagen 53%, andere Gleichaltrige fänden das Projekt „sehr gut" oder „gut" und nur 16% „weniger gut" oder „nicht gut".

Unter diesen negativen Vorzeichen stehend ist es nur zu verständlich, daß die Gruppe der Befragten ohne Elternzustimmung das Projekt und damit vor allem das Praktikum als Zwang empfindet.

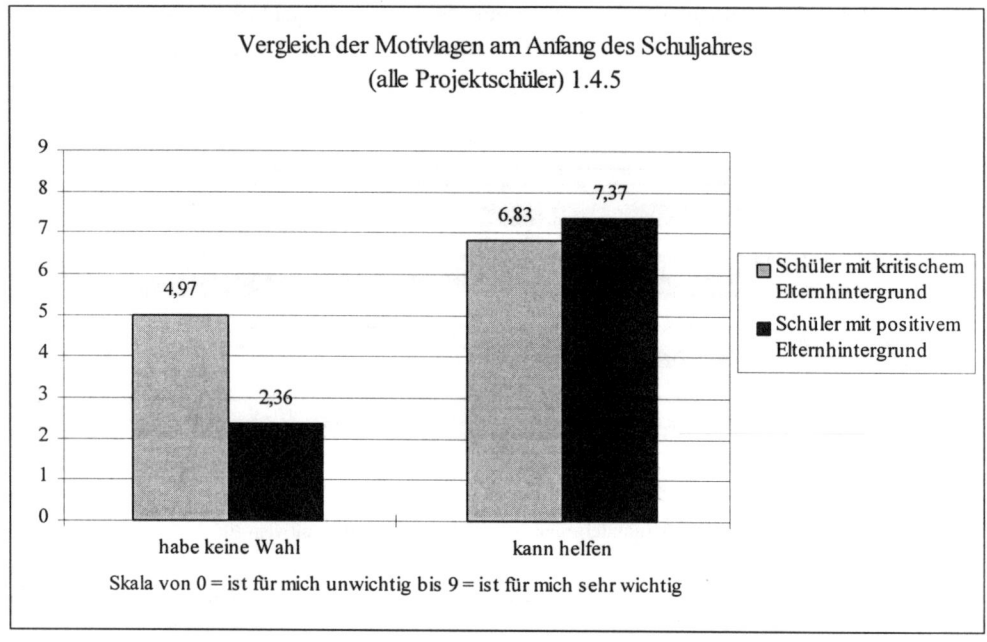

Abb. 25

„Keine Wahl" zu haben erhält somit auf der Skala von 0 (= empfinde ich überhaupt nicht) bis 9 (= empfinde ich sehr stark) fast den Wert 5,0 und liegt damit mehr als doppelt so hoch wie in der Vergleichsgruppe (der T-Test berechnet p < 0,001). Fast alle Parameter der Motivlagen unterscheiden sich signifikant.
Aber dennoch erhält die Antwortmöglichkeit „helfen können" auch bei der Gruppe mit dem kritischen Elternhintergrund die meiste Zustimmung. Für die Auswahl der Praktikanten für bestimmte Einsatzorte könnte dies bedeuten, daß für sie derjenige Praktikumsplatz der geeignete wäre, der sie nicht zu überfordern scheint, aber gleichzeitig auch Raum für Aktivitäten bereithält. Die Hinführung auf ein solches Angebot durch die Koordinatoren wird dazu angetan sein, bestehende Blockaden bei diesen Schülerinnen und Schülern zu verringern.

Diesen geeigneten Ort meinen zu Beginn des Schuljahres 84% der Schüler mit dem negativen Elternhintergrund im Kindergarten oder im Krankenhaus zu finden. In einem Altenheim vermochte sich zu diesem Zeitpunkt noch niemand zu sehen.

III.6.2 Das Praktikum

Bemerkenswert ist, daß bei allen beschriebenen Vorbehalten tatsächlich nur ein Viertel der Schülerinnen und Schüler mit dem beschriebenen elterlichen Hintergrund den

Kindergarten gewählt haben und ein weiteres Viertel in Altenheimen oder Behinderteneinrichtungen ihr Praktikum leisten. Der Rest verteilt sich auf die Krankenhäuser und auf den Bereich „sonstige" (27%), der damit relativ doppelt so häufig gewählt wird wie in der Vergleichsgruppe (14%).

Offenbar scheint die geringere Erwartungshaltung der Schüler, die angeben, ihre Eltern stünden dem Projekts negativ oder gleichgültig gegenüber, von der Realität des Praktikums positiv überrascht worden zu sein, denn 86% und damit derselbe Anteil wie die Vergleichsgruppe mit dem positiven Elternhintergrund beurteilt den Zeitraum des Praktikums als „eher zu kurz" oder sogar „viel zu kurz".

Der Blick auf die erfüllten Erwartungen oder Befürchtungen zeigt aber, daß dazu vor allem der Umstand, daß es nicht so schlimm gekommen ist wie befürchtet, beigetragen hat. Die von einem Drittel gefürchtete Langeweile stellte sich bei den kritischen Schülern nur bei jedem 10. ein. Und während zuvor fast die Hälfte befürchtete, von den betreuten Menschen abgelehnt zu werden, erfuhr dies aus dieser Schülergruppe niemand.

Allerdings stellten sich positive Effekte in weitaus geringerem Maß ein als bei den Schülerinnen und Schülern mit dem positivem elterlichen Hintergrund. Von diesen geben 35% an, „etwas über sich selbst gelernt" zu haben, von den Schülern ohne Zustimmung aus dem Elternhaus nur 20% (diese Differenz ist schwach signifikant $p < 0,1$); aus dieser Gruppe hatten 57% „viel Umgang mit Menschen", in der Vergleichsgruppe beträgt der Anteil 73% ($p < 0,05$). Als Erfahrung mit „Spaß" (das ist die wichtigste Wertorientierung der Schüler mit dem kritischen Elternhintergrund) beurteilen es beide Fraktionen zu ca. 60%.

Entscheidend zu diesen Zustimmungswerten beigetragen haben mag das gute Verhältnis zu Bereuenden und Betreuten. Fast alle beurteilen dies als „sehr gut" oder „gut". Und 90% beider Teilgruppen qualifizieren die Praxiserfahrung als persönlichen Gewinn. Diese Zahlen belegen, daß eine reservierte Schülerhaltung bei der passenden Zuordnung von Einsatzorten im Praktikum nicht durchschlägt.

Eine gewisse Distanz zu den betreuenden Kräften zeigt sich aber bei den Antworten auf die Frage nach den Vorbildern. Identifikationsfiguren nehmen Schüler mit negativem Elternhintergrund signifikant ($p < 0,05$) weniger wahr; nur 30% geben an, solchen Menschen begegnet zu sein, bei den anderen beträgt der Anteil über 50%.

Die Unterstützung durch die Eltern empfanden beide Gruppen überwiegend als „sehr gut" oder „gut" (73% bzw. 87%). Und fast alle (90% bzw. 96%) hatten zu Hause mit ihren Eltern auch Gespräche zum Praktikum. Die Eltern, die in den Augen ihrer Kinder dem Projekt zurückhaltend oder ablehnend gegenüberstehen, gehen in diesen Gesprächen aber weniger Fragen der Erziehung oder des Umgangs mit behinderten Menschen an (10% gegenüber 23%). Religiöse Fragen werden überhaupt nicht zur Sprache gebracht (0% gegenüber 4%). Es mag auch an der mangelnden Bereitschaft zum Gespräch auf seiten der betreffenden Jugendlichen liegen, daß nur 37% den Eindruck hatten, ihre Eltern seien in diesen Gesprächen an ihnen interessiert gewesen. Dagegen war das in der Gruppe mit der Unterstützung des Projekts im Elternhaus bei 50% der Fall. Aber nur zweimal (7%) kam es vor, daß die Schüler erlebten, daß die kritischen

Eltern in solchen Gesprächen von sich selbst erzählten (andere 22%; p < 0,05), nur in vier Fällen (13%, andere 31%; p < 0,05) hatten sie den Eindruck, ihre Eltern wollten ihnen helfen.

Diese Zahlen belegen, daß sich die Einschätzung der Schüler aus der ersten Befragung auch im Verlauf des Praktikums durchhält. Sie belegen auch, daß die vorausgesetzte Haltung der Eltern bei vorhandenen positiven Grundzügen in der Beurteilung des Praktikums für diese Jugendlichen blockierende Effekte in der Praxiserfahrung und ihrer Reflexion bewirkt. Gleichzeitig scheint sich die Offenheit der Eltern für die Durchführung des Projekts als bedeutsamer begünstigender Faktor auszuwirken.

III.6.3 Schule und Unterricht

Bereits bei der Beschreibung des Verhältnisses zu den Lehrkräften hat sich gezeigt, daß die Schülerinnen und Schüler, die angeben, auch ihre Eltern stünden dem Compassionprojekt zurückhaltend gegenüber, ein eher schulkritisches Empfinden als die Vergleichsgruppe mit dem positiven Elternhintergrund angeben. Wahrscheinlich ist gerade dieses Gefühl der Unzufriedenheit mit den Lehrern auch ein maßgeblicher Grund für die anfängliche Ablehnung des Projekts Compassion als Unternehmen der Schule.
Es verwundert daher nicht, daß die Frage, ob „Themen des Praktikums mit dem Unterricht verbunden" werden sollen, eher zurückhaltend beantwortet wird. Nur 47% halten dies für „wichtig", ein gleich großer Teil für „weniger wichtig" oder gar für „unwichtig". Bei den Schülern mit positivem Elternhintergrund liegt der Grad der Zustimmung bei 74%, nur 23% halten die Verbindung von Praktikum und Unterricht für „weniger wichtig" oder „unwichtig".

„Sollen Themen des Unterrichts mit dem Praktikum verbunden werden?" 1.4.7

Werte in %	sehr wichtig	wichtig	weniger wichtig	unwichtig	weiß nicht
Schüler mit kritischem Elternhintergrund	0	47	41	6	6
Schüler mit positivem Elternhintergrund	16	58	21	2	3

Tab. 20

Diese Differenzen machen deutlich, wie sehr der Erfolg von Compassion als Praxis- und Unterrichtsprojekt von der Offenheit der Schüler für die beiden Implikationen des Unternehmens abhängt. Die anfängliche Ablehnung des Praktikums bedingt auch eine größere Zurückhaltung gegenüber dem Unterricht. Zur Überwindung dieser Barrieren kann aber der positive Verlauf des Praktikums beitragen. Gleichzeitig kann der vor und nach dem Praktikum zu leistende Ausweis der unterrichtlichen Relevanz der Praxis diese Praxis in einem anderen Licht erscheinen lassen oder aber bei Nichtaufnahme in den Unterricht zur allmählichen Bedeutungslosigkeit absinken lassen und damit die bestehenden Vorbehalte auf anderer Ebene neu bestätigen.

Darüber hinaus wird gerade auch für die hier zusammengefaßte Gruppe eine intensive Begleitung, Information und Einbeziehung der Elternhäuser in Elternabenden, Informationsbriefen, bei der Bereitstellung von Praktikumsplätzen und anderem wünschenswert erscheinen.

Gleichwohl muß man sich aber Rechenschaft über eine gewisse Paradoxie innerhalb dieser problematischen Schülergruppe ablegen. So kann man zwar annehmen, daß gerade diese Schülerinnen und Schüler ihre Ablehnung des Projekts und auch der Lehrpersonen weniger verbergen und daher auch allgemein und bezogen auf das Projekt weniger positive Rückmeldungen erhalten. Dennoch erwarten sie sich eine besondere Zuwendung. Nur 30% fühlten sich von der Schule während des Praktikums gut unterstützt, bei den anderen lag der Anteil bei 48%.

Gefragt nach der Dosis von Unterricht zu Compassion meinen die Schüler mit negativem Elternhintergrund kaum anders als die Vergleichsgruppe, er sei in gerade dem richtigen Maß vorgekommen (30% gegenüber 34%). Ein Fünftel meint, der Unterricht habe „zu oft" darauf Bezug genommen (andere 13%) und für jeweils mehr als ein Drittel (37% bzw. 39%) kam Compassion „zu selten" als Teil des Unterrichts vor. Daraus könnte man ableiten, daß das Praktikum doch beim überwiegenden Teil der Schüler mit zurückhaltenden oder gleichgültigen Eltern eine Erwartungshaltung hinsichtlich einer Verbindung von Praktikum und Unterricht entwickelt hat.

Auch am Ende des Schuljahres können über 80% (Schüler mit zustimmenden Eltern 78%) Effekte des erlebten Unterrichts benennen, wenn auch in etwas schwächer ausgeprägter Häufigkeit:

Parameter 3.4.7	Anteil der Zustimmungen (in %)	
	Schüler mit kritischem Elternhintergrund	Schüler mit positivem Elternhintergrund
- hat mich zum Nachdenken über mich selbst angeregt	21	28
- hat mich zum Nachdenken über andere Menschen angeregt	39	42
- hat mir die Möglichkeit gegeben, meine Überzeugungen auszusprechen	18	11
- hat mich mit meinen Erfahrungen ernst genommen	14	18
- hat mich zum Nachdenken über Werte angeregt	14	38
- hat mich über den sozialen Bereich informiert	36	54
- nichts davon	18	22

Tab. 21

So meint nur ein gutes Drittel (36%), der Unterricht hätte „Informationen über den sozialen Bereich" vermittelt, in der Gruppe mit positivem Elternhintergrund sagt das mehr als die Hälfte. Und für diese hat der Unterricht auch bei einem Viertel das „Nachdenken über Werte" angeregt; bei den Schülern, die einen projektkritischen Elternhintergrund angeben, sagen das nur 14%. Die anderen Parameter weisen keine größeren Abweichungen oder sonstige auffällige Ergebnisse auf.

In ihren Wünschen nach Beiträgen des schulischen Unterrichts unterscheidet der Elternaspekt die Schülergruppen nicht. Beiden gilt die Leistungsfähigkeit des Unterrichts zum „Wissen über die Welt, wie sie wirklich ist" und das „Nachdenken über die Welt, wie sie sein soll" als „wichtig" und ein unterrichtlicher Beitrag zum „Wissen über mich" und zum „Nachdenken über mich" als „sehr wichtig" bis „wichtig".

Als Unabhängig von der angenommenen Elternhaltung erweist sich hinsichtlich der tatsächlichen Leistungsfähigkeit von Unterricht auch der Rückgang beim Parameter „Wissen wie die Welt wirklich ist" vom Anfang bis zum Ende des Untersuchungszeitraums. Diese Einschätzung sinkt um rund ein Viertel im Vergleich zum Ausgangswert. Der Sachaspekt von Unterricht wird also auch in dieser Gruppe infolge des Projekts deutlich kritischer bewertet als am Anfang des Schuljahres. Der Aspekt „Nachdenken über mich selbst" als Ergebnis der Anregung unterrichtlicher Prozesse wird von den Schülerinnen und Schülern mit negativem Elternhintergrund zunächst mit 2,3 auf der Skala von 0 bis 9 noch niedriger eingeschätzt als von der Vergleichsgruppe (2,7). Bezogen auf diesen Ausgangswert steigt das Ergebnis am Ende des Schuljahres in der Vergleichsgruppe um 18% auf 3,2 und in der Gruppe der Jugendlichen ohne Zustimmung der Eltern zum Projekt sogar um 28% auf 3,0. Diese Veränderungen sind zwar nicht signifikant, sie können aber als Beleg für eine Tendenz zur positiveren Einschätzung von schulischem Unterricht auf einer Ebene („Nachdenken über mich selbst") gewertet werden, der die Schülerinnen und Schüler insgesamt die zweitgrößte Wichtigkeit unter den vier Unterrichtsparametern beimessen.

Diese Zahlen können aber nicht verdecken, daß die Gruppe der Projektteilnehmer mit negativem Elternhintergrund auch nach der eher positiven Erfahrung des Praktikums dennoch eher in Ablehnung verharren.
Während beide Fraktionen in annähernd gleichem Maß (48% bzw. 54%) die Reaktion der Lehrer auf ihre praktische Tätigkeit als positiv bewerten, gehen beide Gruppen in der Bewertung dieser Rückmeldungen auseinander.
Während fast die Hälfte (43%) der Schüler mit positivem Elternhintergrund sich über das positive Urteil der Lehrer „gefreut" haben, waren es bei den andern Jugendlichen nur 28%. Den restlichen 20% der positiv Bewerteten war die Lehrerrückmeldung entweder gleichgültig oder sie wollten sich dazu nicht äußern.

III.6.4 Das Projekt im Rückblick

Die im Rückblick getroffenen Urteile über das Schuljahr belegen das Fortbestehen der Vorbehalte innerhalb der Gruppe mit dem negativen Elternhintergrund.

Daß dieses „Schuljahr mit Praktikum und begleitendem Unterricht" „für die Schule motiviert" habe, vermag kein Schüler dieser Gruppe so zu sehen, bei den anderen bestätigt das immerhin jeder 10. Die weitgehend resistente Gruppe empfindet das Projekt eher als Belastung der schulischen Belange (20% gegenüber 11% aus der Vergleichsgruppe).

Stark signifikant sind aber die Differenzen auf der persönlichen Ebene. Hatten immerhin noch 40% aus der Gruppe ohne positiven Elternhintergrund das „Gefühl gebraucht zu werden" (andere 52%), so haben nur mehr 12% das Bewußtsein „etwas Wichtiges geleistet" zu haben. Bei der Gruppe, die am Projekt im Bewußtsein der Unterstützung durch das Elternhaus teilgenommen hat, liegt der Anteil bei 46% (p < 0,001). Damit korrespondiert, daß nur 20% gegenüber 59% der Aussage zustimmen, das Projekt habe sie persönlich weitergebracht (p < 0,001).

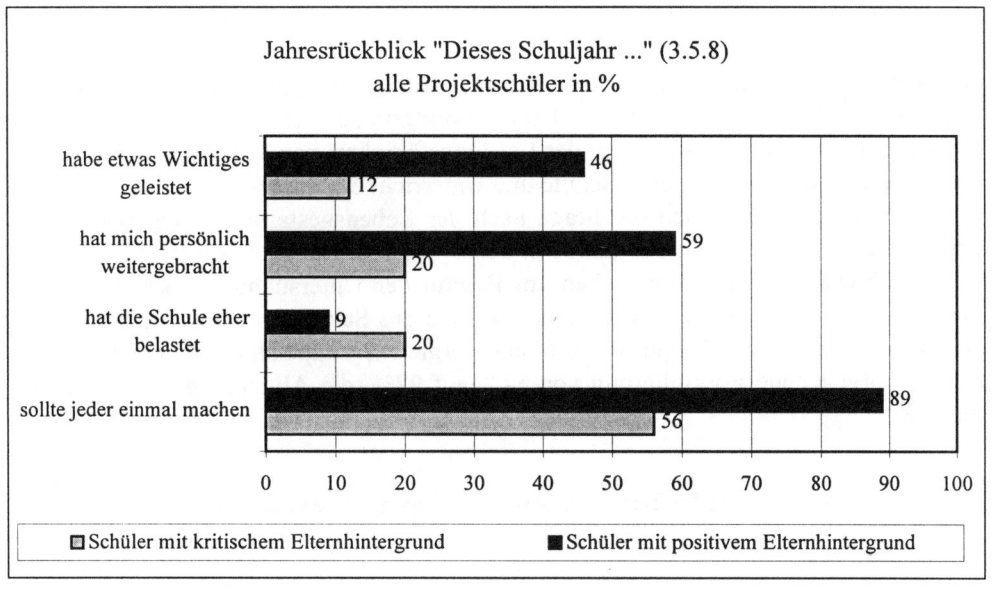

Abb. 26

Die zu Beginn des Schuljahres festgestellte Zurückhaltung hält sich also durch und kann auch durch die insgesamt positive Bewertung des Praxiserfahrung nicht an die Vergleichsgruppe herangeführt werden. Dies bedeutet, daß die schulische Projektarbeit im Vorfeld, die in den Augen der Schülerinnen und Schüler in der Vorbereitung auf das Praktikum besteht, bemüht sein muß, solche ablehnenden Schüler für das Compassionprojekt zu öffnen, indem sie ihnen mögliche individuelle und allgemeine Dimensionen des Compassionprojekts erschließen hilft. Im Verlauf oder am Ende des Schuljahres wird es eben nur noch um Nachbesserungen gehen können, da die Selbstwahrnehmung der Schüler ihre Erfahrung in Praxis und Unterricht wesentlich prägt.

Eine Möglichkeit der intensiveren Reflexion scheint der Austausch mit den Mitschülern darzustellen; denn während 61% der Schülerinnen und Schüler mit unterstützendem Elternhaus dem Schuljahr mit Praktikum und begleitendem Unterricht eine „sehr große" oder „große" Bedeutung für ihre Mitschüler zuordnen, sind es bei den Projektteilnehmern ohne Unterstützung des Projekts durch die Eltern nur 27% ($p < 0{,}001$). Unterrichtlich arrangierte Prozesse des Projekts könnten demnach dazu dienen, die Wahrnehmung der positiven Wirkungen auf die anderen Mitglieder der Projektgruppe innerhalb der Klasse qualifiziert zur Sprache zu bringen und Relationen zu den eigenen Erfahrungen herzustellen. Die besten, weil kompetentesten Interpreten der Erfahrungen der Schülerinnen und Schüler sind diese selbst.

Die Aufgabe der Schule kann es demnach sein, neben dem allgemeinen Erfahrungsaustausch, ernsthafte Anlässe zu schaffen, in denen im Unterricht Sachaspekte nicht als Ergänzung der Erfahrung, sondern als argumentative Hintergründe für die Aufnahme der Schülererfahrungen angeboten werden.

III.6.5 Entwicklungen

Dennoch lassen sich auch bei dieser weitgehend reservierten Teilgruppe Entwicklungen feststellen, die parallel zur Gesamtgruppe verlaufen. Das Beispiel über die Veränderung der Einschätzung der Leistungsfähigkeit von schulischem Unterricht wurde bereits im Abschnitt über Schule und Unterricht beschrieben.

Darüber hinaus erfährt auch die Frage nach der Lebensgestaltung nach moralischen Prinzipien im Verlauf des Schuljahres in der Gruppe mit negativem Elternhintergrund eine wachsende Zustimmung. Sehen am Beginn der Untersuchung noch 28% diese Haltung als unzutreffend an, so sind es am Ende des Schuljahres noch 13%. Die Zustimmung wächst von 72% auf 83%. In der Vergleichsgruppe steigt die Unterstützung für die vorgegebene Formulierung von 84% auf 92%, die Ablehnung sinkt von 13% auf 4%.

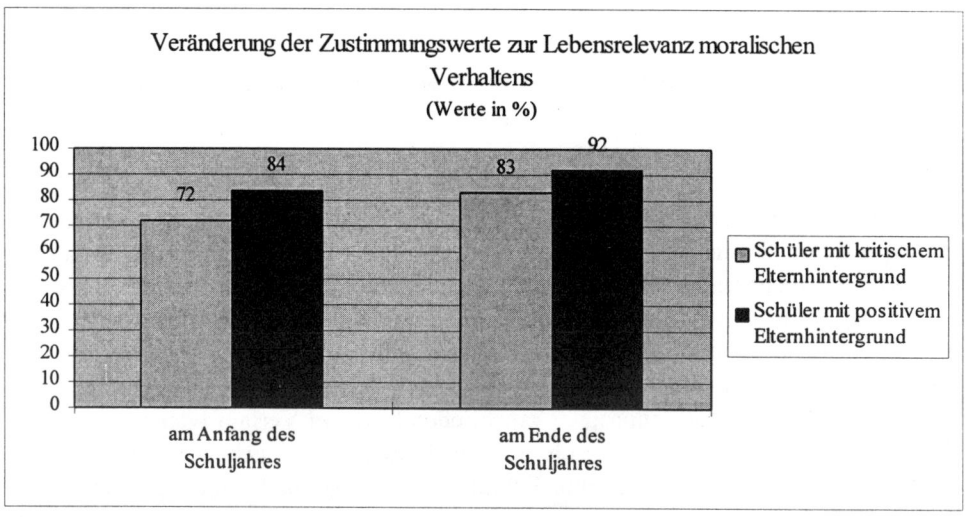

Abb. 26

Daß für die befragten Jugendlichen mit kritischen Elternhäusern das Praktikum eine positive Episode war, die dann in ihrer Wirkung bald wieder nachläßt, zeigt die

Entwicklung der Zahlen zum Management der sozialen Krise. Die individuell-verpflichtende Variante der Lösungsmodelle „mehr freiwilliger und unbezahlter Einsatz vor Ort" befürworten aus dem mißbilligenden Teil der Projektteilnehmer zunächst 38%, dann nach dem Praktikum sogar 50% und am Ende des Schuljahres wieder 41%. In der Gruppe mit zustimmendem Elternhintergrund zunächst 45%, dann 47% und schließlich 54%.

Deutlicher wird die Differenz zwischen kontinuierlicher und abbrechender Entwicklung, wenn man auf die Veränderungen bei der entschiedeneren Variante des „unbezahlten sozialen Pflichtjahres für alle schaut. Von niedrigen 9% wächst der Anteil der Befürworter in der Gruppe mit ablehnenden bis gleichgültigen Elternhäusern nach dem Praktikum auf 17%. Am Ende des Schuljahres sinkt er dann wieder auf 14% ab. Die Anteile fallen damit im Vergleich signifikant geringer aus ($p < 0{,}05$). Die Schüler, die sich von zu Hause unterstützt wissen, befürworten diese Variante zunächst zu 21%, nach dem Praktikum steigt der Anteil auf 21% und am Ende der Untersuchung auf 31%. Bei dieser Gruppe wirken Praktikumserfahrung und Unterricht über die Zeit des praktischen Einsatzes hinaus.

Und kaum zu übersehen ist der positive, aber vorübergehende Praktikumseffekt beim Vorschlag „bessere Ausbildung der Fachkräfte". Mit 47% sieht fast jeder zweite Schüler ohne Zustimmung des Elternhauses zum Projekt am Anfang des Schuljahres dieses Modell als „durchsetzbar, wünschenswert und sinnvoll" an. Nach dem Praktikum, dem Erleben der Menschen und ihres Einsatzes vor Ort sinkt der Anteil auf 17%, um am Ende des Schuljahres wieder auf 45% anzusteigen.

Nur die anonyme Lösungsvariante „mehr Geld vom Staat" findet bei beiden Gruppen kontinuierlich wachsende Zustimmung. Am Ende des Schuljahres stimmte fast die Hälfte der Befragten diesem Ansatz zu.

III.6.6 Fazit

Mit der Einteilung der Schülergruppen nach den Angaben über positiven oder negativen bzw. gleichgültigen Elternhintergrund wurde eine Schülergruppe herausgelöst, die das Projekt aufgrund einer ich-orientierten Haltung in stärkerem Maße mißbilligt. Ob diese als ablehnend erfahrene Einstellung des Elternhauses allein die Schüler blockiert oder ob sich die Blockade der Schüler in der Einschätzung des Elternwillens niederschlägt, kann wohl nicht entschieden werden.

Diese Schülerinnen und Schüler haben - wie gesehen - auch zu ihren Lehrern ein vergleichsweise problematisches Verhältnis. Will man aber diese Gruppe nicht aus pädagogisch geleiteten Prozessen entlassen und sie als Folge ihrer größeren Zurückhaltung sich selbst überlassen, dann muß man Anlässe dafür bereitstellen, mit solchen Schülern ethische Fragestellungen, die sie selbst betreffen, handlungsorientiert zu bedenken und argumentativ zur Sprache zu bringen. Die insgesamt als Gewinn bewerteten Praxiserfahrungen bieten offenbar die Möglichkeit, den Ich-Bezug des Unterrichts auch für diese Projektteilnehmer zu verbessern. Man wird nicht erwarten dürfen, in dieser Gruppe durch Argumente der Lehrkräfte oder der Mitschüler wesentlich veränderte prosoziale Dispositionen hervorbringen zu können. Allerdings erscheint es damit möglich, auch bei diesen Schülerinnen und Schülern die Fragen des institutionell und individuell zu regelnden sozialen Miteinanders in das Bewußtsein zu heben und damit zu einem lösungsbedürftigen Problem werden zu lassen.

III.7 Kirchlich gebundene Jugendliche

III.7.0 Vorbemerkungen

Das Compassionprojekt soll ein Projekt für alle Schülerinnen und Schüler aller Schultypen sein. Sozialverpflichtetes Handeln und die dahinter stehenden prosozialen Motive sind bei allen zu finden. Nun ist aber die Compassion-Initiative von den Freien Katholischen Schulen ausgegangen, und sie trägt zur Profilierung dieser Schulen bei. Die Frage liegt nahe, ob Jugendliche mit kirchlichem Hintergrund - und dieser Hintergrund wird durch kirchliche Schulen verstärkt - Projektidee und Projektdurchführung anders erleben als kirchlich distanzierte Jugendliche, die diese Schulen ja auch besuchen.

Die Frage nach der Regelmäßigkeit des sonntäglichen Kirchenbesuchs, die zur Feststellung der kirchlichen Bindung herangezogen werden könnte,[79] erschien für den Zusammenhang der Untersuchung und das Alter der Untersuchungsgruppe nicht geeignet. Wir haben uns deshalb dafür entschieden, die tatsächliche Aktivität innerhalb einer religiösen Gemeinschaft oder zumindest die Bereitschaft dazu der Einteilung zugrunde zu legen.

Die Heterogenität innerhalb der Projektgruppe ist bei der Fragestellung, die die Bereitschaft zu kirchlichem Engagement erhebt, fast am größten. (Sie wird nur noch von der Fragestellung zur Mitarbeit in Vereinen übertroffen.) Auf der Skala von 1 (= sehr wichtig) bis 4 (= unwichtig) liegt der Gesamtmittelwert bei 3,2 bei einer Standardabweichung von 0,88 und einer Varianz von 0,77.

Aus diesen Gründen wurde die Gruppe der kirchlich gebundenen Jugendlichen (andere Religionsgemeinschaften wurden von den Befragten nicht genannt) zum einen durch die Beteiligung an kirchlicher Jugendarbeit und die positive Beurteilung dieser Teilnahme bestimmt, zum anderen durch die Angabe, die Mitarbeit in der Kirche sei ihnen „wichtig" oder „sehr wichtig". Diese letzte Angabe mußte sowohl am Anfang als auch am Ende der Untersuchung im vorgegebenen Bereich „sehr wichtig" oder „wichtig" liegen. Von den damit angesetzten Kriterien mußten mindestens zwei erfüllt sein. Damit sollte beispielsweise ein fehlendes Angebot an kirchlicher Jugendarbeit am Ort bei vorhandener Bereitschaft zum Engagement im kirchlichen Rahmen Berücksichtigung finden.

Diesen Kriterien genügen in der hier vorzustellenden Erhebungsphase 15% aller befragten Schülerinnen und Schüler: 33 Mädchen und 13 Jungen[80], womit die Mädchen hier im Vergleich zur Gesamtgruppe leicht überrepräsentiert sind (hier 7:3, sonst 6:4).

Diese Schülergruppe setzt sich aus allen 14 an dieser Stelle zusammengefaßten Klassen zusammen. Dies zeigt der folgende Vergleich der Schulabschlußziele der Gruppe der kirchlich gebundenen Schülerinnen und Schüler mit den anderen:

---

[79] vgl. G. Schmidtchen, Ethik und Protest, 70.
[80] Die folgenden Ergebnisse des Chi-Quadrat-Tests basieren wegen der relativ kleinen Menge auf absoluten Zahlen.

Werte in % (gerundet)	Hauptschule	Realschule	Abitur	Hochschule
kirchlich gebundene Schülerinnen und Schüler	0	4	63	33
andere	0	6	61	35

Tab. 22

III.7.1 Ausgangslage

Bis auf wenige Ausnahmen unterscheiden sich die kirchlich gebundenen Projektteilnehmer in ihren Wertorientierungen nicht von den anderen Befragten.

Obwohl die Gruppe der kirchlich gebundenen Schülerinnen und Schüler nach dem Kriterium der Wichtigkeit der Mitarbeit innerhalb der Kirche zusammengestellt wurde, verbleibt dieser Parameter in der Reihenfolge der Wichtigkeiten auch bei kirchlichen Jugendlichen weiterhin am unteren Ende der Skala.
Unterschiede in der Rangfolge ergeben sich bei der Bedeutung der Sinnfrage. „Einen Sinn im Leben finden" steht bei den kirchlich Gebundenen auf Platz 5, bei den anderen auf Rang 11. Die Sinndimension ist kirchlich verbundenen Jugendlichen wichtiger.[81]
Dagegen finden hedonistische Orientierungen wie „Spaß haben" und „das Leben genießen" bei den kirchlich gebundenen Projektteilnehmern zwar ebenfalls hohe Zustimmungswerte (1,5 = sehr wichtig bis wichtig), im Vergleich zu allen anderen möglichen Orientierungen erreichen sie aber nur Plätze im Mittelbereich, während sie bei der Vergleichsgruppe ganz oben stehen. „Für andere dazusein" oder „sich für andere einzusetzen" wird von den kirchlich gebundenen zwar als wichtiger eingeschätzt ($p < 0{,}01$), in der Priorität ergeben sich aber zwischen beiden Gruppen keine Unterschiede.

Die Gruppe der kirchlich gebundenen Jugendlichen besteht aus sozial integrierten Jugendlichen[82]. Fast die Hälfte - 22 von 46 - sind auch in Vereinen außerhalb des kirchlichen Bereichs eingebunden. Sie geben an, mit der Liebe ihrer Eltern zufriedener zu sein als die anderen (8,6 gegenüber 7,9 auf der Skala von 0 = überhaupt nicht zufrieden bis 9 = sehr zufrieden). Damit läßt sich auch erklären, warum die Familienorientierung in der Werteskala den 1. Platz einnimmt. In der Schule (Note 2,5 gegenüber 2,9 bei den anderen) und bei ihren Lehrern (Note 2,9 gegenüber 3,3 bei den anderen) fühlen sie sich durchschnittlich besser aufgehoben als ihre Mitschüler.[83] Auf die Frage, wie ihnen die Schule zur Zeit gefällt, antworten sie allerdings nicht anders als die anderen Schüler.
Vermutlich ist aber die soziale Integration ein Grund, weshalb sie sozial verpflichtete Haltungen wichtiger finden als andere.

Wenn es stimmt, daß die soziale Integration, das ethische Niveau des Milieus und die Wahrnehmung erwachsener Vorbilder für die Ausbildung prosozialer Dispositionen

---

[81] Der zweiseitige T-Test ergibt $p < 0{,}01$.
[82] Vgl. Schmidtchen, Ethik und Protest, 92.
[83] Der zweiseitige T-Test ergibt für alle Parameter $p < 0{,}05$.

mitentscheidend ist, dann liegen bei den kirchlich gebundenen Jugendlichen besonders große Chancen vor. Dies zeigen die folgenden Zahlen:

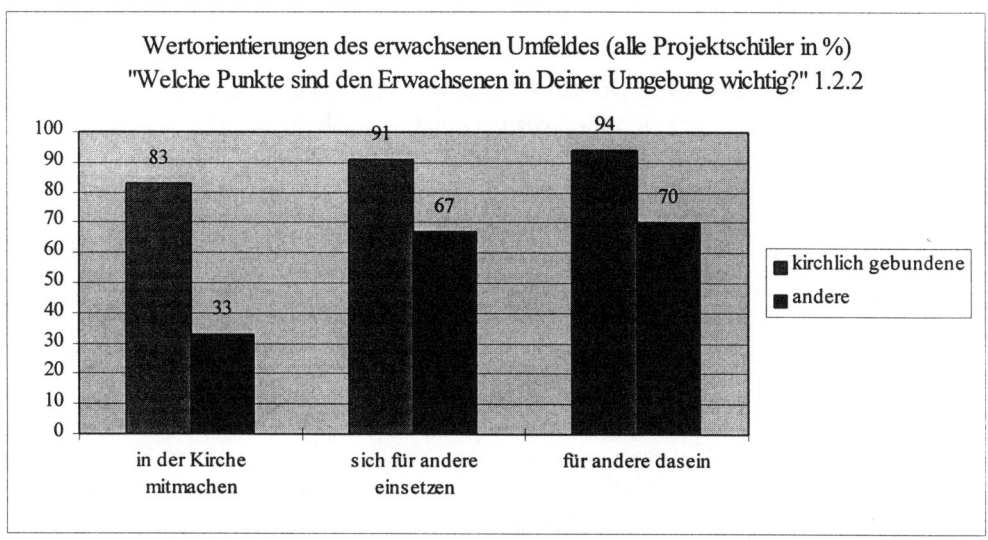

Abb. 28

Die Frage: „Was ist den Erwachsenen in Deiner Umgebung wichtig?" unterscheidet einen Nah- und einen Fernbereich. Daß es den Erwachsenen wichtig sei, „sich für Freunde und Familie einzusetzen" und für diese Menschen der engeren Umgebung „dazusein", meinen unabhängig von ihrer Nähe zur Kirche fast alle Schüler. Daß es den Erwachsenen aber wichtig sei, sich auch „für andere Menschen", die nicht zu diesem Nahbereich gehören, einzusetzen oder für diese dazusein, das meinen wiederum über 90% der kirchlich gebundenen Jugendlichen. Der Anteil der anderen Schüler, die dies meinen, sinkt hier allerdings auf unter 70%. Damit fällt der Wert stark signifikant niedriger aus. Der Chi-Quadrat-Test ergibt $p < 0{,}001$. Es verwundert daher nicht, daß der praktisch-caritative Charakter von Compassion, also die Möglichkeit, anderen helfen zu können, auf der Skala von 0 bis 9 um fast einen Punkt höher bewertet wird. Entsprechend höher liegen auch die Erwartungen, „viel Umgang mit Menschen" zu haben und „neue Erfahrungen" sammeln zu können. Der Verpflichtungscharakter des Projekts spielt bei den kirchlich gebundenen Jugendlichen kaum eine Rolle.

Maßgeblich unterstützt fühlen sie sich dabei von ihren Eltern. Für 94% der kirchlich gebundenen Projektteilnehmer beurteilen die Eltern das Projekt „sehr positiv" oder „positiv", bei den anderen liegt der Anteil bei 74%.

III.7.2 Die Praktikumsphase

Die eben beschriebene Offenheit für den praktisch-sozialen Einsatz dokumentiert auch die Verteilung auf die Einsatzbereiche im Praktikum. Fast die Hälfte der kirchlich gebundenen Praktikanten finden sich in Einrichtungen für alte oder behinderte

Menschen. Es sind solche Plätze, die in den Augen der Schüler eher mit Vorbehalten belastet sind. Von den anderen entscheidet sich denn auch nur ein Viertel für den Alten- oder Behindertenbereich:

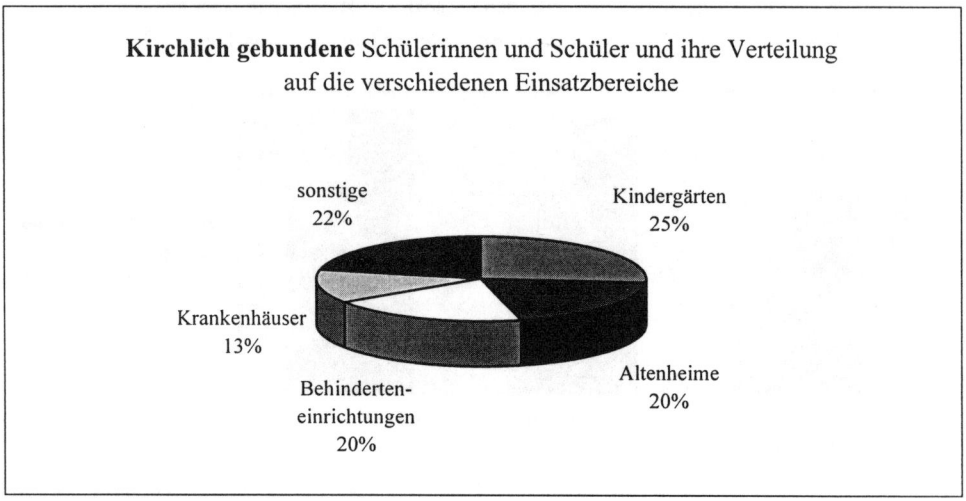

Abb. 29

Am Beginn des Schuljahres waren die kirchlich gebundenen Jugendlichen weniger an diesen beiden Feldern der Alten- und Behindertenarbeit interessiert. Es steht zu vermuten, daß in den zumeist halboffenen Wahlen mit verschiedenen Optionen die kirchlich gebundenen Schüler auch Alten- und Behinderteneinrichtungen angegeben haben und die Koordinatoren der Praktika diese Option dann realisiert haben. Es bleibt aber festzuhalten, daß die Option Alten- oder Behinderteneinrichtung von der Gruppe der anderen Schüler gar nicht erst angegeben wurde.

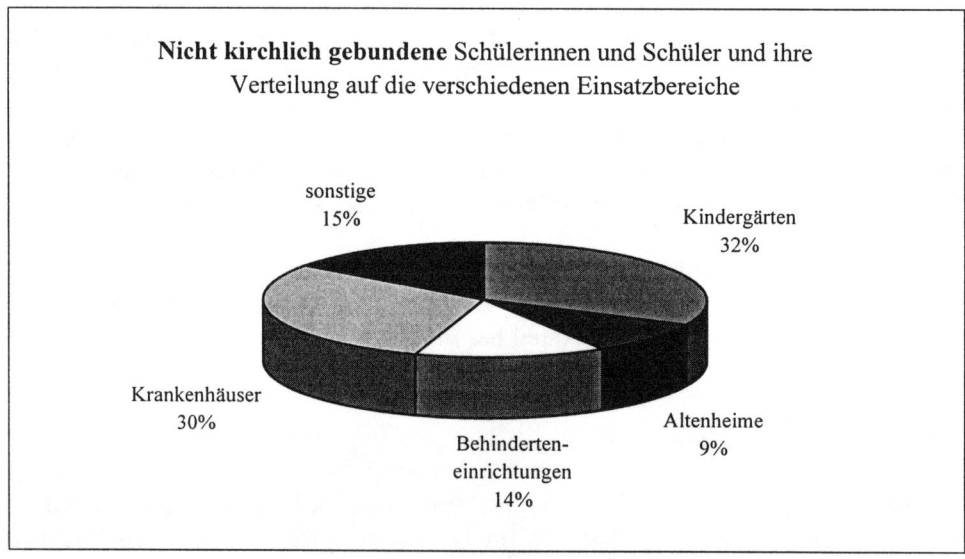

Abb. 30

Diese einseitige Verteilung der kirchlichen Jugendlichen auf stärker herausfordernde Einsatzbereiche erklärt, warum Praktikanten mit kirchlichem Engagement etwas stärker angeben, Hilflosigkeit und Mitleid empfunden zu haben.

Kirchlich gebundene Jugendliche scheinen sich des persönlich anspruchsvollen Charakters ihres Einsatzes bewußter zu sein und diesen Anspruch auch umzusetzen. 80% von ihnen und damit ein deutlich höherer Anteil als aus der Restgruppe (68%) geben an, „intensiven Umgang mit Menschen" gehabt zu haben. Fast die Hälfte (48%) stimmt der Antwortmöglichkeit zu, sie hätten durch das Praktikum „etwas über sich selbst gelernt". Von den anderen meinen das nicht einmal 3 von 10 (28%). „Spaß" an ihrem Einsatz empfanden die Schülerinnen und Schüler beider Gruppen zu einem gleich großen Anteil. Für über 80% erfüllten sich keine Befürchtungen. Auch hier sind die Werte für beide Gruppen identisch.

Es steht zu vermuten, daß die gerade umrissenen positiven Ausgangsbedingungen und das tendenziell größere Engagement im Praktikum auch von den Lehrerinnen und Lehrern wahrgenommen werden. Zumindest lassen die Antworten auf die Frage „Wie fühltest Du Dich während des Praktikums von der Schule unterstützt?" einen Rückschluß auf eine signifikant höhere ($p < 0{,}01$) Aufmerksamkeit der Lehrkräfte zu: 64% der kirchlich gebundenen Schüler fühlten sich „sehr gut" oder „gut" begleitet, 29% „weniger gut" oder „überhaupt nicht". Bei den anderen liegen die entsprechenden Werte bei 41% für die positive und bei 46% für die negative Beurteilung.

Auch die Vorbereitung wird tendenziell besser bewertet: 64% der kirchlich gebundenen Schüler finden sie „sehr gut" oder „gut"; 35% „weniger gut" oder „schlecht", die anderen Schüler fanden dies zu 55% in Ordnung und zu 40% verbesserungsfähig. Diese Zahlen sagen nicht nur etwas über die Aktivität der Schule, sondern auch über die Haltung zum Praktikum im Rückblick aus. Wäre das Urteil über den praktischen Einsatz negativ, würde sich dies wahrscheinlich auf die Einschätzung des schulischen Anteils daran auswirken.

Die von den Schülern in der ersten Erhebung benannte zustimmende Haltung der Eltern findet bei den kirchlich gebundenen Jugendlichen eine Fortsetzung in der Praktikumsphase. Alle Schüler mit kirchlichem Engagement geben an, mit ihren Eltern über das Praktikum geredet zu haben (andere 92%). Und fast alle (91%) haben das Verhalten ihrer Eltern während des Praktikums als Unterstützung empfunden. Bei den anderen sagen das immerhin noch 8 von 10. In fast zwei Drittel aller Fälle (62%) empfanden die kirchlich gebundenen Schülerinnen und Schüler, daß ihre Eltern an ihren Kindern auch selbst interessiert waren. Für die anderen war dies nur in knapp jedem zweiten Fall (46%) festzustellen. Und in 82% der Elternhäuser kirchlich gebundener Schülerinnen und Schüler interessierten sich die Erziehungsberechtigten über die Erzählung der bloßen Tätigkeit hinaus für die gemachten Erfahrungen (andere 65%).

III.7.3 Schule und Unterricht

Wie oben ausgeführt haben kirchlich gebundene Schüler tendenziell ein besseres Verhältnis zu Eltern, Lehrern und anderen Erwachsenen. Dieser Umstand könnte sich auf das Urteil zu Schule und Unterricht auswirken. Direkt nach dem Praktikum kann man eine solche positivere Einschätzung des vorbereitenden Unterrichts allerdings nicht feststellen. Die Angaben über die Häufigkeit und Qualität von Unterricht unterscheiden sich an dieser Stelle kaum. In der Erwartung liegen am Anfang des Schuljahres die Anteile allerdings höher. 78% der kirchlich Gebundenen sind der Meinung, daß „Themen des Praktikums im Unterricht behandelt werden" sollen. Die anderen meinen das zu zwei Dritteln. Am Ende des Schuljahres fällt das Urteil zum erlebten Unterricht bei den Schülern mit kirchlichem Hintergrund aber positiver aus. 47% aus dieser Gruppe fand die unterrichtliche Vor- und Aufbereitung „sehr gut" oder „gut", bei den anderen sehen das nur 32% so. Nach ihrer Einschätzung der Effektivität des Unterrichts gefragt äußern sich 31% zustimmend; in der Vergleichsgruppe meinen nur 18%, die unterrichtliche Vor- und Aufbereitung habe „sehr viel" oder „viel gebracht". Das Mehr der Effektivität des Unterrichts liegt für die kirchlich gebundenen Schülerinnen und Schüler in seinem Beitrag zur Reflexion. Während die anderen Jugendlichen nur zu 23% bzw. 37% den erlebten Compassionunterricht als Anregung zum „Nachdenken über mich selbst" oder zum „Nachdenken über andere" empfunden haben, erreichte er diesen Effekt bei 36% bzw. 53% der kirchlich gebundenen Projektteilnehmern.

Eine besondere Veränderung in der Leistungsfähigkeit von Unterricht kann in der Gruppe der kirchlich gebundenen Schülerinnen und Schüler nicht festgestellt werden. Das Urteil, daß Unterricht etwas zum „Wissen, wie die Welt wirklich ist" beitrage, sinkt bei beiden Gruppen auf der Skala von 0 bis 9 einheitlich um ca. 1,4 Punkte. Einzig der Anstieg beim Parameter „Nachdenken über mich selbst" ist bei der Gruppe der anderen Schüler größer.

Die kirchliche Bindung scheint also keine größere Wirkung auf das Erleben und die Aufnahme des Compassion*unterrichts* zu haben.

III.7.4 Veränderungen prosozialer Dispositionen

Auf die Frage, ob man mit moralischem Verhalten besser durchs Leben komme als mit dem Gegenteil, antworten in der ersten Befragung am Anfang des Schuljahres fast alle kirchlich gebundenen Projektteilnehmer (91%) positiv. Aus der Gruppe der anderen befürworten diese Position nur 79%. In der Gesamtgruppe konnte bei dieser Fragestellung ein positiver Trend festgestellt werden. Dieser erweist sich als unabhängig von der kirchlichen Bindung. Während sich der Anteil der kirchlich gebundenen, die dem zustimmen, sogar noch um 5% auf 96% vergrößert, steigt er bei der Vergleichsgruppe von den genannten 79% auf 88% an.

Die Teilnahme am Praktikum war in allen untersuchten Schulen verpflichtend. Gleichwohl gewinnt gerade der Vorschlag eines unbezahlten sozialen Pflichtjahres zur Lösung der gegenwärtigen sozialen Problematik innerhalb der bundesdeutschen Gesellschaft dauerhaft an Zuspruch. Und das obwohl die Umsetzung dieses Vorschlages die Schülerinnen und Schüler noch selbst betreffen würde. Der Anteil aller Schüler, die diese Variante aus einem Dutzend unterschiedlicher Möglichkeiten auf die ersten drei Plätze setzen, steigt von der ersten zur zweiten Erhebung von 18% auf 26% und verharrt auch bei der dritten Befragung am Ende des Schuljahres auf diesem Niveau. Bei den kirchlich gebundenen Projektschülern wächst der Anteil derer, die die Einführung eines unbezahlten sozialen Pflichtjahres begrüßen würden, sogar von 25% auf 40%. Während die Differenz am Anfang des Schuljahres nicht signifikant ist, liefert der Chi-Quadrat-Test am Ende der Untersuchung einen Signifikanzwert von $p < 0{,}05$.

Beim Parameter „mehr freiwilliger sozialer Einsatz in den Einrichtungen vor Ort" steigen die Zustimmungswerte bei den kirchlich gebundenen von 54% auf 62%, bei den anderen von 38% auf 47%. Die bei den Wertorientierungen festgestellte größere Wichtigkeit prosozialen Engagements lassen sich für die kirchlich orientierten Schüler hier ablesen und offenbar noch steigern. Diese Steigerung schlägt sich im Rahmen der Wertorientierungen allerdings nicht nieder.

Der Beitrag des Compassionprojekts besteht also offenbar nicht in der Veränderung über Jahre hinweg gewonnener Wertmaßstäbe, sondern vielmehr in der Hilfe zur Umsetzung und Konkretion von Wertorientierungen.

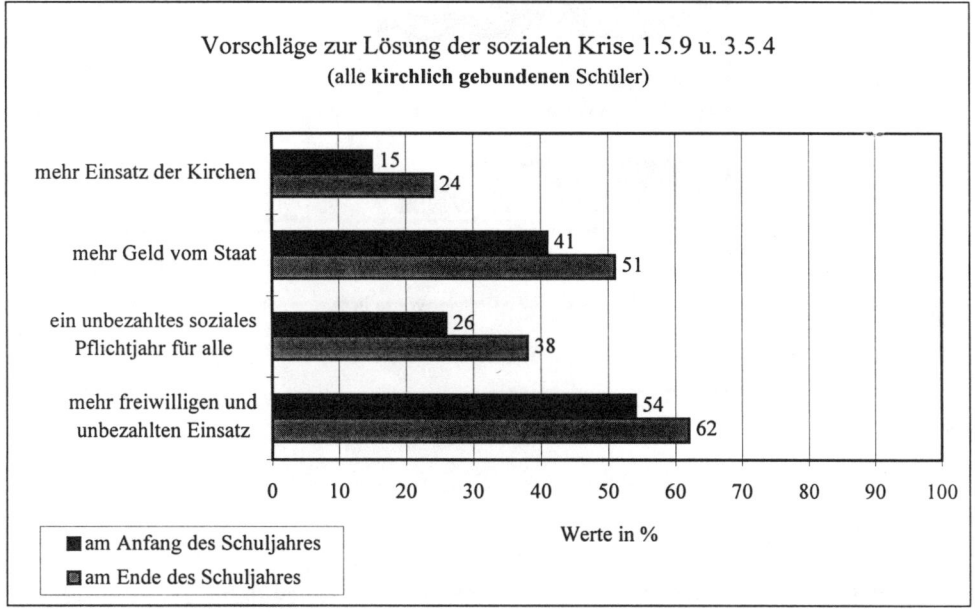

Abb. 31

Diesen Beitrag leistet das Projekt aber auch in der Gruppe derer, die über weniger ausgeprägte prosoziale Orientierungen verfügen. Nur sehen diese andere Möglichkeiten. Eine Verpflichtung der Kirchen zur Lösung der sozialen Krise beizutragen, wird im Verlauf des Schuljahres von den kirchlich gebundenen nicht deutlicher gefordert. Dies könnte mit der Wahrnehmungsintensität sozialen Engagements der Kirchen unter dieser Schülergruppe hinreichend erklärt werden. Bei den kirchenferneren Schülerinnen und Schülern verdoppelt sich der Anteil derer, die sich „mehr Einsatz der Kirchen" wünschen, auf über 30%. Man könnte diese Steigerung als eine Tendenz zur Delegation an eine anonyme und kritisch betrachtete Institution verstehen. Dagegen spricht aber, daß viele der Befragten neben infrastrukturellen Verbesserungen vor allem mehr persönliches Engagement der Gemeindemitglieder erwarten und damit „Kirche" auch an Individuen festmachen. Das Compassionprojekt führt offenbar einerseits zu einem klareren Problembewußtsein, aber andererseits auch zu der Überzeugung, daß die Lösung der Schwierigkeiten eines individuellen Engagements und sachkompetenter Einwirkungen bedarf. Den Kirchen werden sowohl die Verantwortung, aber offenbar auch die notwendigen Fähigkeiten zugesprochen.

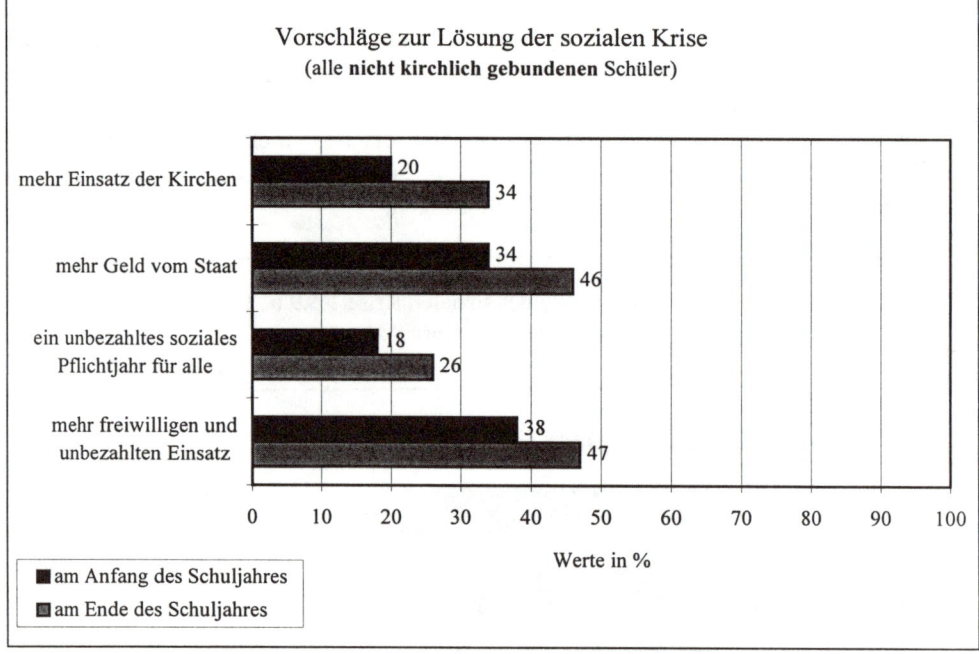

Abb. 32

III.7.5 Fazit

Diese unterschiedlichen Beobachtungen können u.E. als Beleg dafür gewertet werden, daß das Compassionprojekt besonders geeignet ist, gerade bei den kirchennahen Schülerinnen und Schülern prosoziale Dispositionen einem Klärungs- und Entwicklungsprozeß zuzuführen, aber auch bei den kirchenferneren neue Aufmerksamkeiten für soziale Problemlagen und kirchliches Engagement entstehen zu lassen.

III.8 Differenzierungen nach Einsatzbereichen

III.8.0 Vorbemerkungen

Das Praktikum des Compassionprojekts führt die Schülerinnen und Schüler in sehr unterschiedliche Lebenswelten ein. Diese Lebenswelten sind geprägt durch die Zusammenfassung von Menschen, die auf spezifische Formen der Unterstützung angewiesen sind. Diese differenzierten Felder werden von den Jugendlichen in unterschiedlicher Weise präferiert, wie die folgende Übersicht verdeutlicht.

Übersicht der Verteilung auf die verschiedenen Einsatzbereiche		
	Anteile in %	absolute Zahlen
Kindergärten	30	87
Krankenhäuser	28	81
Behinderteneinrichtungen	15	44
Altenheime	11	32
„sonstige"	16	46

Tab. 23

Einige Schulen konzentrieren das Praktikum auf ganz bestimmte Formen sozialer Einrichtungen. So werden bspw. die Kindergärten ausgenommen. Dies geschieht in der Erwartung, daß bestimmte Einsatzorte Erfahrungen und Lernprozesse, die mit dem Projekt intendiert sind, eher in Gang setzen als andere.
Will man diese Annahme aber einer Überprüfung unterziehen, um zu belegen, daß bestimmte Praxisfelder für das Compassion-Projekt geeigneter sind als andere, müssen die Ergebnisse der bisher gemachten Unterscheidungen immer mitbedacht werden.

III.8.1 Ausgangslage der Entscheidung für die einzelnen Bereiche

Es ist zunächst daran zu erinnern, daß sich Jungen und Mädchen bis auf den Bereich „sonstige", wo die Jungen etwas stärker vertreten sind, im annähernd gleichen Verhältnis aufteilen. Kirchliche Jugendliche sind in den Bereichen Altenheim und Behinderteneinrichtungen vergleichsweise häufiger engagiert. Dies gilt es im folgenden zu berücksichtigen.
Andererseits liegt bspw. der Kindergartenanteil in den beiden ländlichen Gymnasien bei über 50%, und dies obwohl die prosozialen Orientierungen in diesen Schulen durchschnittlich höher liegen als bei den anderen Gymnasien. Dieser Umstand läßt sich aber leicht als Folge der infrastrukturellen Voraussetzungen der ländlichen Regionen erklären. Während Kindergärten auch in kleineren Orten zu finden sind, bringt die zentrale Lage z.B. von Krankenhäusern für die ländlichen Schüler z.T. lange Anfahrtswege mit sich.

Die Angaben über Wertorientierungen divergieren nicht wesentlich. Für die fünf Gruppen ergeben sich Standardabweichungen der fünf Mittelwerte von s < 0,2 bei der Skala von 1 bis 4. Bei den Meßwerten für die altruistischen Orientierungen „sich für andere einsetzen" und „für andere dasein" liegt die Standardabweichung der Mittelwerte < 0,1.

Auffällig ist für die Behinderteneinrichtungen der höhere Anteil der Schüler, die für ihr Erwachsenenumfeld ein signifikant höheres Engagement in Kirche (55%, andere zwischen 35% und 43%) und Vereinen (61%, andere zwischen 29% und 39%) angeben (p < 0,01).

Bemerkenswert ist auch, daß die Praktikanten in den Altenheimen sich zunächst mehrheitlich (62%) andere Einsatzbereiche gewünscht haben, dabei vor allem das Krankenhaus. Die meisten Praktikanten des Bereichs „sonstige" hätten sich am Anfang des Schuljahres lieber im Kindergarten gesehen.

Übersicht: Wünsche am Anfang des Schuljahres (1.4.4)

Werte in % (Mehrfachnennungen möglich)	Kindergarten	Altenheim	Krankenhaus	Behinderteneinrichtung	„sonstige"	weiß noch nicht
Schüler im Kinder-garten	87	0	6	3	7	5
Schüler im Alten-heim	22	**38**	41	13	13	9
Schüler Kranken-haus	23	4	**69**	4	6	5
Schüler in Behin-derteneinrichtungen	20	2	14	**59**	9	14
Schüler im Bereich „sonstige"	36	7	23	7	**31**	16

Tab. 24

Bei der Bestimmung der Ausgangslage lassen sich aber noch weitere, deutliche Differenzierungen festmachen. So sind im Krankenhaus die Schüler zu finden, die mit Abstand im geringsten Maße Verantwortung in der Schule übernehmen (11%, andere zwischen 26% und 42%). In den Kindergarten zieht es offenbar die Jungen und Mädchen, die die kritischste Haltung gegenüber der Leistungsfähigkeit des schulischen Unterrichts einnehmen. In Verbindung mit der im Vergleich niedrigsten Wertschätzung des sozialen Charakters (5,5 auf der Skala von 0 bis 9, andere zwischen 6,0 und 6,3) des Praktikums könnte dies ein bestätigender Hinweis für die Vermutung sein, daß zum Kindergartenbereich eher diejenigen Schülerinnen und Schüler tendieren, die Compassion als Angebot der Schule zurückhaltender gegenüberstehen.

Der Wunsch zu helfen, erweist sich bei den Schülerinnen und Schülern des Behindertenbereichs als am deutlichsten ausgeprägt (7,8 auf der Skala von 0 bis 9), am schwächsten zeigt es sich im Kindergarten (6,7).

Aufgrund der Entscheidung für bestimmte Tätigkeitsfelder lassen sich deutliche Auswirkungen der konkret erwarteten Situation ausmachen. So befürchten die Schüler, die im Krankenhaus eingesetzt werden, mit 52% weitaus am stärksten, einen schlimmen Fehler zu machen (andere zwischen 36% und 44%). Die Schüler, die die Zeit in einer Behinderteneinrichtung verbringen werden, gehen zu 55% von der Möglichkeit aus, daß sie von den Betreuten nicht akzeptiert werden, bei den anderen sind es nur 3 von 10. Über das größte Selbstbewußtsein verfügen die „sonstigen". Ein Drittel hat keinerlei Befürchtungen.

III.8.2 Erfahrungen des Praktikums

Die unterschiedliche körperliche und psychische Belastungsqualität der verschiedenen Einsatzorte belegen die folgenden Werte.
Trotz einer relativ hohen Motivation meinen die Praktikanten aus den Altenheimen am häufigsten (13%, andere zwischen 0% und 5%), die Dauer des Praktikums sei „zu lang" gewesen. In den anderen Bereich äußern 80 bis 90% die Auffassung, der Zeitraum sei „eher zu kurz" oder „viel zu kurz" bemessen.
In den Behinderteneinrichtungen erleben die Jugendlichen zumeist behinderte Menschen in ganz unterschiedlichen Lebensabschnitten. Viele Praktikanten berichten über sehr unmittelbare Kontakte mit den Menschen dort. Diese Äußerungen können erklären, warum mehr als die Hälfte dieser Schülerinnen und Schüler angeben, sie hätten dort etwas über sich selbst gelernt. Bei den anderen schwanken die Zahlen um 30%, im Kindergarten liegt der Wert mit 20% am niedrigsten ($p < 0,01$).
Wenn die Praktikantinnen und Praktikanten aus Kindergarten und Behindertenbereich mit 70% bei der Frage, ob ihnen das Praktikum „Spaß gemacht" hätte, einen deutlich höheren Wert als die anderen erreichen (zwischen 50% und 56%), dann kann dies wohl erneut als Beleg für die Unmittelbarkeit der Beziehung zu den betreuten Menschen gewertet werden, die in diesen beiden Feldern möglich ist.
Dagegen stellen Altenheime und Krankenhäuser offenbar besondere Möglichkeiten der Aktivität bereit: über 50% geben an, praktische Fähigkeiten erworben zu haben, im Behindertenbereich sinkt diese Zahl auf 16%. Gleichwohl gibt es im Krankenhausbetrieb klare Grenzen für die Integration der „Mitarbeiter auf Zeit". Mehr als jeder fünfte der Praktikanten gibt an, sich im Krankenhaus gelangweilt zu haben. Im Altenheim gibt es diese Erfahrungen überhaupt nicht.

Abscheu, Angst, Mitleid und Hilflosigkeit empfinden die Schülerinnen und Schüler intensiver im Krankenhaus und in den Altenheimen (z.B. Mitleid in beiden Bereichen 5,4 auf der Skala von 0 bis 9), andere zwischen 1,7 und 4,0; Bewunderung für die Leistung und das Verhalten betreuender und betreuter Menschen kommt mehr in Behinderteneinrichtungen und wieder im Krankenhaus auf.

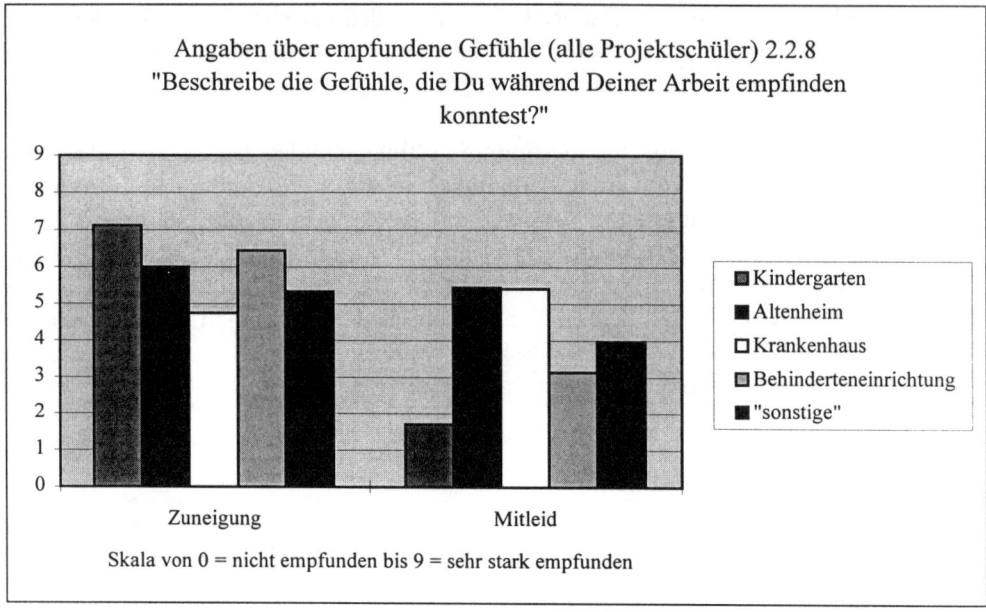

Abb. 33

Positive wie negative Vorbilder erleben die Jugendlichen wiederum am meisten in den Krankenhäusern (58% bzw. 34%). Negative Vorbilder erleben die Praktikanten der anderen Einsatzfelder nur zwischen 12% und 25%. Hier fühlen sich die Projektteilnehmer auch am wenigsten von der Schule unterstützt (54%). Für die anderen Bereiche schwanken die Zahlen zwischen 30 und 40%. Dies mag damit zu tun haben, daß die Vorstellungen der Schüler über die inneren Abläufe des medizinischen Betriebs sich erst an die Realität anpassen müssen. Die nachdrücklichsten Schilderungen von Erlebnissen mit schweren Krankheiten und Tod finden sich vor allem in den Texten der Praktikanten aus den Krankenhäusern. Gerade diese Erfahrungen machen in den Augen der Schüler eine besonders enge Begleitung durch Lehrer wünschenswert.

An die Grenzen der eigenen Hilfsbereitschaft führt die Jugendlichen das Altenheim und wiederum das Krankenhaus (50%, andere zwischen 25% und 30%).

III.8.3 Jahresrückblick und Entwicklungen

Aus der Distanz des Schuljahresendes bewerten die Schülerinnen und Schüler ihre Erfahrungen differenziert. Das Gefühl, persönlich von anderen Menschen gebraucht zu werden, hatten in den Kindergärten, den Altenheimen und im Krankenhaus fast 60%. Im Behinderten- und sonstigen-Bereich erfuhr das nur ein Drittel. Berufliche Perspektiven führten die Schülerinnen und Schüler häufig ins Krankenhaus. Der Einsatz dort erfüllte diese Erwartung dann auch häufiger als anderswo (34%, die anderen zwischen 10% und 20%).

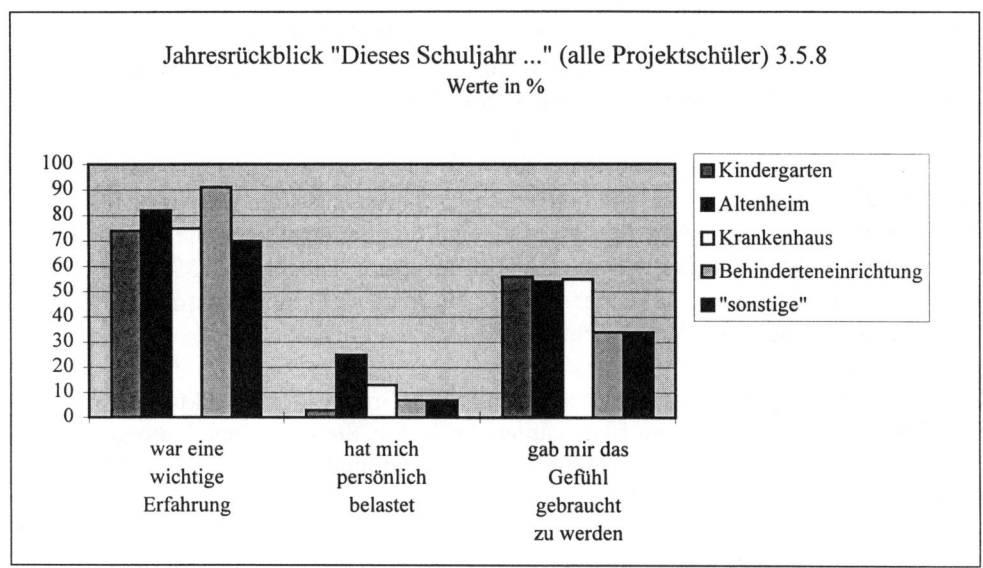

Abb. 34

Neue „Einsichten in das Leben" erwarben drei Viertel aus den Alten- und Behinderteneinrichtungen, aber nur etwas mehr als die Hälfte aus den anderen Bereichen. Als Belastung empfand dieses Schuljahr ein Viertel der Praktikanten in den Altenheimen (andere zwischen 3% und 13%).
Eine Aussage über entstandene Bindungen an den Einsatzort erlauben die Antworten über die Bereitschaft das Praktikum selbständig fortzusetzen. Faßt man die Parameter „überlege noch", „habe ich fest vor" und „habe bereits weitergemacht" zusammen, ergeben sich die größten Anteile für die Krankenhäuser (35%), die Altenheime (40%) und den Bereich „sonstige" (41%). Diese Werte sind das Ergebnis höchst unterschiedlicher Motivationen. Während für die Schüler im Krankenhaus die berufliche Qualifikation eine maßgebliche Rolle spielt, entstand in den Altenheimen trotz der anfänglichen Vorbehalte (vgl. Wünsche am Anfang des Schuljahres) eine individuelle Verbundenheit. Der hohe Anteil bei den „sonstigen" spricht für die individuelle Zustimmung zu einem persönlich zugeschnittenen Einsatzort.
Im Kindergarten- und Behindertenbereich kann sich nur ein Viertel (26% bzw. 29%) eine Fortsetzung vorstellen.

Signifikant sind auch die Entwicklungen bei den Lösungsmodellen zur Bewältigung der sozialen Krise. In den Kindergärten konnten sich am Anfang von Compassion nur 11% ein „unbezahltes soziales Pflichtjahr für alle" vorstellen. Diese sanfte Praxisvariante führt am Ende des Untersuchungszeitraums dazu, daß dieser Anteil auf 24% steigt ($p < 0,01$ unter der Voraussetzung, daß der Anfangswert als erwarteter Wert angenommen wird). Bei den Krankenhauspraktikanten mit ihrer insgesamt belastenderen Tätigkeit beträgt der Zuwachs 15% (von 20% auf 35%; $p < 0,01$ unter der Voraussetzung, daß der Anfangswert als erwarteter Wert angenommen wird).
Zuwächse verzeichnet auch die Variante „mehr freiwilligen und unbezahlten Einsatz in den Einrichtungen vor Ort".

„Mehr Fachkräfte" ist eine Forderung, die nach dem Praktikum (44%, andere zwischen 20% und 30%) und am Ende der Untersuchung (33%, andere zwischen 16% und 27%) von den Praktikanten aus den Altenheimen gestellt wird.

Nur die Jugendlichen aus dem Praxisfeld „sonstige" legen ein diskontinuierliches Antwortverhalten an den Tag. Plädierten am Anfang des Schuljahres 36% für „mehr freiwilligen Einsatz" und 24% für ein „soziales Pflichtjahr", steigen die Anteile direkt nach dem Praktikum auf 52% bzw. 35%, um dann wieder auf 39% bzw. 16% abzufallen. In allen anderen Einsatzbereichen kann ein stetiges Wachstum der Zustimmung zu diesen individuell-verpflichtenden Modellen über das Praktikum hinaus festgestellt werden.

Diese Beobachtung deckt sich mit denen aus der Gruppe der Projektteilnehmer mit negativem oder gleichgültigem Elternhintergrund. Aus dieser Gruppe hatte auch mehr als ein Viertel (n = 8) dieses Feld („sonstige")gewählt, und stellt damit fast 20% dieses Bereichs.

III.8.4 Fazit

Die vorangegangenen Abschnitte machen deutlich, daß die spezifischen Formen sozialer Einrichtungen, zu differenzierten Erfahrungen führen können. Daß aber bestimmte Einrichtungen zur Ausbildung prosozialer Dispositionen prinzipiell geeigneter sind als andere, läßt sich aus den Ergebnissen nicht ableiten.

Erlebnisse können grundsätzlich nicht programmiert werden. Dennoch wird zweifellos die Begegnung mit bestimmten Ebenen menschlicher Existenz in bestimmten Einrichtungen eher erfolgen als in anderen. Jedoch kann nicht bestritten werden, daß die Wirkungen des Praktikums nicht primär durch den Erlebnisraum geprägt werden, sondern wesentlich durch die individuellen Schülerpersönlichkeiten. Das Ergebnis dieses Zusammenspiels zwischen der individuellen Entscheidungsgrundlage vor dem Praktikum einerseits und den Entwicklungen aufgrund der Lebenswirklichkeit der Praxis andererseits läßt sich jedoch in keinem Fall mit Sicherheit prognostizieren.

Mit Blick auf die organisierenden und koordinieren Lehrkräfte lassen unsere Ergebnisse aber genaue Kenntnisse über den einzelnen Schüler als wünschenswert erscheinen, um für ihn nach einem Beratungsgespräch einen angemessenen und zustimmungsfähigen Einsatzort zu finden. Dies wird umso leichter zu gewährleisten sein, je besser die betreffenden Lehrerinnen und Lehrer als Unterrichtende mit den Schülerinnen und Schülern vertraut sind.

Die Ergebnisse der Studie lassen aber auch den Schluß zu, daß sich die Schülerinnen und Schüler sehr bewußt ihrer Wahlmöglichkeiten bedient haben. Gleichzeitig zeigten die zuständigen Lehrkräfte und die aufnehmenden Einrichtungen offenbar Professionalität und Verantwortungsbewußtsein gegenüber den jugendlichen Projektteilnehmern.

III.9 Das Compassionprojekt in der Hauptschule

III.9.0 Vorbemerkungen

Compassion ist von seiner Anlage her als Projekt für die gymnasiale Oberstufe konzipiert.[84] Hier bietet sich vor dem Eintritt in die Kursstufe die elfte Klasse für das Praktikum an.
Die Hauptschule bietet für die Organisation eine vergleichsweise schwierigere Ausgangsposition, denn am Ende der Klasse 9 sind die Abschlußprüfungen abzulegen, Klasse 8 erscheint mit Blick auf das Alter der Schülerinnen und Schüler und auf den kognitiven Anspruch des Projekts eher als verfrühter Termin. Dieses Problem ist in den von uns untersuchten Klassen entschärft, denn bei den Hauptschulprojektgruppen, die in den Schuljahren 1996/97 und 1997/98 untersucht wurden, handelt es sich jeweils um Werkrealschulklassen. Die Schüler dieser Klassen werden im Verlauf der Klasse 10 zur mittleren Reife geführt, in Klasse 9 sind sie also frei von abschließenden Prüfungen.
Der untersuchte Jahrgang 1996/97 soll im folgenden nicht zur Beschreibung herangezogen werden, weil hier von der Schule nur die Schülerinnen und Schüler einbezogen waren, die am Praktikum freiwillig teilnehmen wollten. Es entstand so eine engagierte Gruppe, die damit aber der Forderung nach Repräsentativität nicht gerecht werden kann. Die in diesem Kapitel vorgestellten Zahlen der Projektklassen beziehen sich auf die 16 Schülerinnen und Schüler der Werkrealschulklasse des Jahrgangs 1997/98. An zwei weiteren Schulen haben wir zwei Vergleichsklassen, eine Werkrealschulklasse mit ebenfalls 16 Schülerinnen und Schülern und eine Hauptschulabschlußklasse mit 14 Schülerinnen und Schülern, am Anfang und am Ende des Schuljahres befragt.

III.9.1 Zur Frage der Vergleichbarkeit

Die Verteilung zwischen männlichen und weiblichen Schülern ist in den Kontrollgruppen (Jungen : Mädchen = 60 : 40) und der Projektklasse (Jungen : Mädchen = 70 : 30) ungefähr gleich. Damit weisen beide Gruppen im Vergleich zum Gesamt der untersuchten Gymnasien eine entgegengesetzte Verteilung der Geschlechter auf.
Gefragt nach ihren Wertorientierungen geben die beiden Hauptschulgruppen auf einer Skala von 1 (= sehr wichtig) bis 4 (= überhaupt nicht wichtig) jeweils sehr ähnliche Bewertungen ab. Die Reihenfolge unterscheidet sich kaum. Der vielleicht deutlichste Unterschied zwischen beiden Hauptschulgruppen ist die Einschätzung des Geldverdienens, wobei die hohen Werte der Kontrollgruppe auf die Schüler der Hauptschulabschlußklasse und den dort unmittelbar bevorstehenden Eintritt in das Berufsleben zurückzuführen ist. Die Projektklasse der Hauptschule stimmt bei dieser Frage (Platz 14) fast mit der Gymnasialgruppe (Platz 12) überein. Insgesamt gibt es aber zwischen den genannten Gruppen keine projektrelevanten Abweichungen.

---

[84] Vgl. Weisbrod, a.a.O., 13ff.

Auf der Skala von 0 bis 9 erreichte auch in den Hauptschulklassen die Zufriedenheit mit der Beziehung zu den Eltern den Spitzenwert (zwischen 7,8 und 8,8). Am Ende der Rangfolge steht bei allen Einzelklassen die Zufriedenheit mit den Angeboten der religiösen Gemeinschaften (zwischen 4,7 und 5,5). Allerdings fällt die allgemeine Zufriedenheit mit den Lehrern und der Schule im Hauptschulbereich deutlich positiver aus. So erhält die Schule von der Gymnasialgruppe eine Beurteilung nur besser als befriedigend, wenn es darum geht zu bewerten, wie die Gymnasiasten sich in ihrer Schule aufgehoben fühlen. Die Hauptschüler qualifizieren dies mit einer Note besser. Den gleichen Abstand in der Bewertung gibt es bei den Lehrern. Diese positivere Tendenz entspricht zum einen den Ergebnissen anderer Untersuchungen.[85] U. U. kann dies neben sozialen Faktoren auch mit dem geringeren Lebensalter der Hauptschüler erklärt werden. Ein anderer Erklärungsstrang wäre, daß gerade in den abschließenden Jahrgangsstufen das Engagement der Lehrer am größten ist. Darüber hinaus wird durch das Klassenlehrerprinzip in den Hauptschulen die Bindung an die Lehrer größer sein als in den Gymnasien.[86]

Die höhere Qualifizierung der eigenen Schule durch die Hauptschüler hat Konsequenzen für das Compassionprojekt. Sieht man Compassion mit den Augen der Schüler als Aktivität, die auf eine Initiative der Schule zurückgeführt werden kann, so erscheinen die Voraussetzungen für die Durchführung des Projekts als Schulprojekt in den 9. Hauptschulklassen dadurch besser zu sein als in den Klassen 11 der Gymnasien.

Im Bereich der persönlichen Vorerfahrungen spielt die Familie für die befragten Hauptschüler eine größere Rolle. Mehr als die Hälfte (54%) von ihnen gibt an, innerhalb der Familie „freiwillige und unbezahlte Einsätze" zu leisten. In der Projektgruppe der Gymnasien liegt dieser Wert etwas niedriger bei 47%. Für drei Viertel ist die Familie der Bereich, in dem sie „Verantwortung" übernehmen. Die Werte für Freundeskreis und Vereine liegen in etwa gleich, für den Bereich kirchlicher Jugendgruppen schlägt der Hintergrund der kirchlichen Gymnasien stärker zu Buche (2% gegen 12%).
Obwohl in den Hauptschulklassen der Anteil der Jungen deutlich höher ist als an den Gymnasien, zeigen sich die befragten Hauptschüler in ihrer Motivationslage am Anfang des Schuljahres in allen zustimmenden Parametern positiver und in allen ablehnenden negativer als die Gymnasiasten. D.h. der Blick auf das Praktikum und den Unterricht ist insgesamt positiver ausgebildet.

Mit ihrer engagierten Haltung fühlen sich die Hauptschüler bei ihren Freunden auch außerhalb der Schule gut aufgehoben. Mehr als die Hälfte (55%) hat den Eindruck, diese fänden das Projekt „gut" oder „sehr gut". In den elften Klassen der Gymnasien sind das 45%.
Wie an anderer Stelle (III.6) beschrieben sind die Eltern ein entscheidender Faktor für das Gelingen des Unternehmens Compassion. Die wohlwollende Unterstützung durch die Eltern innerhalb der Gesamtgruppe (77%) wiederholt sich prozentgleich in der Projektklasse der Hauptschule.

---

[85] vgl. C. Cerwenka, Schülerurteile über ihre Schule, Frankfurt 1990.
[86] In einer untersuchten Klasse eines Gymnasiums unterrichteten insgesamt 17 verschiedene Fachlehrer.

Bei den Befürchtungen am Anfang des Schuljahres macht sich erneut das geringere Alter der Hauptschüler bemerkbar. Während bei ihnen 61% befürchten, einen schlimmen Fehler zu machen, sind es in der zwei Jahre älteren Gymnasialgruppe nur 40%.

Zusammenfassend zeigt sich, daß die Hauptschüler sich von den Gymnasiasten mit Blick auf das Projekt vor allem wegen des Altersunterschiedes und nicht etwa wegen grundsätzlich anderer Haltungen unterscheiden. Insgesamt erscheint die untersuchte Werkrealschulklasse offener für Compassion zu sein als die Schülerinnen und Schüler aus den Gymnasien.

III.9.2 Ergebnisse und Entwicklungen

Die Verteilung der Hauptschüler auf die verschiedenen möglichen Einsatzbereiche dokumentiert erneut die positivere Motivation. Kindergärten und Krankenhäuser werden im Vergleich mit der Gruppe der elften Klassen weniger gewählt. Altenheime und Behinderteneinrichtungen, also solche Bereiche, die nicht dem eigenen unmittelbaren Lebenszugang entsprechen, wurden häufiger gewählt.
Zwei Schüler waren im Kindergarten, drei im Altenheim, drei im Krankenhaus und drei in einer Behinderteneinrichtung, zwei Praktikanten waren in der Flüchtlingsberatung, ein weiterer in einer Lernstube und schließlich zwei in einem Schülerhort.

70% der Schülerinnen und Schüler der Hauptschule halten das Praktikum zeitlich für „eher zu kurz" oder für „viel zu kurz" bemessen. In einem Fall empfand es eine Schülerin als „zu lang".
Zwei Schüler erlebten Überforderung im praktischen Abschnitt, zwei weitere zumindest zeitweise Langeweile.
Mehr als zwei Drittel hatten nach ihrer Einschätzung viel „Umgang mit Menschen".
Die Aufnahme von Kontakten zu den dort betreuten Menschen geschieht aber eher zurückhaltender. Auf der Skala von 0 bis 9 liegt das Gefühl der Freude mit 7,8 deutlich vor allen anderen. Auf den mittleren Rängen zwischen 4,4 und 4,9 folgen Bewunderung, Zuneigung und Mitleid. Nach der Zielrichtung der Bewunderung gefragt, teilten sich die Antworten je zur Hälfte auf betreute und betreuende Personen auf. Die Angaben für Mitleid (4,4) liegen über der Gesamtgruppe der Gymnasien und auch über dem Wert der männlichen Praktikanten (3,7). Mitleid ist aber eine Emotion, die von den Schülern insgesamt als Distanziertheit gegenüber den Betroffenen charakterisiert, also eher nicht gewünscht wird.

Dagegen berichten die Praktikanten der Hauptschule nicht über schlechte Erfahrungen mit den vor Ort beschäftigten Personen. Ohne Ausnahme geben sie an, sie schätzten die beschäftigten Personen deshalb positiv ein, weil sie sich lobend über sie geäußert hätten. Die Hauptschulklasse nimmt damit einen Spitzenwert im Vergleich zu allen anderen Projektklassen ein. Dort liegt der Anteil bei 70%.
Die engere Orientierung an den erwachsenen Fachkräften zeichnet sich auch bei den Antworten auf die Frage nach den Lösungsansätzen des sozialen Krisenpotentials ab. Die gewachsene Beziehung zu den Fachkräften, führt dazu, daß weniger Schülerinnen

und Schüler meinen, die Lösung des Problems liege in der Verantwortung dieser Personengruppe. Wird zu Beginn des Schuljahres noch mit 33% „eine bessere Ausbildung von Fachkräften" gefordert, sinkt dieser Anteil auf 19%, und für die Vermehrung der Fachkräfte sprechen sich nach anfangs 39% am Ende nur noch 6% aus. In der Hauptschulkontrollgruppe steigt dagegen die Zahl derer, die eine bessere Ausbildung von Fachkräften in sozialen Einrichtungen fordern von 28% auf 61%. Der Anteil derer, die „mehr Fachkräfte" verlangen, ändert sich dagegen nicht. Im Gegenzug befürworten mehr Schüler der Hauptschulklasse institutionalisierte Lösungsansätze. Dies kann als Zeichen für eine deutlichere Wahrnehmung sozialer Problemlagen gewertet werden. Für mehr Geld vom Staat plädieren am Anfang 5, am Ende des Schuljahres sind es 10 von 16 Schülerinnen und Schüler der Hauptschulklasse. Der Chi-Quarat-Test ergibt unter der Voraussetzung, daß der Anfangswert als erwarteter Wert eingesetzt wird, ein Signifikanzniveau von $p < 0,01$.
Die Veränderungen in den Forderungen nach einem verstärktem Engagement der Kirchen sind damit vergleichbar. Dagegen bleiben die Werte für individuell verpflichteten sozialen Einsatz fast unverändert. Die Steigerung der Gymnasialklassen kann man in dieser Gruppe also nicht verzeichnen. Ein Grund mag in dem geringeren Alter der Hauptschüler zu suchen sein. Das Bewußtsein, persönlich einen wesentlichen Beitrag leisten zu können, entwickelt sich vermutlich erst mit zunehmendem Alter.

In der Hauptschul-Kontrollgruppe ohne Compassion sinken die Zahlen der Befürworter der individuell verpflichtenden Lösungsansätze in beiden Parametern merklich ab: für das freiwillige Engagement von 12 auf 7 und für das soziale Pflichtjahr von 3 auf 2 Zustimmungen. Das Compassionprojekt erreicht bei den untersuchten Projektschülern aus der Hauptschule zumindest eine Stabilisierung der individuellen Einsatzbereitschaft.

Einen wichtigen Beweis für die möglichen Wirkungen des Projekts kann die Frage nach der Einschätzung des Projekts durch die Mitschüler liefern, weil sich an dieser Beurteilung auch eigene Einstellungen ablesen lassen. Insgesamt messen die Schüler der Projektgruppe der Hauptschule dem Compassionprojekt eine „große Bedeutung" für ihre Mitpraktikanten zu. Nur ein Schüler will zur Frage „Wie schätzt Du die Bedeutung des Projekts für Deine Mitschüler ein?" keine Angaben machen. Alle anderen erkennen im Projekt für ihre Mitschülerinnen und Mitschüler große oder sehr große Bedeutung. In der Gymnasialgruppe teilt diese Auffassung nur jeder zweite (52%). Nach weiteren Erklärungen für diese Einschätzung gefragt erklären die Schüler fast einhellig die neuen Erfahrungen für ihre Mitschüler mit Menschen und das Kennenlernen sozialer Wirklichkeitsbereiche als bedeutsam. Hier stimmen sie mit den positiven Rückmeldungen der anderen Klassen überein.

III.9.3 Zu Schule und Unterricht

Die anfangs bemerkte positive Stimmung mit Blick auf Schule wiederholt sich auch beim Praktikum: fast 70% der Hauptschulpraktikanten fühlen sich „sehr gut" oder

zumindest „gut" von der Schule auf das Praktikum vorbereitet (andere nur zu 54%). Und nur ein Drittel hält die Organisation für „weniger gut". Gerade drei der 16 Schülerinnen und Schüler fühlten sich während des Praktikums „weniger gut" unterstützt, alle anderen „sehr gut" oder „gut". In den Gymnasialklassen liegen die Zahlen dafür bei 47% für die Antwortmöglichkeiten „weniger gut" und „überhaupt nicht" und bei 39% für „sehr gut" oder „gut", 14% der Gymnasiasten wollen sich dazu nicht äußern.
Die Eltern der Hauptschüler zeigen für den Einsatz ihrer Kinder ein deutlich ausgeprägtes Interesse. Alle Befragten bis auf einen beurteilen das Verhalten ihrer Eltern „sehr positiv" oder „positiv" (94%). In der Vergleichsgruppe der Gymnasien liegt der Anteil noch bei 72%. Allerdings führt diese Unterstützung offenbar weniger zu Gesprächen zwischen Eltern und Schülern.
Unterrichtsgespräche im Umfeld von Compassion führten die Lehrer in den Augen der Hauptschüler nur weniger herbei. Drei Viertel nennen nach dem Praktikum nur ein Fach (13mal wird das Fach Religion und 6mal das Fach Kunst genannt, beides die Fächer der Koordinatorin, 6mal geben die Schüler den Deutschunterricht an). In der Bewertung dieses Unterrichts teilen sich in gleichem Verhältnis zustimmende und zurückhaltende Äußerungen. Am Ende des Schuljahres meinen denn auch 44%, es hätte zu wenig Compassionunterricht gegeben. 56% hielten die Dosierung für „gerade richtig".

Die Beurteilung der praktischen Tätigkeit durch die Lehrer wird als sehr viel positiver wahrgenommen als bei den Gymnasialklassen. Dort meint nur jeder zweite, die Lehrer hätten die praktische Tätigkeit „positiv" oder „sehr positiv" bewertet. In der Hauptschulgruppe haben das 80% erfahren.
In der Einschätzung der Leistungsfähigkeit von Unterricht ergeben sich dieselben Veränderungen wie in der Gruppe der Klassen mit wenig oder ganz ohne Unterricht zu Compassion. Während aber in der Vergleichsgruppe der nicht am Projekt teilnehmenden Hauptschulklassen die Zahlen für die Leistungsfähigkeit von Unterricht relativ stabil bleiben (Veränderungen zwischen 0% und 12%), sinken die Werte für den Sachaspekt von Unterricht in der Hauptschulprojektgruppe wie in allen anderen Projektklassen signifikant ab. Um 24% geht die Zustimmung zum Parameter zurück, daß der schulische Unterricht etwas „zum Wissen, wie die Welt wirklich ist" beitrage.

Am Ende des Schuljahres scheinen sich im Vergleich mit den Hauptschulkontrollklassen die Wirkungen von Compassion in der Hauptschulprojektgruppe zu zeigen. Alle Projektschüler meinen, daß dieses Erfahrungsfeld in gewinnbringender Weise auch für alle anderen geeignet wäre („das sollte jeder einmal machen"). Fast alle (87%) halten dieses Schuljahr mit Praktikum und begleitendem Unterricht für „eine gute und wichtige Erfahrung". In der Vergleichsgruppe findet die allgemeiner auf das Schuljahr bezogene Feststellung zu 58% Zustimmung. Keiner empfand das Praktikum als Belastung für die Schule und ebenso stimmt niemand der Aussage zu, daß dieses Schuljahr sich nicht von anderen unterschieden hätte. In der Kontrollgruppe sehen das immerhin 23% so ($p < 0,05$). „Neue Einsichten in das Leben" meinen zwei Drittel gefunden zu haben (andere Hauptschüler zu 39%)

Dabei mag das Prägende des Schuljahres von den Schülern im Ich-Identitätsbereich festgemacht werden. Die Antworten auf die ebenfalls am Ende des Schuljahres gestellte Frage „Was hast Du über Dich selbst gelernt?" vermögen diesen Erkenntnisfortschritt zu illustrieren:

Schülernummer	Angaben
11 Schüler in einem Altenheim	o. A.
12 Schüler in einer Beratungsstelle für Flüchtlinge	Ich habe gelernt, daß Menschen verschiedene Probleme haben und, daß sich die Menschen verschieden verhalten.
13 Schüler in einem Schülerhort	Wie sozial schwächere Menschen leben und wie ihre Einstellung ist.
14 Schüler in einem Altenheim	x
15 Schülerin in einem Altenheim	Daß jeder Mensch seine Intimsphäre braucht. Daß jeder seine eigenen Bedürfnisse und Wünsche hat.
17 Schüler in einer Beratungsstelle für Flüchtlinge	Daß Gefühle den ganzen Charakter eines Menschen ausmachen.
18 Schülerin in einem Kindergarten	Ich habe mich auch mit dem Mongoloiden befaßt und ich habe herausgefunden, daß Behinderte auch ganz normale Menschen sind. Ich habe herausgefunden, daß sie genau wie wir sind. Sie sind einfach großartige Menschen.
19 Schüler in einem Kindergarten	Das Verhalten von Kindern Fremden gegenüber.
20 Schülerin in einem Kindergarten	Ich habe gelernt, daß behinderte Kinder mehr Zuwen-dung brauchen als normale Kinder.
22 Schüler in einer Behinderteneinrichtung	Daß man einen Menschen nicht nach dem Aussehen beurteilen darf.
23 Schülerin in einer Lernstube	o. A.
24 Schülerin in einem Krankenhaus	Wie man die Menschen im Krankenhaus behandelt, mit ihnen umgeht; acht zu geben.
25 Schüler in einem Krankenhaus	Ich habe gelernt mit kranken Menschen umzugehen.
26 Schüler in einer Behinderteneinrichtung	Daß Behinderte Menschen auch Spaß am Leben haben. Daß man mit einigen, wie mit normalen Menschen reden konnte.
27 Schüler in einer Behinderteneinrichtung	Über die Lage und Ängste von Menschen, die in keinem reichen Land, wie Deutschland leben.
28 Schülerin in einem Krankenhaus	o. A.

Tab. 25

Eine positive Veränderung bei sich selbst meinen 60% feststellen zu können (andere Hauptschüler 45%). Insgesamt liegen alle positiven Parameter bei den Compassionschülerinnen und -schülern der Hauptschule höher als die in der Hauptschulvergleichsgruppe. Für 60% und damit noch etwas mehr als in der Gymnasialgruppe (48%) brachten Praktikum und begleitender Unterricht die Empfindung „gebraucht zu werden". Das ist eine kaum zu unterschätzende Motivation für Schüler der oft als „Restschule" gekennzeichneten Hauptschule.

Dabei spielte die berufliche Perspektive des Unternehmens eine vergleichsweise geringere Rolle. Neue Perspektiven für die Berufswahl konnte das Projekt nur für ein Drittel der Teilnehmer aus der Hauptschule aufzeigen. In den Vergleichsklassen liegt der Anteil bei 68%. Das intensive Bewußtsein des Gebrauchtwerdens erscheint damit unabhängig von einer funktionserfüllenden Tätigkeit zu sein.

Was die Schüler als Erkenntnis- und Lernfortschritt bei sich selbst verstehen, vermag die folgende Zusammenstellung der Antworten auf die Frage „Was hast Du über Dich selbst gelernt?" verdeutlichen:

Schülernummer	Angaben
11 Schüler in einem Altenheim	o. A.
12 Schüler in einer Beratungsstelle für Flüchtlinge	Ich habe gelernt mit Menschen umzugehen, die Hilfe brauchen.
13 Schüler in einem Schülerhort	Mit Menschen besser umzugehen.
14 Schüler in einem Altenheim	Ich kenne meine Grenzen.
15 Schülerin in einem Altenheim	Ich muß immer offen sein für neue Ideen.
17 Schüler in einer Beratungsstelle für Flüchtlinge	Ich lernte mich selbst besser kennen und machte [mir] Gedanken über mich.
18 Schülerin in einem Kindergarten	Daß ich unheimlich gern Verantwortung übernehme und daß der Beruf für mich nichts ist, außer für Behinderte, für die schon.
19 Schüler in einem Kindergarten	Wie ich besser mit Kindern umgehe.
20 Schülerin in einem Kindergarten	Ich habe gelernt, mich um Menschen zu kümmern, die Hilfe benötigen.
22 Schüler in einer Behinderteneinrichtung	Ich weiß schon alles über mich.
23 Schülerin in einer Lernstube	o. A.
24 Schülerin in einem Krankenhaus	Daß ich mit kranken Menschen umgehen kann, sie zu pflegen u. a.
25 Schüler in einem Krankenhaus	Ich hätte weniger gedacht, daß ich ohne Probleme mit solchen Menschen umgehen kann.
26 Schüler in einer Behinderteneinrichtung	Daß man keine Berührungsangst haben braucht.
27 Schüler in einer Behinderteneinrichtung	x
28 Schülerin in einem Krankenhaus	Daß ich jetzt weiß, wie man ein Baby wickelt.

Tab. 26

III.9.4 Fazit

Compassion erweist sich offenbar als adaptionsfähig auf die Gegebenheiten einer Hauptschule. Eine Ablehnung des Projekts durch die Schüler konnte in der untersuchten Klasse nicht festgestellt werden. Offenbar waren die Vorbereitung in der Schule und die Begleitung im Praktikum auf die Gruppensituation abgestimmt. Die Eltern unterstützten das Unternehmen. Sie wurden durch die Schulleitung, die Klassenleitung und die Koordinatorin informiert.

Diese Kooperation von Schule, Elternhaus und den Einrichtungen zeigt sich für diese jüngere Schülergruppe als maßgeblich. Sie führt dazu, daß die Schülerinnen und Schüler ihr Engagement als positiv erfahren. Daraus entsteht eine Aufmerksamkeit für Menschen und ihre Probleme und für die eigenen individuellen Fähigkeiten.

Die Integration des Unterrichts, d.h. auch weiterer Lehrkräfte würde die Verbindung zwischen dem schulischen und dem praktischen Element des Projekts noch vertiefen.

III.10 Das Compassionprojekt in der Förderschule

III.10.0 Vorbemerkungen

Das Compassionprojekt führt in seinem praktischen Teil die Schülerinnen und Schüler zur Begegnung mit Menschen, die alle untereinander gemein haben, daß sie auf besondere Betreuung angewiesen sind. Einzelne Teilnehmer leisten ihren Einsatz in Einrichtungen für lernbehinderte Kinder. Wenn nun eine Gruppe von Förderschülern selbst aktiv am Projekt teilnimmt, dann bedeutet dies, daß diejenigen, die z.B. für die Gymnasialgruppe zu den Hilfsbedürftigen zählen, selbst zu Akteuren werden.

Die Förderschule, die mit ihrer Klasse 9 am Modellversuch teilnahm, versteht sich als Schule für Lernbehinderte. Insgesamt haben 8 Schüler (4 Jungen und 4 Mädchen) zu den folgenden Ergebnissen beigetragen. Im Alter lagen diese Jugendlichen zwischen 15 und 17 Jahren. Die Klasse 9 ist die Abschlußklasse. Für diese Schülerinnen und Schüler besteht die Möglichkeit einer externen Hauptschulabschlußprüfung.
Bis auf 3 kommen alle Schüler aus Elternhäusern, in denen Deutsch nicht die Muttersprache der Eltern ist. Auch aus diesem Grund mußte der Fragebogen in Abstimmung mit dem Schulleiter und dem Klassenlehrer für die Schüler der Förderschule modifiziert werden.

Das Ausfüllen der drei Teile des Fragebogens erfolgte im Klassenverband. Ein Mitarbeiter der wissenschaftlichen Begleitung trug die einzelnen Fragestellungen vor. Für die Schüler bestand die Möglichkeit der Nachfrage bei ihm und beim anwesenden Klassenlehrer. Zu einzelnen Fragen wurden die Schülerinnen und Schüler in jedem Abschnitt der Erhebung einzeln befragt.
Aufgrund der Gruppengröße von 8 Projektteilnehmern werden im folgenden absolute Zahlen und insbesondere die verbalisierten Äußerungen dargestellt und ausgewertet.

III.10.1 Die individuellen Voraussetzungen für das Projekt

Die Rangordnung der Wertorientierungen der Förderschüler weist eine beachtliche Übereinstimmung mit der Gesamtgruppe auf.
Die vier Werte für äußeres Engagement, also für Umwelt, Politik und Kirche stehen auch hier ganz unten. Kein einziger der befragten Schüler findet am Anfang des Schuljahres eine Mitarbeit in diesen Feldern „wichtig". Das Mitmachen in einem Verein halten zwei von 8 für „wichtig". Alle anderen bewerten diese Aspekte als „unwichtig" oder können sich nicht entscheiden.
„Sich für andere einzusetzen" oder „für andere dazusein", also die Wertorientierungen, die dem Grundgedanken des Projekts verbunden sind, werden jeweils von 5 der 8 Projektschüler für „wichtig" erachtet. „Einen Sinn im Leben zu finden" halten 6 für „wichtig". Die Wertorientierungen der Kommunikation: „mit anderen Menschen reden", der Anerkennung: „verstanden werden" und der Lebensgestaltung

„leben wie ich bin" und „Spaß haben" werden innerhalb der Gruppe hoch eingeschätzt. 7 von 8 halten diese Orientierungen für „wichtig".
Die Förderschüler befinden sich alle in der Phase der Berufsentscheidung, deshalb finden alle „viel Geld zu verdienen" und „einen guten Beruf zu haben" „wichtig". Genauso wie „das Leben zu genießen", „viele Freunde" und „eine richtige Familie zu haben".
Die Priorisierung der Felder Ich- und Nahbereich, Engagement für andere, konkrete Personen und zuletzt Engagement im Außenbereich für Organisationen entspricht der innerhalb der Großgruppe. Das Compassionprojekt trifft damit auch bei diesen Schülerinnen und Schülern auf eine positive Grundstimmung.

Übersicht über die Wichtigkeit der Wertorientierungen (ohne Berücksichtigung fehlender Angaben in absoluten Zahlen):

Wertorientierungen	wichtig	unwichtig	weiß nicht
das Leben zu genießen	8	0	0
Geld zu verdienen	8	0	0
viele Freunde zu haben	8	0	0
eine richtige Familie zu haben	8	0	0
einen guten Beruf zu haben	8	0	0
verstanden zu werden	7	0	1
mit Menschen zu reden	7	1	0
so zu leben, wie ich bin	7	0	1
Spaß zu haben	7	1	0
einen Sinn im Leben zu finden	6	0	2
mich für andere Menschen einzusetzen	5	0	3
für andere Menschen dazusein	5	1	2
in einem Verein mitzumachen	2	4	2
in der Kirche/religiösen Gemeinschaft mitzumachen	0	6	1
beim Umweltschutz mitzumachen	0	5	3
etwas in der Politik zu verändern	0	3	5

Tab. 27

Wieder nach der Zahl der Zustimmungen geordnet liegen die negativen Motivationen „habe keine Wahl" und „kann weg vom Schulalltag kommen" mit dem Wert 1 bzw. 2 auf den letzten Plätzen. An der Spitze mit 7 positiven Angaben befindet sich die Motivation „kann mir über meine eigenen Fähigkeiten und Grenzen klar werden" und erst danach folgen mit 5 und 6 positiven Nennungen „kann helfen", „kann einen praktischen Einsatz für andere Menschen leisten" und „kann mir über Menschen Gedanken machen".
Damit scheint der praktische Teil von Compassion für die Schülerinnen und Schüler der Förderklasse maßgeblicher unter dem Vorzeichen der Selbstbewährung zu stehen als dies bei den Schülern der anderen Schularten der Fall ist. Die Auswertung der

Projektergebnisse wird zeigen, daß ganz augenfällig die positive Erfüllung dieser Erwartung zum Erfolg des Unternehmens für diese Schülerfraktion beiträgt.

Die Unsicherheit hinsichtlich der eigenen Fähigkeiten belegen auch die am Beginn der Untersuchung erhobenen Befürchtungen. 6 von 8 sind besorgt über die Möglichkeit „einen schlimmen Fehler" zu machen. Die anderen Befürchtungen werden jeweils nur von 1 bis 2 Projektteilnehmern geteilt.

Dagegen sind die Erwartungen hoch. Nur ein Schüler hat keine Erwartungen. Die anderen erhoffen sich, etwas „über sich selbst" zu lernen. 6 meinen, daß das Praktikum „Spaß" machen könnte und jeweils 5 gehen davon aus, „viel Umgang mit Menschen" zu haben und „die eigenen Grenzen" kennenzulernen. Der berufliche Aspekt spielt nur für 3 eine Rolle.

III.10.2 Das Praktikum

Zwei Schüler leisteten ihren praktischen Einsatz in einer Sozialstation. Ein Schüler und eine Schülerin in einem Altenheim. Ein Schüler und drei Schülerinnen in einer Behinderteneinrichtung.

Es fällt bei dieser Verteilung auf, daß es sich dabei um Felder handelt, die von der Großgruppe eher gemieden werden. Kindergärten und Krankenhäuser sind überhaupt nicht vertreten, also gerade die Felder, die von den Gymnasiasten bevorzugt werden.

Alle Praktikumsplätze wurden durch den Klassenlehrer in seiner Funktion als Koordinator von der Schule bereitgestellt und vor dem Praktikum einzeln vorgestellt. Diese vorbereitende Arbeit scheint in einzelnen der Begründungen für die Wahl des Praktikumsplatzes noch durch:

Schülernummern	Antworten
1 Schüler in einer Sozialstation	wollte viele Erfahrungen sammeln
2 Schüler in einer Behinderteneinrichtung	Hr. [Koordinator] hat es vorgeschlagen
3 Schüler in einem Altenheim	wollte sehen, wie alte Menschen behandelt werden, wollte Beruf vielleicht lernen
4 Schüler in einer Sozialstation	Lehrer hat's mir zugetraut, schickte mich dorthin
5 Schülerin in einer Behinderteneinrichtung	zuerst wollte ich in's Altenheim, habe mit meiner Mutter geredet, dann bin ich doch in die Behinderteneinrichtung, ganz spontan
6 Schülerin in einer Behinderteneinrichtung	zuerst wollte ich ins Altenheim, dann aber aus Spaß, wollte wissen, wie die Behinderten leben, wie die in die Schule gehen, was sie dort machen
8 Schülerin in einem Altenheim	Entfernung von Zuhause war nah, war mir egal wohin
9 Schülerin in einer Behinderteneinrichtung	um zu sehen, wie es dort ist

Tab. 28

Die Antworten sind zwar alle nach dem Praktikum erhoben, sie dokumentieren aber zumeist eine Offenheit, fast Neugierde für die Realsituation der in der Schule vorgestellten Einsatzorte.

Für 7 der 8 Schüler waren die zwei Wochen des Praktikums „eher zu kurz" (3) oder „viel zu kurz" (4); ein Schüler will sich in dieser Frage nicht entscheiden.
Der Blick auf die Einsatzorte legt eine eher anspruchsvolle Praktikumsrealität nahe. Dieser Eindruck bestätigt sich in den Beschreibungen der zu betreuenden Menschen, die den Schülern dort begegnet sind:

Schülernummern	Antworten
1 Schüler in einer Sozialstation	Alte Menschen, Arm/Bein fehlte, Anschlag am Kopf, Lähmung am Körper, Krankheit Krebs, bettlägerig.
2 Schüler in einer Behinderteneinrichtung	Schwerstbehinderte, die konnten nicht mal reden, dort war ich meistens, zwischen 14 und 16 Jahre alt, 3 Jungs, ein Mädchen.
3 Schüler in einem Altenheim	Alte Menschen: nervös, schrien beim Reden, konnten spielen, Unterhaltung möglich.
4 Schüler in einer Sozialstation	Alte, kranke, bettlägerige Menschen, verwirrte.
5 Schülerin in einer Behinderteneinrichtung	Behinderte, einer konnte nicht sitzenbleiben, sagte immer das gleiche; 6 Schüler in meiner Klasse, 14-16 Jahre alt, leicht geistig behindert.
6 Schülerin in einer Behinderteneinrichtung	Eine Klasse mit 5 Kindern (drei Jungen, zwei Mädchen), sie waren lustig, zwischen 9 und 10 Jahre alt, können ihren Namen sagen, aber nicht schreiben, ein Junge konnte nicht seinen Namen sagen.
8 Schülerin in einem Altenheim	Alte Menschen, die gefüttert werden mußten, z.T. im Rollstuhl.
9 Schülerin in einer Behinderteneinrichtung	Körperbehinderte, 6 Schüler zwischen 7 und 8 Jahre alt.

Tab. 29

An den Einsatzorten gelang offenbar eine weitgehende Integration der Förderschüler. In den Schilderungen von typischen Erlebnissen während des Praktikums lassen sich die Aufnahme von Beziehungen zu den betreuten Menschen und die Übernahme von Verantwortung ablesen. Die Antworten vermitteln den Eindruck, daß sich die Praktikanten nicht nur aufgenommen, sondern auch ernst genommen fühlten.

Schülernummern	Antworten
1 Schüler in einer Sozialstation	Mußte einem Mann den künstlichen Darm (Beutel) wechseln.
2 Schüler in einer Behinderteneinrichtung	Ein Kind hat immer genervt, Witze gemacht, herumgerannt.

3 Schüler in einem Altenheim	Leiter ließ mich eine Stunde alleine bei der Gymnastik, ich bekam Kuchen zur Belohnung.
4 Schüler in einer Sozialstation	Ich bekam den Rat, einer alten Frau zu erzählen, ich komme von der SPD und bin Abgeordneter, damit sie Nahrung zu sich nimmt, meine Lieblingsoma.
5 Schülerin in einer Behinderteneinrichtung	Ein 20jähriger Junge kam jeden Morgen mit Sonnenbrille und Mütze und sagte: „Hey Baby!" Dann haben wir zusammen gelacht.
6 Schülerin in einer Behinderteneinrichtung	Am Ende haben alle zusammen gefeiert, daß wir gegangen sind, eine richtig nette Abschlußfeier.
8 Schülerin in einem Altenheim	Ich fütterte eine Frau, sie schaute komisch nach dem Essen, ich habe mich erschreckt.
9 Schülerin in einer Behinderteneinrichtung	Wo wir Fahrrad gefahren sind, mußte ich auf eine aufpassen, sie konnte nicht bremsen, ich bin hinterhergerannt, habe gleich reagiert, dafür bin ich gelobt worden.

Tab. 30

Die zuvor festzustellende Unsicherheit weicht nach dem Praktikum einem erleichterten Selbstbewußtsein. Das Verhältnis zu den Betreuten wird von allen Projektteilnehmern als „sehr gut" oder „gut" qualifiziert.

Dennoch verbleibt diese Relation offenbar in einer wohlwollenden Distanz. „Mitleid" ist das Gefühl, das die Schülerinnen und Schüler am intensivsten empfunden haben (5,9 auf der Skala von 0 = überhaupt nicht bis 9 = sehr stark).
Die folgenden Schüler haben im Interview ihre Angaben für Mitleid noch weiter erläutert:

Schülernummern	Antworten
2 Schüler in einer Behinderteneinrichtung	Mitleid: da war eine, die war ziemlich arm, die konnte zwar laufen, aber wie?! Ich habe gedacht, die kann gleich in den Rollstuhl.
5 Schülerin in einer Behinderteneinrichtung	Mitleid: wie sie aussahen, da hatte ich schon Mitleid mit denen.
8 Schülerin in einem Altenheim	Mitleid: für die alten Leute, weil sie auf Hilfe angewiesen sind.
9 Schülerin in einer Behinderteneinrichtung	Mitleid: mit den Schülern, weil manche nicht essen konnten, man mußte sie füttern, anziehen, einer mußte man die ganze Zeit helfen, sie hat nur zugeguckt.

Tab. 31

Die Angaben bringen auch ein Gefühl der Erleichterung darüber zum Ausdruck, nicht selbst in dieser Lage zu sein. Gleichzeitig scheint das empfundene Mitleid das Motiv für die Unterstützung dieser Menschen in ihrer Situation zu sein.

Daß man für die Arbeit in einer sozialen Einrichtung „Mitleidsfähigkeit" braucht, meinen nach dem Praktikum 4 Schüler, am Anfang waren es nur 2.
An der zweiten und dritten Stelle der empfundenen Gefühle folgen Freude (5,5) und Angst (4,8). Zwei Gefühle, die sich gegenseitig ergänzen. Das Gefühl der Angst setzen die Schüler zeitlich an den Anfang des Praktikums. Sobald aber Vorbehalte und Unsicherheiten verschwunden sind, nach dem Kennenlernen der unbekannten Situation und der persönlichen Bewährung, entwickeln sich Freude über die bewältigten Aufgaben und Erlebnisse und Zuneigung zu betreuten und betreuenden Personen.
Abscheu und Wut, also blockierende Emotionen, haben die Schüler überhaupt nicht empfunden. Dies spricht für die schülergerechte Auswahl der Praktikumsplätze, die passende Vorbereitung und Begleitung.

Die Angaben über empfundene Emotionen dokumentieren gleichzeitig ein gestiegenes Selbstbewußtsein bei den Praktikantinnen und Praktikanten.
Die Formulierung „Ich hätte nie gedacht, daß ..." ergänzen sie folgendermaßen:

Schülernummern	Antworten
1 Schüler in einer Sozialstation	... ich für alte Leute sorgen kann, ich sowas (künstliche Prothesen, wenn sie abgemacht werden) aushalten kann, daß ich sowas machen kann, Mut habe.
2 Schüler in einer Behinderteneinrichtung	... sie so schwer behindert sind, daß sie nichts mehr machen können.
3 Schüler in einem Altenheim	... ich jemandem die Hose ausziehen kann. Ich würde das nie wieder tun, würde nicht wieder dorthin gehen, ich die Zeit durchstehe, harte Arbeit.
4 Schüler in einer Sozialstation	... Hintern abputzen, waschen, füttern kann.
5 Schülerin in einer Behinderteneinrichtung	... ich das schaffen würde.
6 Schülerin in einer Behinderteneinrichtung	... die Kinder mit mir so umgegangen sind, so nett, daß sie gehört haben auf mich.
8 Schülerin in einem Altenheim	... ich Leute füttern kann; ich schwere Leute beim Laufen führen kann.
9 Schülerin in einer Behinderteneinrichtung	o.A.

Tab. 32

„Eigene Fähigkeiten und Grenzen" kennengelernt zu haben, sehen denn auch 6 von 8 als erfüllte Erwartung dieses Projekts.

Einen entscheidenden Anteil an diesem Zuwachs positiver Selbstbewertung hatten die professionellen Kräfte vor Ort. Alle Jugendlichen sind sich darin einig, daß das Verhalten der betreuenden Personen und das Verhältnis zu ihnen „sehr gut" oder „gut" war. Diese Beurteilung erläutern die Projektschüler so:

Schülernummern	Antworten
1 Schüler in einer Sozialstation	Verlangten nichts von mir, schimpften nicht, spielten, machten Spaß.
2 Schüler in einer Behinderteneinrichtung	Der Klassenlehrer war sehr nett, hat sich um mich gekümmert, hat mich zu nichts gezwungen.
3 Schüler in einem Altenheim	Unterstützten mich, fuhren mich nach Hause, waren nett, halfen mit beim Füttern.
4 Schüler in einer Sozialstation	Sie sagten: du bist 'n „Pfundskerle", hatten erst Bedenken wegen Förderschule, schnell, ruhig, gelöst, alles genau besprochen, jeder durfte seine Meinung sagen, auch ich.
5 Schülerin in einer Behinderteneinrichtung	Haben sich gut mit mir verstanden, haben mich nicht abgelehnt. Daß sie das aushalten, ihr ganzes Leben, sie müssen ja jeden Tag dort hingehen.
6 Schülerin in einer Behinderteneinrichtung	Sie waren manchmal sehr streng, ein Kind sollte eine neue Tasse kaufen, die es heruntergeschmissen hatte, genau dieselbe; die Lehrerinnen haben gesagt, daß sie noch nie so jemanden wie mich gehabt haben, daß ich eine gute Erzieherin wäre. Daß sie so etwas über mich sagen: daß ich mit Kindern umgehen kann und so.
8 Schülerin in einem Altenheim	Lobten mich, wir redeten gemeinsam über Probleme.
9 Schülerin in einer Behinderteneinrichtung	Haben mich immer gefragt, ob es mir Spaß macht, haben mir viel gezeigt, mich gefragt, ob ich etwas machen will. Daß sie so viel Geduld haben.

Tab. 33

Die generelle Bewertung der Pflegekräfte entspricht zwar der der Gymnasial- und Hauptschulgruppe, sie ist aber für Schülerinnen und Schülern der Förderklasse von erheblich größerer Bedeutung. Sie brauchen vermutlich mehr als andere Schüler Unterstützung durch Autoritätspersonen, wenn diese eine Tätigkeit der Schüler gut finden, dann werden die Jugendlichen Vertrauen in ihre Fähigkeiten gewinnen. Der weitgehend unbekannte berufliche Erfahrungsraum erschließt sich damit für die Praktikantinnen und Praktikanten in einer entspannten Form.

Negative Beispiele haben die Förderschüler unter den betreuenden Kräften nicht wahrgenommen. 4 von 8 (2 Jungen und 2 Mädchen) haben jedoch Personen erlebt, deren Zuwendung zu den betreuten Menschen sie als vorbildhaft einschätzen.

Alle Schüler beurteilen die Erfahrung des Praktikums als persönlichen Gewinn. Dieser persönliche Fortschritt läßt sich nachdrücklich an den Antworten auf die Frage ablesen, was die Jugendlichen hier vielleicht über sich selbst gelernt haben, oder bei der Frage, worauf sie jetzt vielleicht mehr achten:

Frage: Gibt es etwas, von dem Du sagen würdest: „Das habe ich über mich selbst gelernt."?

Schülernummern	Antworten
1 Schüler in einer Sozialstation	Was ich dort gelernt habe, kann ich auch bei meinem Opa anwenden, technische Tricks: wenden
2 Schüler in einer Behinderteneinrichtung	Ich weiß, wie ich mich verhalten soll, ich wußte nicht, daß ich das konnte.
3 Schüler in einem Altenheim	Ich hätte nicht gedacht, daß ich das zwei Wochen durchstehe, ich dachte jeden Tag, morgen gehe ich nicht wieder hin
4 Schüler in einer Sozialstation	Wieviel ich vertrage, ich hätte mir die Arbeit nie vorstellen können, ich verachtete alte Leute.
5 Schülerin in einer Behinderteneinrichtung	Ja, weil früher, wenn ich Behinderte gesehen habe, habe ich nur hingeschaut, jetzt reagiere ich ganz anders, jetzt denke ich, wie sie sich da fühlen.
6 Schülerin in einer Behinderteneinrichtung	Ja, daß ich den Lehrerinnen mithelfen mußte.
8 Schülerin in einem Altenheim	Ich traute mir die Arbeit nicht zu, ich würde sie wieder tun.
9 Schülerin in einer Behinderteneinrichtung	o.A.

Tab. 34

Frage: Gibt es etwas, von dem Du sagen würdest: „Darauf achte ich jetzt mehr."?

Schülernummern	Antworten
1 Schüler in einer Sozialstation	Ich machte mir bisher nie Gedanken über alte Menschen, jetzt schon.
2 Schüler in einer Behinderteneinrichtung	Ich mache es nicht mehr wie die Leute, die über Behinderte lachen.
3 Schüler in einem Altenheim	o.A.
4 Schüler in einer Sozialstation	Ich höre Alten aufmerksamer zu.
5 Schülerin in einer Behinderteneinrichtung	Ich weiß nicht, vielleicht auf Behinderte.
6 Schülerin in einer Behinderteneinrichtung	Ja, z.B. jemandem helfen, wenn jemand in Schwierigkeiten ist, nicht über die lachen, wenn jemand herunterfällt.
8 Schülerin in einem Altenheim	Auf alte Menschen.
9 Schülerin in einer Behinderteneinrichtung	Ja, auf behinderte Menschen.

Tab. 35

Am Ende des Schuljahres halten 3 Schülerinnen und Schüler eine Fortsetzung des Praktikums für denkbar, eine Schülerin hat ihren Einsatz in der Einrichtung bereits fortgesetzt.

III.10.3 Zur Rolle der Eltern

6 der 8 Schüler schätzen die Haltung ihrer Eltern zum Projekt als „positiv" oder „sehr positiv" ein. Ein Schüler meint, sein Elternhaus sei in dieser Frage indifferent, eine Schülerin kann zu dieser Frage keine Angaben machen.
Die Angaben zur Unterstützung durch die Eltern während des Praktikums stimmen damit überein. Dieselben 6, die ihre Eltern zu Beginn der Untersuchung positiv einschätzten, fühlten sich von diesen auch „gut" oder „sehr gut" unterstützt. Der Schüler, dessen Eltern in seinen Augen dem Projekt gleichgültig gegenüberstehen, erkennt weniger Unterstützung. Die Schülerin, die „weiß nicht" ankreuzte, fühlt sich „überhaupt nicht" unterstützt.

Gespräche führten dagegen alle Praktikanten mit ihren Eltern. Themen waren immer Erlebnisse während des Einsatzes. 3 der Schüler aus den Behinderteneinrichtungen geben im Interview an, sie hätten ihren Eltern die Situation dort nicht nur beschrieben, sondern ihnen auch die notwendigen Formen des Umgangs mit Behinderten erklärt, weil diese sich damit nicht ausgekannt hätten. Damit haben diese Jugendlichen im Elternhaus einen Expertenstatus für bestimmte Fragen des Lebens erlangt. Sie nehmen zu Hause die Rolle des Lehrenden für das von ihnen erschlossene Fachgebiet ein.
Diese Interpretation wird durch die Tatsache unterstützt, daß 6 von 8 Praktikanten angeben, ihnen sei für ihre Leistungen von zu Hause Anerkennung entgegengebracht worden. In der Hauptgruppe sagt das nur ein Viertel der Befragten.

III.10.4 Zur Bedeutung der Schule

Die allgemeine Schulzufriedenheit erreicht unter den befragten Förderschülern den höchsten Wert aller untersuchten Klassen. 6 von 8 Schülern wählen die Antwortmöglichkeit „gut", die beiden anderen die Möglichkeit „es geht". Im Mittel erreicht damit die Schulzufriedenheit fast den Wert der Lebenszufriedenheit. Im Durchschnitt der anderen Schüler divergieren diese beiden Aspekte um einen Punkt.
Diese Werte belegen die integrative Funktion dieser Förderschule für das Leben der Schüler. Die positive Einstellung zur Schule schlägt auf die Beurteilung der unterrichtlichen Komponente des Compassionprojekts durch. 7 von 8 halten die Verbindung von Unterricht und Praktikum für „sehr wichtig" oder „wichtig". Nur ein Schüler gibt an, daß ihm das weniger wichtig sei.

Der folgende Überblick der Schülerangaben belegt, daß neben der allgemeinen Einführung in das Praktikum auch in der Förderschule der Compassionunterricht in den drei Fachbereichen Deutsch, Geschichte/Gemeinschaftskunde und Religion verankert ist:

Schülernummern	Antworten
1	Deutsch: Text über das Praktikum, Sätze. Geschichte: Familie, sozial. Seit 2 Jahren VBL: Vorbereitung auf's Leben, Berufe.
2	Deutsch: Gespräch über Renten und ältere Leute.
3	Weiß nicht mehr, wollte Angst wegnehmen.
4	Deutsch: Lesestücke, Geschichte, verglichen mit dem Praktikum. Politik/Wirtschaft: alte Menschen, Großfamilie, Renten. VWL: Arbeit, soziale Berufe. Gespräche über das Alter, bin froh, daß ich noch jung bin.
5	Religion: Rollstuhl selber fahren und schieben.
6	Religion: Frau besucht, und in ihrem Rollstuhl gefahren, sie gefragt, wie sie sich fühlt.
8	Deutsch: weiß nicht mehr; wir hatten ein extra Fach über das Praktikum.
9	o.A.

Tab. 36

Der erlebte Unterricht wird in seiner Intensität von 7 der 8 Schüler als „gerade richtig" eingeschätzt.
Die Vorbereitung des Praktikums durch den Klassenlehrer bewerten alle Schüler als „sehr gut" oder „gut"; ebenso die Unterstützung während des zweiwöchigen Einsatzes.
Am Ende des Schuljahres fühlen sich alle Projektteilnehmer von ihren Lehrerinnen und Lehrern „sehr gut" oder „gut" beurteilt. Allerdings gibt es zwei Schüler, denen dieses Urteil gleichgültig war, alle anderen haben sich über die lobenden Rückmeldungen gefreut. Erläuternd äußern sie, daß das Interesse der Lehrer und ihr Lob sich zumeist auf ihr Durchhaltevermögen gerichtet habe.
Auch am Ende können wieder alle Schüler über Fachunterricht zum Thema Compassion berichten. Und auch noch zu diesem Zeitpunkt wird die Vor- und Nachbereitung des Projekts allgemein als „sehr gut" oder „gut" qualifiziert.
Diese günstige Beurteilung des Unterrichts schlägt sich auch in der Bewertung der allgemeinen Leistungsfähigkeit des schulischen Unterrichts nieder. Daß Schule „Wissen über die Welt, wie sie wirklich ist" vermittle, meinen am Ende des Schuljahres mehr Schüler; ebenso bei der Fragestellung „Wissen über mich" und „Nachdenken über mich".

Zahl der Zustimmungen (absolute Zahlen)	Wissen, wie die Welt wirklich ist	Wissen über mich	Nachdenken über die Welt, wie sie sein soll	Nachdenken über mich
am Anfang des Schuljahres	5	6	5	6
am Ende des Schuljahres	7	8	4	8

Tab. 37

Daß bei intensivem Unterricht zu Compassion der Ich-Aspekt des Unterrichts günstiger bewertet wird, stimmt im Trend mit der Beobachtung in denjenigen Gymnasial- und Hauptschulklassen mit vielfältigem Compassionunterricht überein.
Die personale Verbindung von Koordinatoren- und Klassenlehrerfunktion, also die Verbindung von praktischer Vorbereitung und unterrichtlicher Bearbeitung sowie die Integration in den Religionsunterricht führt offenbar auch zu einem Anwachsen der Sachkompetenz des Unterrichts in den Augen der Schülerinnen und Schüler.

Die Erklärung eines Schülers, er habe zu seinem Klassenlehrer ein besseres Verhältnis gefunden: „ ... weil er mir geholfen hat, seit dem Praktikum streiten wir uns nicht mehr" (F 1), mag als Facette die Bedeutung des Praktikums für Schüler und Schule abschließend illustrieren.

III.10.5 Entwicklungen

Daß es Menschen gibt, „die mehr Zuwendung brauchen als andere", meinen zu Beginn der Untersuchung 5 von 8 Schülern. Am Ende des Schuljahres stimmen dem alle befragten Förderschüler zu.
Das Erleben von Menschen mit ihren Abhängigkeiten, ihrer Hilfsbedürftigkeit und ihrer Unterstützungswürdigkeit hat bei den Teilnehmern des Projekts zu Wahrnehmungsmodifikationen geführt. Die Erfahrung, etwas leisten zu können, führt zu einem verbesserten Selbstwertgefühl und deshalb zu einer größeren Aufmerksamkeit und intensiveren Zuwendung zu anderen Menschen.

Im ersten Abschnitt des Fragebogens sagen wieder 5 von 8, ihnen sei der Einsatz für andere Menschen oder das Dasein für andere Menschen „wichtig". Diese Wertorientierungen halten am Ende des Untersuchungszeitraums ausnahmslos alle für „wichtig".
Die sozialpolitische Fragestellung, die in den Augen der Schüler wünschenswerte Modelle zur Lösung einer selbstdefinierten Krisensituation erheben will, erwies sich für die Förderschulgruppe als ungeeignet. Im 1. Fragebogen kann nur ein Schüler Aussagen über Ursachen und Inhalte einer sozialen Krise in unserem Land formulieren. Und auch am Ende des Schuljahres hat sich dieser Befund nicht verändert. Die vorgeschlagenen Lösungsmodelle müssen daher unberücksichtigt bleiben.
Im Blick auf die weiter oben gemachten Beobachtungen einer besonderen Beziehung zu den professionellen Kräften in den Einrichtungen mag es nicht überraschen, daß nach dem Praktikum die Zahl derer, die eine bessere Ausbildung der Fachkräfte verlangen, von 5 auf 1 sinkt. Gleichzeitig sagen jetzt 2 Schüler, daß mehr Fachkräfte notwendig wären. Am Anfang des Schuljahres sah dies keiner aus der Klasse so.

III.10.6 Jahresrückblick

6 der 8 Befragten meinen, daß das Schuljahr mit Praktikum und begleitendem Unterricht für ihre Mitschüler eine „große" oder „sehr große Bedeutung" gehabt habe.

Sie stellen bei ihren Mitschülern Erfahrungsfortschritte und positive Veränderungen fest:

Schülernummern	Angaben
1 Schüler in einer Sozialstation	große: daß sie auch ihre Erfahrungen gemacht haben. Z.B. wie die Behinderten sind, sie haben darüber 'was gelernt, jetzt lachen sie nicht mehr.
2 Schüler in einer Behinderteneinrichtung	große: es gehen einem die Augen auf, das Praktikum war wichtig.
3 Schüler in einem Altenheim	weiß nicht
4 Schüler in einer Sozialstation	große: wenn ich jetzt alten Leuten begegne, denke ich an das Praktikum; Entscheidung Zivi oder Bund fällt jetzt leichter.
5 Schülerin in einer Behinderteneinrichtung	große: sie sind selbstbewußter geworden.
6 Schülerin in einer Behinderteneinrichtung	große: wir haben viel im Praktikum über Behinderte gelernt.
8 Schülerin in einem Altenheim	große: sie haben auch Erfahrungen gemacht.
9 Schülerin in einer Behinderteneinrichtung	geringe Bedeutung: x

Tab. 38

Versteht man diese Äußerungen als Spiegelung der eigenen Innenwelt, dann erneuert sich hier der Eindruck der gestiegenen Selbstsicherheit aufgrund von authentischer Kenntnis.

Daß andererseits die Werte für die Zufriedenheit mit der eigenen „Ausdauer" und „Geduld" im Verlauf der Untersuchung sinken, vermag diesem Eindruck nur auf den ersten Blick zu widersprechen. Die Fähigkeit, sich selbst kritischer zu beurteilen, kann auch als Hinweis auf eine neu gewonnene Ich-Stärke gewertet werden. Und erst auf der Basis dieses Selbstwertgefühls wird diese kritische Distanz zu sich selbst möglich.

Am Ende des Schuljahres ziehen alle das Resümee: „Das sollte jeder einmal machen." Einen Fortschritt für die eigene Persönlichkeit stellen 7 bei sich fest. „Neue Einsichten in das Leben" meinen 6 gewonnen zu haben und ebenfalls 6 bekräftigen, daß sie in diesem Schuljahr „etwas Wichtiges" geleistet haben.

Die Aussagen der Schüler über persönliche Lernfortschritte am Ende der Untersuchung dokumentieren die Inhalte der bisher nur an Quantitäten festgemachten Entwicklungen.

Schülernummern	Angaben
1 Schüler in einer Sozialstation	Ich bin nicht mehr wie früher; früher habe ich gesagt: die Alten! Heute hoffe ich für mich, daß ich fit bleibe. Am Anfang gab es Tage dort, wo es mir schlecht geworden ist.

2 Schüler in einer Behinderteneinrichtung	Ich wußte nicht, daß ich mit Behinderten umgehen kann.
3 Schüler in einem Altenheim	nein
4 Schüler in einer Sozialstation	Ich halte viel aus, bin geduldig, wenn es sein muß.
5 Schülerin in einer Behinderteneinrichtung	Daß ich viel Angst habe, daß ich sehr aufgeregt bin.
6 Schülerin in einer Behinderteneinrichtung	Ich habe gelernt mit Leuten umzugehen, mit Behinderten umzugehen, wenn Menschen in Schwierigkeiten sind, muß man helfen.
8 Schülerin in einem Altenheim	Ich hätte mir nicht soviel zugetraut; ich habe gemerkt, daß ich mehr kann als ich gedacht habe.
9 Schülerin in einer Behinderteneinrichtung	ja: bei Prüfungen: hatte Angst, habe es doch geschafft.

Tab. 39

III.10.7 Fazit

Das Projekt Compassion erweist sich als entwicklungsfähig auch für die Bedürfnisse einer Förderschule.
Die Funktion des langjährigen Klassenlehrers als Koordinator gewährleistet zusammen mit den Faktor, daß die Förderschulgruppe klein und überschaubar ist, die genaue Kenntnis der Schülerpersönlichkeit und eine enge Begleitung im Praktikum.

Man kann nicht sagen, daß der im Unterricht aufgehobene kognitive Aspekt des Projekts in der Förderschule eine untergeordnete Rolle spielt. Der Inhalt der Fächer kann und wurde auf das Praktikum ausgerichtet und so auch von den Schülerinnen und Schülern wahrgenommen.
Die festgestellten positiven Veränderungen der prosozialen Dispositionen der Schüler rühren allerdings weniger aus der Reflexion moralischer, politischer oder anderer Dimensionen des Projekts, sondern sie entstehen, wenn Fachlehrer, Eltern und Fachkräfte der sozialen Einrichtungen zur Selbstwertbildung der Schüler beitragen. In der Schule geschieht dies im Unterricht und über die unterrichtlichen Themen.
Das auf diesen Wegen gewonnene neue Selbstbewußtsein der Projektteilnehmer bildet die Basis, auf der die Reflexion auf den anderen hin aufbaut.
Abschließend soll noch angemerkt werden, daß für Schulleitung und Klassenlehrer ein Erfolg des Compassionprojekts auf einer sehr konkreten Ebene abzulesen ist. Daß sich in dem Schuljahr der wissenschaftlichen Begleitung mehr Schüler als noch zu Beginn der Klasse 9 erwartet der externen Hauptschulprüfung gestellt und sich dort auch erfolgreich bewährt haben, führen sie auf die Teilnahme dieser Jugendlichen an Compassion zurück.

III.11 Das Compassionprojekt in der Realschule

III.11.0 Vorbemerkungen

In der Beschreibung der untersuchten Schulen wurde deutlich, daß sich das Compassionprojekt als anpassungsfähig erweist. Grundentscheidungen und Gegebenheiten der einzelnen Schulen können mit den wesentlichen Merkmalen von Compassion in Übereinstimmung gebracht werden. Während die Gymnasien das Projekt in der 11. Klasse ansiedeln, plazieren die Schulformen ohne Oberstufe Compassion in Jahrgangsstufe 9.

Das Compassionprojekt führt die teilnehmenden Schülerinnen und Schüler in seinem praktischen Teil in Lebensbereiche, denen eine eigene Belastungsqualität innewohnt. Auch aus diesem Grund legen die bisher untersuchten Schulen den Termin des Projekts und damit des Praktikums möglichst weit in die höheren Jahrgänge.
In der nun darzustellenden großstädtischen Realschule wird das Praxis- und Unterrichtsprojekt in Klasse 7 durchgeführt. In dieser Schule ist der soziale Einsatz Teil einer Gesamtkonzeption mit verschiedenen Angeboten nach dem Unterrichtsvormittag. In jedem Schuljahr wählen die Schülerinnen und Schüler neue Schwerpunkte, in denen sie ein ganzes Halbjahr hindurch aktiv sind. Diese Aktionen beschränken sich nicht auf soziale Praktika, sondern umfassen z.B. auch den Bereich Sport oder Musik.
Die Schule will mit diesem Profil den erzieherischen Auftrag umsetzen, vor den sie sich aufgrund ihrer Lage in einem sozialen Brennpunktviertel dieser Großstadt in besonderer Weise gestellt sieht.

Die Entscheidung für Klasse 7 bedingt eine abgestimmte Organisationsform von Compassion. Über ein Schulhalbjahr hinweg besuchen die Schülerinnen und Schüler an einem Nachmittag in der Woche gemeinsam eine Behinderteneinrichtung. Die Projektteilnehmer entscheiden sich am Beginn des Schuljahres für den sozialen Zweig des schulischen Angebots. Die Wahl für einen bestimmten Typus sozialer Einrichtungen ist nicht gegeben.
Die Aktivität der 12- bis 14jährigen besteht vor Ort auch nicht in einer Unterstützung der Pflegekräfte, sondern vielmehr in der Kontaktaufnahme mit den betreuten Jugendlichen in der Einrichtung. Die Schülerinnen und Schüler werden bei ihren Besuchen immer von der organisierenden Lehrkraft begleitet. Sie bereitet den Einsatz vor und nach und bleibt während der Nachmittage präsent.

Die nun vorzustellenden Ergebnisse beziehen sich auf die Befragung der 6 Schülerinnen und zwei Schüler aus zwei Parallelklassen des Jahrgangs 97/98, die den praktischen Einsatz im zweiten Halbjahr leisteten. Das Untersuchungsinstrumentarium mußte an die modifizierte Form der Durchführung angepaßt werden.

Da in diesem Fall das Schuljahresende und das Ende des Praktikums identisch sind, konnten Ergebnisse nur an zwei Stellen erhoben werden. Wegen des Altersdurchschnitts der Projektschüler wurde der 1. Fragebogen in der für die Förderschule veränderten Form vorgelegt. Die zweite Befragung bestand in einer Kombination aus dem 2. und 3. Fragebogen am Ende des Schuljahres. Zusätzlich wurden die Schülerinnen und Schüler in beiden Abschnitten von Mitarbeitern der wissenschaftlichen Begleitung zu ausgewählten Abschnitten in einem Interview befragt.

III.11.1 Voraussetzungen

Zunächst fällt auf, daß die Mädchen in der Projektgruppe stark vertreten sind. Zwei der Schülerinnen würden unter die oben (III.7) beschriebene Kategorie der kirchlich gebundenen fallen. Bedenkt man, daß die Jugendlichen an der untersuchten Realschule den sozialen Bereich unter verschiedenen Angeboten wählen konnten, verwundern diese und die weiteren Ausgangsbedingungen nicht. Nach der Zahl der positiven Nennungen setzen wie in allen anderen bisher vorgestellten Gruppen auch die Realschüler ein Engagement in Vereinen, Politik, Kirche und Umwelt auf die letzten Plätze ihrer Wertorientierungen. Nur 0 bis 2 Schüler halten dies für „wichtig". Bereits mit deutlichem Abstand folgt die Orientierung „einen Sinn im Leben finden"; dies halten 5 von 8 für „wichtig". Neben dem Ziel „einen guten Beruf" zu finden, messen alle Befragten auch den Parametern „eine richtige Familie haben", „mich für Menschen, die mir nahe stehen einzusetzen", „mich für andere Menschen einzusetzen" und „für andere dazusein" Wichtigkeit bei. Während ein Engagement für Menschen außerhalb des eigenen Nahbereichs in den anderen Gruppen einen Platz im unteren Mittelfeld einnimmt, liegt es in diesem Fall an der Spitze der Wichtigkeit:

Wertorientierungen	wichtig	unwichtig	weiß nicht
für andere Menschen dazusein	8	0	0
für Familie und Freunde dasein	8	0	0
sich für Familie und Freunde einzusetzen	8	0	0
einen guten Beruf zu haben	8	0	0
eine richtige Familie zu haben	8	0	0
viele Freunde zu haben	7	0	1
verstanden zu werden	7	0	1
so zu leben, wie ich bin	7	0	1
mit Menschen zu reden	7	0	1
mich für andere Menschen einzusetzen	7	0	1
das Leben zu genießen	7	1	0
Geld zu verdienen	6	0	2
Spaß zu haben	5	0	2
einen Sinn im Leben zu finden	5	1	2
beim Umweltschutz mitzumachen	2	2	4
in der Kirche/religiösen Gemeinschaft mitzumachen	1	3	4
etwas in der Politik zu verändern	1	2	5
in einem Verein mitzumachen	0	7	1

Tab. 40

Im Vergleich zu der dargestellten Priorisierung fällt bei der Einschätzung der Wichtigkeit der Orientierungen im Erwachsenenumfeld auf, daß hier von den Schülern weniger Prosozialität wahrgenommen wird. Während noch 7 meinen, die eigene Familie und die Freunde seien den „Erwachsenen ihrer Umgebung" ein „wichtiger" Bereich des persönlichen Einsatzes, sinkt die Zahl der Schüler, die dies für einen Außenbereich annehmen auf 4. Diese Unterschiede belegen einmal die Aufmerksamkeit der Befragten für die im Fragebogen gemachten Differenzierungen. Darüber hinaus muß in drei Fällen davon ausgegangen werden, daß die Erwachsenenumwelt nicht als Verstärkung der eigenen Prosozialität wirksam ist.

Bei der Motivation für das konkrete Praxisvorhaben zeigt sich erneut die positive Ausgangslage der Teilnehmer. Die ablehnenden Beweggründe „habe keine Wahl", „tue es, weil es alle tun" und „kann weg vom Schulalltag kommen" werden von niemandem aus der Gruppe als „wichtig" eingeschätzt.
Die Schülerinnen und Schüler sind zum Zeitpunkt der 1. Befragung bereits über ihren Einsatz bei Behinderten informiert worden. Es ist eine für sie fremde Welt, denn nur ein Schüler gibt an, außerhalb von Familie und Schule „freiwillige Einsätze für andere Menschen" geleistet zu haben. Wohl auch aus diesem Grund erhoffen sich 7 von 8, „neue Erfahrungen mit Menschen zu machen". Wiederum für 7 aus der Gruppe ist die Option „helfen zu können" wichtig.

Die persönlichen Voraussetzungen für ein Gelingen des Praktikums sind damit offenbar gegeben.
Unentschieden stellt sich die Elternhaltung dar. In den Augen der Jugendlichen halten nur 4 Elternhäuser das Unternehmen für „positiv" oder „sehr positiv". 4 können sich unter den angegebenen Möglichkeiten nicht entscheiden und wählen „weiß nicht".

III.11.2 Das Praktikum

Es mag am Alter der Schülerinnen und Schüler liegen, es mag aber auch seinen Grund in der Organisationsform des Praktikums haben, daß die Praktikanten auf die Frage nach der Dauer des Praktikums eher zurückhaltend antworten. Im Gegensatz zur 14tägigen Form des Praxisteils, bei dem fast alle Schüler aus dem Behindertenbereich (92%) meinen, der Zeitraum sei „zu kurz" gewesen, meinen das in der Realschulgruppe nur 2 der 8 Schüler. Alle anderen wollen sich in dieser Frage nicht festlegen. Auf die Nachfrage im Interview geben dann 4 der 6, die die Antwortmöglichkeit „weiß nicht" angekreuzt haben, an, sie hätten die Dauer „gerade richtig" gefunden.

Dennoch war die Zeit nur für 1 Schüler zumindest zeitweise „langweilig", alle anderen haben keine Verwirklichung negativer Befürchtungen erlebt. Am Anfang der Untersuchung hatten immerhin 6 von 8 befürchtet, „einen schlimmen Fehler" zu machen.
Im Positiven erfüllten sich dagegen sehr bestimmte Erwartungen. 7 von 8 geben an, sie hätten gelernt, „sich in bestimmten Situationen richtig zu verhalten" und „viel Umgang mit Menschen" gehabt. „Praktische Fähigkeiten" erworben zu haben, meint dagegen nur 1 von 8. Hier spiegeln sich zum einen die Bedingungen von Behinder-

teneinrichtungen allgemein wider. Dieses Profil der erfüllten Erwartungen entspricht ziemlich genau den Erfahrungen der anderen Compassionschüler aus der Gesamtgruppe, die den Behindertenbereich gewählt hatten. Der dort gewonnene Eindruck des unmittelbaren und entgrenzenden Zugehens von behinderten Menschen zu den Jugendlichen wiederholt sich hier. Zum anderen belegen die Schüleräußerungen, daß ihre Aufgabe innerhalb der Einrichtung eben nicht in einer Betreuungsfunktion, sondern im Kennenlernen und in der Kontaktaufnahme mit den dort betreuten Jugendlichen bestand.

Übersicht über erfüllte Erwartungen:

Parameter	Zahl der Zustimmungen (absolute Zahlen)
daß ich lerne mich in bestimmten Situationen richtig zu verhalten	7
daß ich viel Umgang mit Menschen habe	6
daß ich etwas über mich selbst lerne	4
daß ich meine eigenen Fähigkeiten und Grenzen kennen-lerne	4
daß ich Spaß habe	4
daß ich mir über meiner Berufswahl klar werde	2
daß ich praktische Fähigkeiten erwerben kann	1
nichts davon	1

Tab. 41

Der Einsatzbereich „Behinderteneinrichtung" erscheint somit unter der Berücksichtigung der geringen Selbständigkeit der Realschüler in Klasse 7 sehr günstig gewählt. Ähnlich sinnvoll wäre wohl nur noch der Einsatz bei älteren Menschen. Der Behindertenbereich ermöglicht den direkten Kontakt zu einer Gruppe von Menschen, die in der Alltagswirklichkeit der Schüler zumeist nicht vorkommt. Er bietet ihnen gleichzeitig die Chance der unkomplizierten Eingliederung in die dort anzutreffenden Tagesabläufe.

Daß diese Eingliederung gelungen ist, belegen die Angaben über das Verhältnis zu den betreuten Menschen vor Ort. Alle beschreiben dieses Verhältnis als „positiv" oder „sehr positiv", ebenso wie das Verhalten der Behinderten. Diese Positivität schlägt sich auch in den Beschreibungen der dort betreuten Menschen nieder:

Schülernummern	Antworten
1	Sie waren alle ganz nett; manche konnten nicht gehen; manche haben einen nicht verstanden und sind geistig behindert.
2	Sie sind nett, aufmerksam.
3	o.A.
4	Sie taten mir leid, da einer durch einen explodierenden Gasherd verletzt wurde, er sieht schrecklich aus, hat überall Narben. Jugendliche von 11 bis 18.

5	Sie waren ängstlich, nervös.
6	Da war ein Junge, ungefähr 20, konnte nicht gut laufen [Name]. Ein Mädchen, das nicht sprechen konnte und gesabbert hat [Name]. Ein Junge, der im Rollstuhl saß, der nichts reden konnte und noch eine andere Behinderung. Ein kleines Mädchen, das im Rollstuhl saß [Name].
7	Sie sind eigentlich so wie wir. Nur daß sie halt eine Behinderung haben.
8	Da war eine, die konnte ihren Arm nicht mehr bewegen, aber die war genauso wie ich, hört die gleiche Musik wie ich. Oder da war eine total Behinderte, also die konnte nicht gehen, war 25kg leicht, war 17/18 und war 92cm lang, aber sie konnte super Gitarre spielen, besser als die im Fernsehen.

Tab. 42

Unter den empfundenen Gefühlen liegen „Bewunderung" und „Freude" mit Abstand auf den ersten beiden Plätzen. Die Ursache der Bewunderung liegt offenbar in der unerwarteten Selbständigkeit und der erlebten Lebensfreude der in der Einrichtung betreuten Menschen.

Dies belegen nachdrücklich die Äußerungen der befragten Praktikantinnen und Praktikanten als Satzergänzung zu „Ich hätte nie gedacht, daß ... :

Schülernummern	Antworten
1	... es so schwer behinderte Menschen gibt.
2	... sie fast so sind wie wir.
3	... sie so lässig mit ihrer Behinderung umgehen.
4	... die behinderten Menschen so geschickt sind.
5	... diese Menschen so gut mit ihre Behinderung umgehen können.
6	... solche behinderten Leute so viel machen können wie normale Kinder. Ich z.B. kann kein Schlagzeug spielen, aber die konnten es.
7	... diese Menschen so viel Spaß am Leben haben wie wir.
8	... ich hätte nie vorher gedacht, dass die genauso fühlen, denken oder die gleichen Handlungen wie wir vollstrecken.

Tab. 43

Das Verhältnis zu den beschäftigten Personen beurteilen wiederum alle als „sehr gut" oder „gut" und auch deren Verhalten.

Besonders hervorgehoben wird von den Jugendlichen die Zuwendung der Pflegekräfte zu den Behinderten. Die Satzergänzungen mit Blick auf die beschäftigten Personen zu „Ich hätte nie gedacht, daß ..." belegen dies:

Schülernummern	Antworten
1	... manche Menschen so viel Geduld mit anderen Menschen haben.
2	... die so hilfsbereit sind.
3	... das Personal strenger war als wir.
4	... die Betreuer so viel Zeit verbringen, um den Behinderten das Leben beizubringen.
5	... sie gut umgehen mit den Behinderten.
6	... Menschen so viel Geduld haben und das was sie dort machen, auch gerne ihr Leben lang machen würden.
7	... die so nett mit den Behinderten umgehen.
8	... so viele Zivis dort freiwillig mithelfen oder die Mitarbeiter.

Tab. 44

Gefragt nach den persönlichen Voraussetzungen, die man für die Arbeit in einer sozialen Einrichtung mitbringen muß, steigen denn auch die Zahlen der Zustimmung für Geduld (8/+2), Ausdauer (5/+3) und Selbstlosigkeit (4/+3) im Untersuchungszeitraum am stärksten. Alle anderen Veränderungen liegen zwischen +1 und -3.

Die Interviewantworten zur Eigenschaft „Geduld" unterstützen den Eindruck, daß sich die Schüler nach dem Praktikum in die Lage der Hilfsbedürftigen versetzen und wissen, was von ihnen gefordert ist. Dem Vermögen, seine eigenen Grenzen zu überwinden, die eigenen Interessen, den eigenen Zeitplan zurückzustellen angesichts des Menschen, der auf Zuwendung angewiesen ist, weisen mehr Schülerinnen und Schüler eine Wichtigkeit zu. Sie tun dies aufgrund ihrer authentischen, persönlichen Erfahrung und Selbstwahrnehmung.

Schülernummern	Erläuterungen zum Begriff „Geduld"
1	Man muß mit den Behinderten viel Geduld haben.
2	o.A.
3	Der Behinderte versteht ja nicht gleich, was man ihm sagt.
4	Z.B. bei Kindern die kann man nicht einfach in die Ecke setzen; und wenn, unsere Eltern haben auch viel Geduld mit uns gehabt.
5	Wenn die es nicht sofort kapieren.
6	Man muß Geduld mit den Behinderten haben und um sie zu verstehen.
7	Wenn man keine Geduld hätte und alles beim ersten Mal aufgeben würde, wäre es schlecht.
8	Damit man nicht gleich aufgibt, und so lange was macht, bis es fertig ist.

Tab. 45

Die bereits im 1. Fragebogen von den Projektteilnehmern eher zurückhaltend eingeschätzte Position der Eltern dokumentiert sich erneut am Ende der Untersuchung. Nur

3 von 8 fühlten sich von zu Hause „gut" oder „sehr gut" unterstützt; 3 „weniger gut" oder „überhaupt nicht", 2 wählen „weiß nicht". Dennoch hatten alle befragten Realschüler Gespräche mit ihren Eltern. Dabei zeigten sich für die Schüler in 6 Fällen die Eltern an deren „Arbeit interessiert", in 4 Fällen für deren Erfahrungen. Für alle anderen Parameter äußern nur 1 bis 3 Schüler Zustimmung.

Aufgrund der Größe der Stichprobe ist es schwierig, eine klare Aussage zu formulieren, aber vielleicht könnte durch eine intensive Elternarbeit der erzieherische Effekt des Compassionprojekts verstärkt werden.

III.11.3 Schule und Unterricht

Die Organisation der Praxis an der untersuchten Realschule macht die Ausrichtung unterrichtlicher Prozesse im Sinne des Projektkonzepts eher schwierig. Die Schülerinnen und Schüler gehen nicht im Klassenverband und nicht zur gleichen Zeit ins Praktikum, sondern in verschiedenen Etappen aufgrund persönlicher Vorlieben. Und auch im Verlauf des Schuljahres nehmen nicht alle Schüler eines Jahrgangs am Projekt teil. Das soziale Praktikum stellt eben nur eine Möglichkeit unter verschiedenen Varianten außerunterrichtlicher Aktivität dar. Die koordinierende und hier auch begleitende Lehrkraft ist in der Jahrgangsstufe nicht als Fachlehrerin eingesetzt. Die Fachlehrer der beiden Parallelklassen sind in das Sozialprojekt nicht einbezogen. Sie sind z.T. für andere Angebote zuständig.

Die allgemeine Vorbereitung ihres praktischen Einsatzes beurteilen 6 der 8 Praktikanten als „sehr gut" oder „gut". Und auch die Unterstützung während der Nachmittage in der Behinderteneinrichtung finden 6 von 8 „sehr gut" oder „gut", nur in einem Fall „weniger gut". Die Form und Durchführung des Praktikums scheint für die Schüler mit Blick auf die Schule offenbar gelungen zu sein.

Positive Rückmeldungen von anderen Lehrern empfanden nur 2 der 8 Jugendlichen. Von den anderen 6 fanden das 2 enttäuschend, 3 weiteren war eine fehlende Rückmeldung „egal". Die beiden enttäuschten Schüler hätten sich gewünscht, „ ... daß wir in der Schule darüber geredet hätten" und „ ... sie [sc. die Lehrer] auch irgendwo mitmachen".

Über Unterricht zu Compassion können nur 2 Schüler Aussagen machen. Sie nennen übereinstimmend Gemeinschaftskunde als Fach. Sie stammen beide aus einer der zwei Parallelklassen. Der Religionsunterricht, der sonst immer eine große Rolle spielt, taucht bei der Realschule überhaupt nicht auf und wurde zu Beginn der Untersuchung auch nur von einem Schüler als wünschenswertes Fach genannt.

Jeder zweite Jugendliche meint, das Thema „Menschsein für andere" sei zu wenig im Unterricht besprochen worden. 2 der Projektteilnehmer fanden die Intensität des Unterrichts „gerade richtig", können aber keine Aussagen über Unterricht machen. 5 von 8 können daher auch nicht sagen, ob die unterrichtliche Vor- und Aufbereitung etwas gebracht hat. Man muß damit den Schluß ziehen, daß Compassionunterricht, wenn überhaupt, dann in einer für die Schülerinnen und Schüler kaum wahrnehmbaren Form stattgefunden hat.

Außer der koordinierenden Lehrkraft hat kein anderer Lehrer etwas über seinen Unterricht zurückgemeldet. Dieser Befund erklärt sich vielleicht auch durch den Umstand, daß im Jahr der Untersuchung die Schulleitung, auf deren Initiative die Einführung des weiter oben skizzierten Schulprofils zurückgeht, an eine andere Schule gewechselt ist.

Aus diesen Beobachtungen muß nunmehr gefolgert werden, daß die fehlende Integration der Fachlehrer in den beiden Projektklassen zu einem weitgehenden Ausfall des unterrichtlichen Aspekts von Compassion geführt hat. Damit begibt sich diese Schule nicht nur der Möglichkeit der sachorientierten Reflexion des eigenen Erlebens im Praktikum und der Weitergabe der Erfahrung an Mitschüler im Rahmen unterrichtlich geführter Prozesse, sondern die Schule verliert damit die in dieser Altersstufe kaum zu unterschätzende Chance der verstärkten Selbstwertbildung, wie sie durch qualifizierende Rückmeldungen der Lehrkräfte gegeben wäre.

Praktikum und Unterricht scheinen für die Schüler getrennte Bereiche zu sein. Es verwundert daher auch nicht, daß die Leistungsfähigkeit von Unterricht in den verschiedenen Feldern zwischen dem Beginn und dem Ende der Untersuchung kaum divergiert. Ein gemeinsamer Trend ist nicht auszumachen.

Veränderung der Zustimmung zu:	Projektbeginn	Projektende
Wissen wie die Welt wirklich ist	6	6
Wissen über mich	1	3
Nachdenken, wie die Welt sein soll	4	3
Nachdenken über mich	3	2

Tab. 46

III.11.4 Entwicklungen

In den projektrelevanten Parametern der Wertorientierungen gibt es keine nennenswerten Veränderungen der Zustimmung. Die Differenzbeträge schwanken zwischen -2 („für andere Menschen dasein") und +2 („in einem Verein mitmachen"; „einen Sinn im Leben finden").

Die Praxiserfahrung wird - wie gesehen - von den Realschülern positiv gewertet. Dies zeigt sich auch in der Veränderung der Befürwortung verschiedener Lösungsmodelle für die soziale Krise. Am Ende des Schuljahres plädieren 5 (+3) Projektteilnehmer für „mehr freiwilligen und unbezahlten Einsatz in den Einrichtungen vor Ort". Im Trend der anderen Schüler liegen die Steigerungen der Inpflichtnahme des Staates: 3 (+2) und der Forderung nach einer Vergrößerung der Zahl der Fachkräfte: 3 (+3).

III.11.5 Rückblick

7 von 8 beurteilen das Projekt in der von ihnen erlebten Form als „gute und wichtige Erfahrung". Daß das „jeder einmal machen" sollte, sagen immerhin noch 5. Der Antwortmöglichkeit, Compassion habe ihnen „neue Einsichten in das Leben" gebracht, stimmen immerhin noch 5 zu. Inhaltlich werden diese Einsichten der Schülerinnen und Schüler in den folgenden Aussagen faßbar:
Die Frage lautet: „Gibt es etwas, von dem Du sagen würdest, daß Du es in diesem Schuljahr über andere Menschen gelernt hast?"

Schülernummern	Antworten
1	Daß nicht alle Menschen es so gut haben wie wir, viele wünschen sich, daß sie laufen könnten, daß man denen mehr helfen sollte.
2	Daß die kein Mitleid brauchen. Möchten die auch gar nicht.
3	Daß man Geduld braucht, daß man zuhören muß, wenn die was sagen.
4	Behinderte bewegen sich wie wir, ich dachte vorher, daß sie eine Helferin dabei haben. Behinderte sind genauso Menschen wie wir.
5	Wie die mit der Behinderung klar kommen.
6	Behinderte sind nicht anders als wir, egal wie sie aussehen.
7	Über diese behinderten Menschen halt, ich weiß jetzt, wie sie sind.
8	Nein.

Tab. 47

Obwohl die Praktikantinnen und Praktikanten in der Behinderteneinrichtung nicht als Fachkräfte eingesetzt waren, hatten doch 5 von 8 „das Gefühl gebraucht zu werden". Und für keinen der 8 Schüler war dieses Schuljahr „wie alle anderen auch".

III.11.6 Fazit

Die Äußerungen der Jugendlichen belegen eindrucksvoll, daß sich ihnen im Praktikum eine neue Lebenswelt erschlossen hat, daß sie frühere Urteile über behinderte Menschen revidiert haben und Scheu und Vorbehalte ablegen konnten.
Das Modell, das Compassionpraktikum als wöchentlichen von einer Lehrkraft begleiteten Nachmittagstermin zu realisieren, scheint der Altersstufe angemessen zu sein.

Neben der möglicherweise fehlenden Einbindung der Eltern erscheint aber besonders die fehlende Integration der Lehrkräfte als ein Defizit, das durch Veränderungen der Organisationsform auszugleichen wäre. Würden die Klassengemeinschaften als Ganze am Praktikum teilnehmen und von den Fachlehrern dorthin begleitet werden, würde sich die Aufmerksamkeit der Lehrerinnen und Lehrer auch im Unterricht auf dieses Unternehmen ausrichten.

Aber auch in der beschriebenen Form erweist sich die für die untersuchte Realschule, Jahrgangsstufe 7, adaptierte Form von Compassion als sinnvolle Vorlaufphase für das eigentliche Unternehmen mit selbstverantwortlicher Tätigkeit in Klasse 9 oder 10 und damit als bedenkenswerte Erweiterung des Modellprojekts.

Teil C: Zusammenfassung und Empfehlungen

1. Zusammenfassung

Ziel des Compassion-Projekts ist die Entwicklung und Stärkung sozialverpflichteter Haltungen unter Schülerinnen und Schülern. Die Initiatoren sehen darin eine herausragende gesellschaftspolitische Aufgabe, die zunehmend auch die Schulen zu übernehmen hätten, wenn es darum geht, die heranwachsende Generation für eine Gesellschaft der ‚Mitleidenschaft', der Solidarität und des Engagements für jene zu gewinnen, die sich, aus welchen Gründen auch immer, aus eigenen Kräften nicht helfen können oder nicht mitkommen. Genau diese Haltung sozialverpflichteten Engagements meint das Wort Compassion.

Die Schülerinnen und Schüler gehen während des Schuljahrs in der Regel (schulspezifische Besonderheiten jetzt ausgenommen) zwei Wochen lang in eine soziale Einrichtung, ein Altenheim, ein Krankenhaus, einen Kindergarten, Behindertenheime, Betreuung Asylsuchender, Bahnhofsmission usw.. Der Unterricht der verschiedenen Fachgruppen begleitet das Praktikum über das Schuljahr hinweg auf die Weise, daß er soziale, historische, biologische, ethische Fragen aufgreift, die im Zusammenhang mit dem Praktikum auftauchen und den Schülerinnen und Schülern helfen sollen, ihre Erfahrungen zu artikulieren, zu reflektieren, zu bewerten und einzuordnen.

Das Projekt wird gegenwärtig an den Freien katholischen Schulen der Erzdiözese Freiburg und an weiteren staatlichen Schulen in Baden-Württemberg erprobt. In den Modellversuch waren Schulen aller Schularten einbezogen: eine Förderschule, eine Hauptschule, eine Realschule, Gymnasien verschiedenen Typs. Finanziert vom Land Baden-Württemberg, der Schulstiftung der Erzdiözese Freiburg und dem Bundesministerium für Bildung, Wissenschaft, Forschung und Technologie hat die Pädagogische Hochschule Karlsruhe den Modellversuch zwei Schuljahre hindurch wissenschaftlich begleitet.

Wir untersuchten in der wissenschaftlichen Begleitung vorab die moral- und erlebnispädagogische Seite des Projekts und seine Rückwirkung auf die Schulen.
Im Schuljahr 1996/97 haben wir zunächst vier Schulen untersucht: Zwei Gymnasien, eine Hauptschule und ein Gymnasium, das ein vierwöchiges Praktikum durchführt. Im Schuljahr 1997/98 haben wir insgesamt 9 Schulen begleitet. In die Begleitung einbezogen waren vier Gymnasien, eine Realschule, eine Hauptschule und eine Förderschule. Wir hatten Kontrollgruppen an zwei Hauptschulen und an einem Gymnasium. Und wir befragten die Lehrerinnen und Lehrer zum Compassion-Projekt. Im Schuljahr 1996/97 waren ca. 180 Schülerinnen und Schüler, im Schuljahr 1997/98 ca. 450 (davon ca. 150 als Kontrollgruppe) in die Untersuchung einbezogen.

Wir haben drei Meßpunkte: eine Befragung zu Beginn des Schuljahrs, eine jeweils unmittelbar nach dem Praktikum und eine am Ende des Schuljahrs. Wir fragen im ersten Durchgang, welches Selbstbild und welche Wertorientierungen und Einstellungen zum Praktikum vorhanden sind. Die Befragung unmittelbar nach dem Praktikum mißt vorab das Selbstbild und mögliche Veränderungen in der Wertreflexion, näherhin geht es darum, zu sehen, wie die Schülerinnen und Schüler ihre Erfahrungen im Sozialen reflektieren und selbst bewerten und in ihre Selbstbewertung, ihr Selbstbild einfügen. Die dritte Befragung stellt die gleichen Fragen noch einmal aus einer zeitlichen Distanz am Ende des Schuljahrs und möchte vor allem erkunden, wie die unterrichtliche Begleitung von den Schülerinnen und Schülern wahrgenommen wurde und wie Unterricht in Verbindung mit dem Praktikum gewirkt hat.

Die Frage, ob sich denn nun durch das Projekt angestoßene sozialverpflichtete Haltungen bei den Schülern zeigen, läßt sich ganz bestimmt nicht im Sinne alter Konditionierungstheorien beantworten. Das wäre weder ethisch noch pädagogisch vertretbar. Was wir beschreiben können, sind Einstellungen und Emotionen, Einsichten, soweit die Schülerinnen und Schüler sie mitteilen und wir sie durch unsre Befragungen erfaßt haben, und ihre Veränderung bei einzelnen Schülern über das Schuljahr hinweg. Wir können differenzieren nach unterschiedlichen Konstruktionen und Rekonstruktionen der sozialen Erfahrungen bei Jungen und Mädchen, religiös-kirchlichen und sich als kirchenfern - nicht unbedingt religionsfern - bezeichnenden Jugendlichen, nach der Bedeutung der Elternbeziehung und der Rolle der Lehrerinnen und Lehrer. Wir können differenzieren nach Schularten, vermuten aber keine schulartspezifischen Wirkungen. Wir können die Bedeutung der unterrichtlichen Reflexion des Erlebten nachweisen. Es läßt sich zeigen, daß all diese Variablen bei der Einschätzung des Projekts durch die Schülerinnen und Schüler eine Rolle spielen.

Unsere Hypothesen (Teil A) halten wir für bestätigt.

Die Jugendlichen repräsentieren mehrheitlich einen Sozialisationstypus, der individualistische und altruistische Wertorientierungen problemlos zu verbinden weiß. Wir gehen von diesem Mischtyp aus und versuchen unter diesem Vorzeichen die unterschiedliche Ansprechbarkeit der Jugendlichen für sozialverpflichtetes Engagement zu verstehen.

Dieses Engagement und damit der Zugang zum Compassion-Vorhaben an den Schulen ist bei den Schülerinnen und Schülern abhängig
- *von der Perspektive, die die Jugendlichen auf sich und andere einnehmen;*
- *vom Grad der sozialen Integration der Jugendlichen;*
- *von der Elternbeziehung;*
- *von geschlechtsspezifischen Sozialisationserfahrungen;*
- *von den Lehrerinnen und Lehrern.*

(1) Bedeutung der Perspektive, die die Jugendlichen auf sich und andere hin einnehmen. Je komplexer die Wahrnehmung der sozialen Wirklichkeit ist, desto komplexer ist das moralische Urteil, desto wahrscheinlicher ist die Übereinstimmung von Handlungsbereitschaft und Handeln. Wir gehen davon aus, daß die von uns untersuchten Jugendlichen einer im Sinne Kohlbergs konventionellen Moral verhaftet sind. Deshalb ist die Anerkennung und Wertschätzung ihres Engagements durch ihre

Lehrerinnen und Lehrer, Eltern, Mitschüler und Freunde entscheidend. Bleibt diese Wertschätzung aus, wird die Disposition zu Prosozialität untergraben. Wir bezweifeln, daß sozialverpflichtete Haltungen sich quasi von allein bilden, obwohl das eigene individuelle Leben immer auch ein Leben mit anderen ist.

(2) Bedeutung der sozialen Integration der Jugendlichen. Wir haben beobachtet, daß Schülerinnen und kirchlich gebundene Jugendliche auf das Compassion-Projekt tendenziell besonders gut ansprechen. Vermutlich sind diese Jugendlichen sozial besonders gut integrierte Jugendliche. Soziale Integration begünstigt die Ausbildung altruistischer Haltungen.

Dieser Faktor der sozialen Integration ist auch bei den kirchlichen Jugendlichen entscheidend. Es ist nicht religiöse Selbstverpflichtung, von der diese Jugendlichen sprechen. Die Kirche rangiert bei ihnen wie bei anderen auch am Ende der Rangskala der für sie wichtigen Einrichtungen. Das scheint widersprüchlich, entspricht aber dem Funktionswandel der Kirchen hierzulande und dem Verlust der Definitionsmacht der Kirchen in Fragen der Wertorientierung auch für kirchliche Jugendliche.[87] Trotzdem scheint das kirchliche Milieu, wahrscheinlich in Verbindung mit einer entsprechenden Familienkultur, noch immer so beschaffen zu sein, daß es jene altruistischen Verhaltensbereitschaften auszubilden vermag, welche im Compassion-Projekt zur Geltung kommen. Vergleichbares können wir von Jugendlichen sagen, deren Eltern in irgendeiner Weise sozialverpflichtet engagiert sind. Das sind z.T. die kirchlichen, aber auch andere Jugendliche.

(3) *Bedeutung der Elternbeziehung.* Schüler, deren Eltern das Projekt befürworten, haben zu dem Projekt einen signifikant besseren Zugang als Schüler, deren Eltern das Projekt nach Aussage der Schüler ablehnen. Die kleine Gruppe der Schüler, die sich vom Compassion-Projekt unbeeindruckt zeigt und sozialverpflichteten Haltungen gegenüber sich resistent gibt, hat nach eigener Einschätzung Eltern, die das Projekt als Veranstaltung der Schule ablehnen. Ob diese Auskunft eine Rationalisierung von Abwehr und Abneigung ist, wissen wir nicht.

(4) *Bedeutung geschlechtsspezifischer Sozialisationserfahrungen.* Schülerinnen verbinden mit dem Compassion-Projekt deutlich andere Erwartungen und andere Befürchtungen als ihre gleichaltrigen Mitschüler. Sie erwarten z.B. eher auch einen Impuls für eine mögliche berufliche Orientierung. Emotional erfahren sie mehr Zuneigung, Freude und Spaß als die männlichen Praktikanten. Diese wiederum befürchten mehr, sich zu langweilen und wenig aus dem Praktikum für sich mitnehmen zu können. Nach dem Praktikum gleichen sich die Werte an, d.h. die Jungen vor allem revidieren ihre Befürchtungen, die Mädchen sehen ihre Erwartungen bestätigt. Ein Unterschied bleibt freilich. Während die Mädchen sehr viel von positiven wie negativen Vorbildern bzw. Vorbildwirkungen berichten, können die Jungen dem nicht folgen . Ein Grund könnte sein, daß in sozialen Berufen überwiegend Frauen arbeiten; ein anderer, daß Mädchen wie Jungen trotz vergleichbarer Sozialisationsbedingungen nach wie vor unterschiedliche Rollenerwartungen realisieren.

---

[87] Vgl. M.N.Ebertz, Kirche im Gegenwind, Freiburg 1997.

(5) *Bedeutung der Einstellung der Lehrerinnen und Lehrer.* Das Compassion-Projekt öffnet die Schulen auf Lebenswelten, die real in der Schule nicht vorkommen: die Welt kleiner Kinder, die Welt alter Menschen, die Welt kranker Menschen, die Welt der sog. Behinderten, der Flüchtlinge, der Obdachlosen usw. Die Schülerinnen und Schüler machen dabei Erfahrungen, die zu einer Neubewertung von Schule und Unterricht führen. Auf diese Auseinandersetzung mit der Schule und dem Sinn von Schule sind die Kollegien nicht vorbereitet.

Die unterrichtliche Begleitung ist jedoch nachweislich wirksam, so oder so. Jene Schüler, die im Unterricht auf vielfältige Weise Erfahrungen des Praktikums vorbereiten und im Nachgang aufbereiten konnten, weisen am Ende des Schuljahrs gegenüber Schülern, die wenig Unterricht zur Thematik hatten, eine signifikant größere Handlungsbereitschaft im Sozialen auf. Erfahrungen, die durch thematisch damit verknüpften Unterricht immer wieder mal erinnert werden, bleiben offensichtlich im Gedächtnis. Und umgekehrt verblaßt das Erlebnis des Praktikums, wenn ein Unterricht dazu nicht stattfindet. Dieses Ergebnis bestärkt unsere Skepsis gegenüber der erlebnispädagogischen Annahme, daß es so etwas wie eine dauerhafte Selbstwirksamkeit von Erlebnissen gäbe. Deshalb ist das unterrichtliche und begleitende Engagement der Lehrer wichtig. Dieses Engagement steigt mit dem Grad der Einbindung der Lehrer in die Vorbereitung und Begleitung der Schüler am Praktikumsplatz. Je stärker das Engagement der Lehrer, desto mehr fühlen sich die Schüler auch positiv bewertet.

2. Empfehlungen

(1) Das Compassion-Projekt konstituiert für Schüler wir Lehrer einen Ernstfall verantwortlichen Handelns. Die Schüler- wie die Lehrerrollen verändern sich. Die Aufnahme von Unterricht wird anders. In moralpädagogischer Sicht bedeutsam ist die Beobachtung, daß die Schülerinnen und Schüler sich in den verschiedenen Einrichtungen erstaunlich gut orientieren und daß unter den Schülern selbst viele Gespräche zum Praktikum laufen. Ähnliches berichtet ein Teil der Schüler von Gesprächen zu Hause. Die Lehrer selbst fühlen sich auf solche Gespräche nicht gut vorbereitet. Soll das Compassion-Projekt an den Schulen von den Lehrerinnen und Lehrern also auf Dauer akzeptiert werden, bräuchte es eine entsprechende *Fortbildung für Lehrerinnen und Lehrer,* in der die Idee und der Ablauf des Compassionprojekts ausführlich zur Diskussion gestellt und vermittelt wird, wie ethisches Lernen unter den Bedingungen der Aneignung von Werthaltungen durch die Schüler stattfindet.[88]

Wir empfehlen zu diesem Zweck, das in der Projektbeschreibung angedeutete Konzept ethischen Lernens in der Schule - bis heute ja eher eine dem Zufall überlassene Angelegenheit - im Kontakt mit neueren moralpädagogischen Konzepten genauer

---

[88] Einen Weg hierzu sieht die Kohlbergschule in der Diskussion moralischer Dilemmata, die thematisch in allen Fachrichtungen möglich ist. Dieser Ansatz, nach dem wir in unserer Untersuchung ergebnislos gefragt haben, wäre ein weiterer Baustein der Lehrerfortbildung.

auszuformulieren. Das Konzept traditioneller Wertevermittlung und Wertklärung scheint uns wenig erfolgreich zu sein und mit den Schulerfahrungen nicht übereinzustimmen. Compassion zeigt, daß die Schülerinnen und Schüler durch die Begegnungen in den Praktika die ethische Dringlichkeit und Berechtigung sozialverpflichteter Haltungen besser sehen, nicht aber auch schon verstehen. Hier muß der Unterricht ansetzen. Er sollte die Schülerinnen und Schüler als Gestalter ihrer eigenen Wertvorstellungen und Werturteile achten und fordern.

(2) *Koordinatoren* des Projekts müssen freigestellt werden, um den Kontakt mit den Sozialeinrichtungen aufzubauen. Sie müssen ihre Schüler kennen, um kenntnisreich Entscheidungsprozesse der Schüler begleiten und unterstützen zu können. Koordinatoren sollten ferner in den Compassionklassen unterrichten und auf diese Weise schon durch ihre Person Praktikum und Unterricht miteinander verbinden.

(3) Die Einführung des Compassion-Projekts an den Schulen sollte von einer intensiven *Elternarbeit* begleitet sein.

(4) Das Compassion-Konzept erweist sich als adaptionsfähig für alle hier untersuchten Schularten. Die Adaptionen könnten Anregungsmodelle für die Weiterentwicklung des Compassion-Projekts an den Schulen sein. Richtig erscheint uns die Überlegung einer Schule, nach der Etablierung des Compassion-Projekts in einer Klassenstufe sukzessive weitere Klassen vorbereitend in die Idee der Compassioninitiative einzubeziehen, um *einer Verinselung des Praktikums im Schulleben entgegenzuwirken*. Ein Organisationsbeispiel könnte die dargestellte Realschule (III.11) sein. Ein erster Schritt wäre auch schon, wenn man jedem Schüler, der in die Schule eintritt, in einer Art Schulvertrag mitteilt, in welcher Jahrgangsstufe an dieser Schule das für alle Schüler verpflichtende Compassion-Praktikum eingerichtet ist.

(5) *Anerkennung und Wertschätzung* ihres sozialen Engagements durch die Lehrerinnen und Lehrer *müssen* für die Schülerinnen und Schüler *sichtbar sein*. Anerkennung stärkt jene Verhaltensbereitschaften, für die gedankt wird. Das geschieht an den Schulen z.T. durch ein Zertifikat. Dieses Zertifikat ist soviel wert wie das Image, das Schulen mit Compassion-Projekt nach innen und außen entwickeln. Wenn es für Schüler schön ist, auf eine Schule mit Compassion-Profil zu gehen, werden sie ein Zertifikat dieser Schule unbedingt erwerben wollen. Wenn der Lernfortschritt im Bereich sozialer Kompetenz, der durch das Compassion-Projekt möglich ist, dokumentiert wird, erhöht dies die Chancen der Jugendlichen bei der Suche nach Ausbildungsplätzen.

(6) Das Compassion-Projekt stärkt *Schülerinnen* in einer anscheinend ambivalenten Weise. Es ermutigt zu fürsorglichen Haltungen und setzt damit Schülerinnen unter Umständen unter einen stärkeren Leistungsdruck als Jungen, in deren Selbstkonzept altruistisch-fürsorgliche Haltungen nach wie vor weniger sichtbar ausgeprägt scheinen. Die schon genannte Gruppe der Compassion-resistenten Jugendlichen ist ganz überwiegend männlich. Im Gegenzug dazu kann man aber auch darauf verweisen, daß das Compassion-Projekt die soziale Verhaltens- und Leistungsbereitschaft von Mädchen

wie Jungen in einer Weise zur Geltung bringt und würdigt, wie das an den Schulen sonst nicht der Fall ist. Die an der Kategorie „Geschlecht" (gender) kritisch festgemachten unterschiedlichen Wirkungen des Projekts erweisen sich als attraktives Verlockungsmodell auch für Jungen. Gleichwohl wäre *die unterschiedliche Ansprechbarkeit von Schülerinnen und Schülern für das Projekt im Licht der gender-Debatte genauer zu untersuchen.*

(7) Das Compassion-Projekt fordert aber auch *Schülerinnen und Schüler mit kirchlichem Hintergrund*, wie gezeigt, in besonderer Weise heraus. Sie stellen sich der Herausforderung 'schwieriger' Einsatzorte eher als andere. Diese Schüler sind an kirchlichen Schulen etwas häufiger zu finden als an anderen. Wir sahen das bei der Kontrollgruppe aus dem kirchlichen Gymnasium. Doch auch kirchliche Schulen sind schon lange keine geschlossenen Milieus mehr. Deshalb dürfte die Ausgangslage des Projekts, was die Bereitschaft der Schüler betrifft, an diesen Schulen vielleicht etwas günstiger sein als an anderen, aber mehr nicht. Und mit dieser Voraussetzung werden sich die kirchlichen Schulen, Lehrer und Schüler, anders als die zu weltanschaulicher Neutralität verpflichteten staatlichen Schulen zwangsläufig mit der von METZ beschriebenen religiösen Motivation zu compassion[89] befassen müssen. Das Compassion-Projekt funktioniert in dieser Hinsicht an kirchlichen Schulen also anders als an staatlichen. Es führt zu einer Unterscheidung und dient damit der Profilierung dieser Schulen.

Eine Perspektive zum Schluß: Kohlbergs Antwort auf die Problematik der Segmentierung des Schulwissens und die relative Folgenlosigkeit moralpädagogischer Anstrengungen der Schule war sein Verständnis der Schule als just community, als gerechte Gemeinschaft. Er machte also die Schule zum Erfahrungs- und Experimentierfeld moralischen Lernens. Die Compassion-Schulen haben dieses Erfahrungsfeld außerhalb des Schulgebäudes. Das wird so sein, solange die Integration behinderter Kinder und Jugendlicher an den Schulen nur in Ausnahmen stattfindet.[90] Aber auch eine solche Integration könnte die durch Compassion erschlossenen Erfahrungswelten nicht ersetzen. Das zeigt eindrücklich der Ergebnisbericht über die Förderschule (III, 10). Und im Unterschied zu den just-community-Schulen Kohlbergs geht es im Compassion-Projekt gerade nicht um Gerechtigkeit, die ich anderen schulde und die mir geschuldet wird und die ich verhandeln kann, sondern um Prosozialität, Altruismus, Empathie, Kooperation, Hilfsbereitschaft, Zuwendung oder mit einem versuchsweise gebrauchten Gegenbegriff zu Gerechtigkeit: Liebe.[91]

---

[89] Vgl. oben Teil A 2. (Dimensionen des Compassion-Projekts).
[90] Abschlußbericht über die Schulversuche mit integrativen Lösungen, Arbeitsgruppe, Reutlingen [MS - 1997].
[91] Diese Gegenüberstellung von Gerechtigkeit und Liebe war ein Diskussionsbeitrag von J. Rekus auf dem Expertengespräch zur wissenschaftlichen Begleitung an der Pädagogischen Hochschule Karlsruhe am 20.11.1998. Zum Verständnis von Gerechtigkeit und Wohlwollen vgl. L. Kohlberg, Die Wiederkehr der 6. Stufe, in: Zur Bestimmung der Moral, Frankfurt 1996, 205-240; J. Habermas, Gerechtigkeit und Solidarität, in: Zur Bestimmung der Moral, Frankfurt 1996, 291-318.

Literaturverzeichnis

Abschlußbericht über die Schulversuche mit integrativen Lösungen, erstattet von der Arbeitsgruppe zu wissenschaftlichen Begleitung der Schulversuche mit integrativen Lösungen, Reutlingen [1997] - zu beziehen über Landesinstitut für Erziehung und Unterricht, Abt. II, Stuttgart

Auer, A., Autonome Moral und christlicher Glaube, Düsseldorf 1971

A. Bucher, Einführung in die empirische Sozialwissenschaft, Düsseldorf 1971

Calster, St. v., „Seid barmherzig, wie euer Vater barmherzig ist." Erbarmen als pädagogisches Pastoralprinzip, in: Internationale kath. Zeitschrift 5/1993, 401-420

Cerwenka, C. Schülerurteile über ihre Schule, Frankfurt 1990

Comte-Sponville, A., Ermutigung zum unzeitgemäßen Leben. Ein kleines Brevier der Tugenden und Werte, Reinbek bei Hamburg 1996

Dirks, D., Barmherzigkeit. Ermutigung zu einer unzeitgemäßen Tugend, Topos TB 222

Ebertz, M.N., Kirche im Gegenwind, Freiburg 1997

Edelstein,W., Moralische Intervention in der Schule. Skeptische Überlegungen, in: Transformation und Entwicklung, hg. v. Oser/ Fatke/ Höffe, Frankfurt 1986, 327-349

Eisenberg, N./Mussen, P.H, The roots of prosocial behavior in children, Cambridge/ Mass. 1989

A.Etzioni, Die Entdeckung des Gemeinwesens, Stuttgart 1995

Faulstich-Wieland, H., Geschlecht und Erziehung. Grundlagen des pädagogischen Umgangs mit Mädchen und Jungen, Darmstadt 1995

Flitner, A., Lernen – mit Kopf, Herz und Hand, in: Jahresheft IV „Lernen", Velber 2/1990

Friedrichs, J., Methoden empirischer Sozialforschung, Opladen ^{14}1990

Granin,D., Die verlorene Barmherzigkeit – Eine russische Erfahrung, Freiburg 1993

C.Gilligan, Die andere Stimme. Lebenskonflikte und Moral der Frau, München ^{2}1985

Gönnheimer, St /Kuld, L.., Das Compassion-Projekt – Zwischenbericht über einen Modellversuch. In: CiG Nr. 42 (1998) 357 f.

Grom, B., Religionspädagogische Psychologie, Düsseldorf ^{3}1989

Grom, B., Soziales Engagement und Konfessionsverbundenheit, in: FAZ Nr. 142, 22. Juni 1994, S.8

Habermas, J., Gerechtigkeit und Solidarität. Eine Stellungnahme zur Diskussion über Stufe 6", in: Zur Bestimmung der Moral. Philosophische und sozialwissenschaftliche Beiträge zur Moralforschung, Frankfurt 1996, 291-318

Harbach, H., Altruismus und Moral, Opladen 1992

In der Hauptschule unterrichten. Didaktische und pädagogische Aspekte der Hauptschule, hg.v. W. Schumann, Bad Heilbrunn 1996

Heckmair, B./ Michl, W., Erleben und Lernen. Einstieg in die Erlebnispädagogik, Neuwied ²1994

Henz, H. Ethische Erziehung. Ethische Fundamentalpädagogik für Lehrer, Erzieher und Eltern, München 1992

Hopfner, J./Leonhard, H.W., Geschlechterdebatte. Eine Kritik, Bad Heilbrunn 1996

Hurrelmann, K., Die Rolle der Schule im sozialen Unterstützungswerk Jugendlicher, in: Die Deutsche Schule, 4/1990

Jugend '92. Lebenslagen, Orientierungen und Entwicklungsperspektiven im vereinigten Deutschland, hg. v. Jugendwerk der Deutschen Shell, Bd. 2, Opladen 1992

Jugend '97: Zukunftsperspektiven, Gesellschaftliches Engagement, Politische Orientierungen, hg .v. Jugendwerk der Deutschen Shell, Opladen 1997

Kinder der Freiheit, hg. v. U.Beck, Frankfurt 1997

Klages,H., Wertorientierungen im Wandel. Rückblick, Gegenstandsanalyse, Prognosen, Frankfurt/ New York 1984

Kommunitarismus. Eine Debatte über die moralischen Grundlagen moderner Gesellschaften, hg. v. A.Honneth, Frankfurt/ New York ³1995

Kohlberg, L., Essays on moral development, Vol I., The philosophy of moral development, San Francisco 1981

Kohlberg, L., Die Psychologie der Moralentwicklung, Frankfurt 1995

Kohlberg, L./ Boyd, D.R./ Levine, Ch., Die Wiederkehr der sechsten Stufe: Gerechtigkeit, Wohlwollen und der Standpunkt der Moral, in: Zur Bestimmung der Moral. Philosophische und sozialwissenschaftliche Beiträge zur Moralforschung, Frankfurt 1996, 205-240

Kuld, L., Compassion. Bericht zu Hypothesen und Verfahrensweise der wissenschaftlichen Begleitung des Modellversuchs. In: Forum 18 (März 1997) 17-19

Kuld, L., Mitleid lernen. Der Modellversuch „Compassion". Ein Praxis- und Unterrichtsprojekt sozialverpflichteten Lernens. In: ru Ökumenische Zeitschrift für den Religionsunterricht Heft 2 (1997) S. 56-60

Kuld, L. :Das Compassion-Projekt. Ein Beispiel ethischen Lernens in der Schule. In: Kontakt 1998, 22-23

Kuld, L./Gönnheimer, St., Compassion. Aus der Zwischenbilanz der wissenschaftlichen Begleitung, in: Forum 21 (Mai 1998) 18-22

Metz, J.B., Die Autorität der Leidenden. Compassion - Vorschlag zu einem Weltprogramm des Christentums, in: Süddeutsche Zeitung 24.12.1997, Nr. 296, S.57

Metz, J.B., Glaube in Geschichte und Gesellschaft. Studien zu einer praktischen Fundamentaltheologie, Mainz 5/ 1992

Metz, J.B., Im Eingedenken fremden Leids, in: Katechetische Blätter 122(1997), 78-87

Mieg, H., Verantwortung. Moralische Motivation und die Bewältigung sozialer Komplexität, Opladen 1994

Moralische Urteilsfähigkeit. Eine Auseinandersetzung mit Lawrence Kohlberg über Moral, Erziehung und Demokratie, hg.v. G.Lind u. J.Raschert, Weinheim/ Basel 1987

Nowak, K., „Euthanasie" und Sterilisierung im Dritten Reich, Göttingen 1978

Nunner-Winkler, G., Moralentwicklung im Kindesalter, in: E.Groß (Hg.), Der Kinderglaube, Donauwörth 1995, 47-64

Oelkers, J., „Erlebnispädagogik" – Ursprünge und Entwicklungen, in: Erlebnispädagogik, hg. v. H.G.Homfeldt, Baltmannsweiler ^{2}1995, 7-26

Oelkers, J., Kann Erleben erziehen? In: Zeitschrift für Erlebnispädagogik, Lüneburg 1992

Oelkers, J., Reformpädagogik. Eine kritische Dogmengeschichte, Weinheim/ München ^{3}1996

Oser, F./ Althof, W., Moralische Selbstbestimmung. Modelle der Entwicklung und Erziehung im Wertebereich, Stuttgart 1992

Oser, F., Negative Moralität und Entwicklung. Ein undurchsichtiges Verhältnis, in: Ethik und Sozialwissenschaft. Streitforum für Erwägungskultur 9,4(1998), 597-608.

Projektgruppe Belastung, Belastung in der Schule? Eine Untersuchung an Hauptschulen, Realschulen und Gymnasien Baden-Württembergs, Weinheim 1998

Rekus, J. Bildung und Moral. Zur Einheit von Rationalität und Moralität in Schule und Unterricht, Weinheim/München 1993

Rekus, J. Compassion - Zur Aufgabe und zu den offenen Fragen eines „erlebnispädagogischen" Modellversuchs [Unveröffentlichtes Manuskript, Juli 1996]

Rösner, E., Abschied von der Hauptschule. Folgen einer verfehlten Schulpolitik, Frankfurt 1989

Schmidtchen, G., Ethik und Protest. Moralbilder und Wertkonflikte junger Menschen, 2 Bde., Opladen 1992

Schmidtchen, G., Wie weit ist der Weg nach Deutschland? Sozialpsychologie der Jugend in der postsozialistischen Welt, Opladen 1997

Schricke, J., Die Bedeutung der Erlebnispädagogik für die Entwicklung von Haltungen und Einstellungen - Dargestellt am Modellversuch 'Compassion', Wissenschaftiche Hausarbeit, Pädagogische Hochschule Karlsruhe [MS]

Schubert, B. von, Soziales Lernen – Caritas-/ Diakonie-Praktikum. (Sasbach 13. März 1998) [MS]

Schulz, W., Praktisches Lernen und didaktisches Reflektieren, in: Neue Sammlung 3/1990

Schulze, G., Die Erlebnisgesellschaft, Frankfurt ^{7}1997

Simon, S. B., Wertklärung im Unterricht, in: Der Erziehungsauftrag der Schule. Beiträge zur Theorie und Praxis moralischer Erziehung, hg. v. L.Mauermann, Donauwörth 1978, 202-209

Stiksrud, H.A., Diagnose und Bedeutung individueller Werthierarchien, Frankfurt 1976

Stiksrud H.A., Rezension zu Kohlberg, L., Die Psychologie der Moralentwicklung, Frankfurt 1995 in: Zeitschrift für Pädagogische Psychologie, H.2, 1997, S. 134-137

Theißen, G., Die Bibel diakonisch lesen: Die Legitimationskrise des Helfens und der barmherzige Samariter, in: Diakonie – biblische Grundlagen und Orientierungen, hg. v. G.Schäfer/ Th.Strohm, Heidelberg 2/1994, 376-393

Wallis, W., Methoden der Statistik. Ein neuer Weg zu ihrem Verständnis, Freiburg ^{2}o.J.

Weibliche Moral. Die Kontroverse um eine geschlechtsspezifische Ethik, hg.v. G.Nunner-Winkler, München 1995

Weibliche Moral – ein Mythos? Hg.v. D.Horster, Frankfurt 1998

Weisbrod, A. /Kuhn, F. /Hirsch, F., Compassion – Ein Praxis- und Unterrichtsprojekt sozialen Lernens: Menschsein für andere, in: Engagement. Zeitschrift für Erziehung und Schule 1994, H. 2-3, 268-307 (Als Sonderdruck zu beziehen über Zentralstelle Bildung der Deutschen Bischofskonferenz, Kaiserstr.163, 53113 Bonn)

Wilkinson, H., Kinder der Freiheit. Entsteht eine neue Ethik individueller und sozialer Verantwortung? In: Kinder der Freiheit, hg. v. U.Beck, Frankfurt 1997, 85-123

E.O.Wilson, Biologie als Schicksal. Die soziobiologischen Grundlagen menschlichen

Verhaltens, Frankfurt 1980 (engl. 1978)

Wuckelt, A., *Gender* als Konzept religionspädagogischen Handelns, in: Katechetische Blätter 123 (1998) 370-373

Wuthnow, R., Acts of Compassion: Caring for ourselves and helping Others, Princeton 1991- Auszüge daraus in: Kinder der Freiheit, hg. v. U.Beck, Frankfurt 1997, 34-84

Youniss, J., Soziale Konstruktion und psychische Entwicklung, Frankfurt 1994

Zinnecker, J., Jugend, Kirche und Religion, in: Religionsunterricht im Abseits? Hg.v. G.Hilger/ G.Reilly, München 1993, 112-146

Anhang I

Tabellen und Abbildungen

Tab. 1: Wertorientierungen der Projektschüler am Anfang des Schuljahres

1.2.1 u. 3.2.2

Jeder Mensch hat bestimmte Vorstellungen, wie sein Leben aussehen soll. Deshalb sind für jeden auch bestimmte Dinge wichtiger, andere sind weniger wichtig.
Wie wichtig ist das, was jetzt folgt, jeweils für Dich? (Skala von 1 = sehr wichtig bis 4 = unwichtig)

Parameter	Wertungen
- verstanden zu werden	1,31
- eine richtige Familie zu haben	1,32
- das Leben zu genießen	1,35
- Spaß zu haben	1,37
- mich für Menschen, die mir nahestehen, also Familie oder Freunde einzusetzen	1,38
- so zu leben, wie ich bin	1,38
- für Menschen, die mir nahestehen, also Familie oder Freunde dazusein	1,38
- einen guten Beruf zu haben	1,41
- viele Freunde zu haben	1,44
- mit Menschen zu reden	1,52
- einen Sinn im Leben zu finden	1,6
- Geld zu verdienen	1,79
- mich für andere Menschen einzusetzen	1,96
- für andere Menschen dazusein	1,97
- in einem Verein mitzumachen	2,37
- beim Umweltschutz mitzumachen	2,39
- etwas in der Politik zu verändern	2,76
- in der Kirche/religiöse Gemeinschaft mitzumachen	3,13

Abbildung 1

Aspekte der Lebenszufriedenheit 1.2.3 u. 3.2.3 (Mittelwert aller untersuchten Schulen)
(9 = sehr zufrieden; 0 = überhaupt nicht zufrieden)

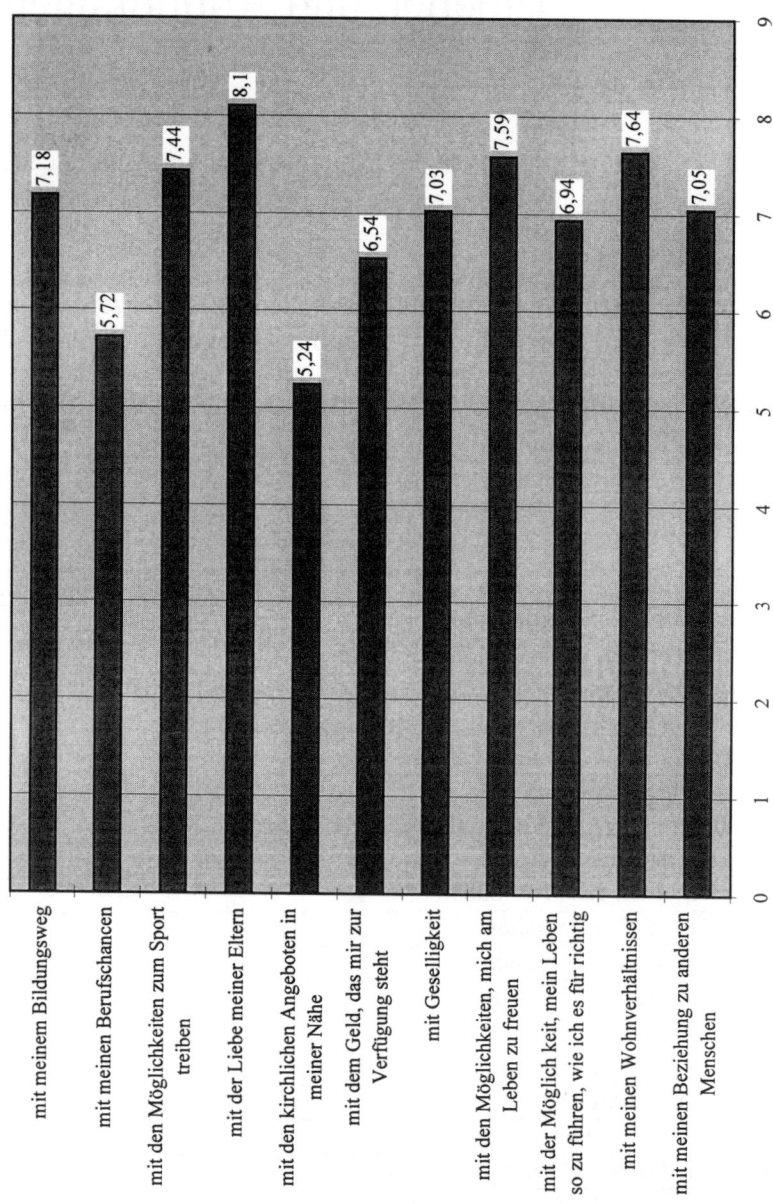

Abbildung 2

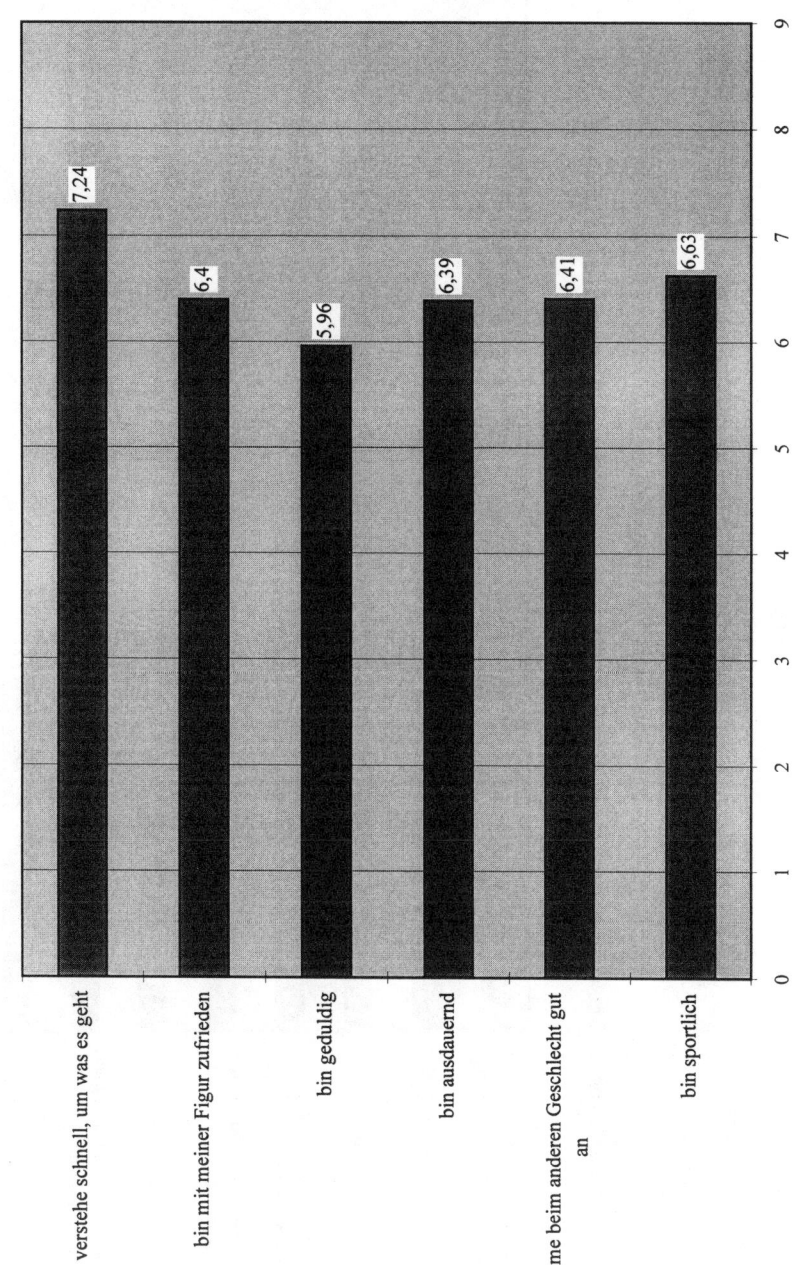

Selbstbild 1.2.4 u. 3.2.4 (Mittelwert aller untersuchten Schulen)
(9 = trifft voll zu; 0 = trifft überhaupt nicht zu)

Abbildung 4

Motivlagen am Beginn des Schuljahres

"Wenn Du an das Praxis- und Unterrichtsprojekt dieses Schuljahres denkst, was ist Dir dabei wichtig? Daß ich ..."

(alle befragten Schülerinnen und Schüler; Skala von 0 = unwichtig bis 9 = sehr wichtig)

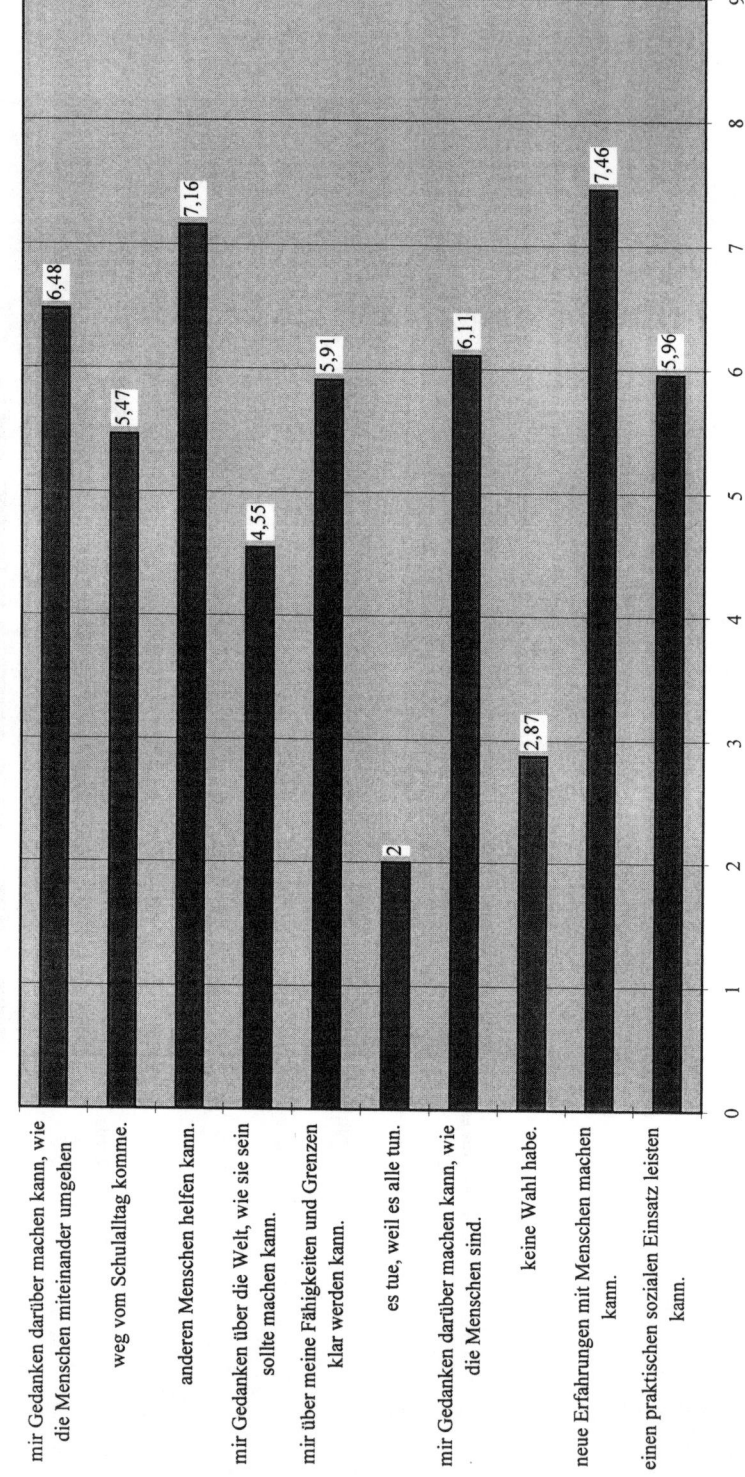

Abbildung 7

Entwicklungen Vorschläge zur Lösung der sozialen Krise (alle Projektschüler)
Werte in %

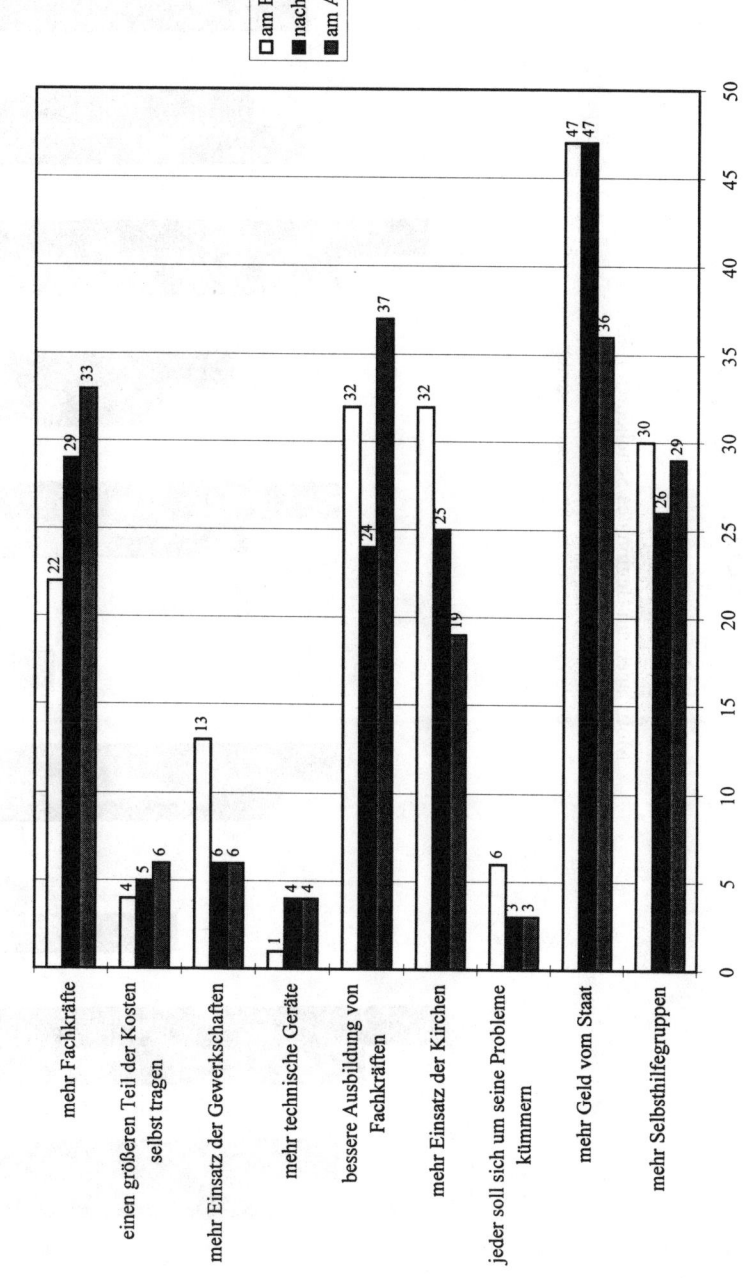

Abbildung 19

Motivlagen am Beginn des Schuljahres 1.4.5

"Wenn Du an das Praxis- und Unterrichtsprojekt dieses Schuljahres denkst, was ist Dir dabei wichtig? Daß ich ..."

(Skala von 0 = unwichtig bis 9 = sehr wichtig)

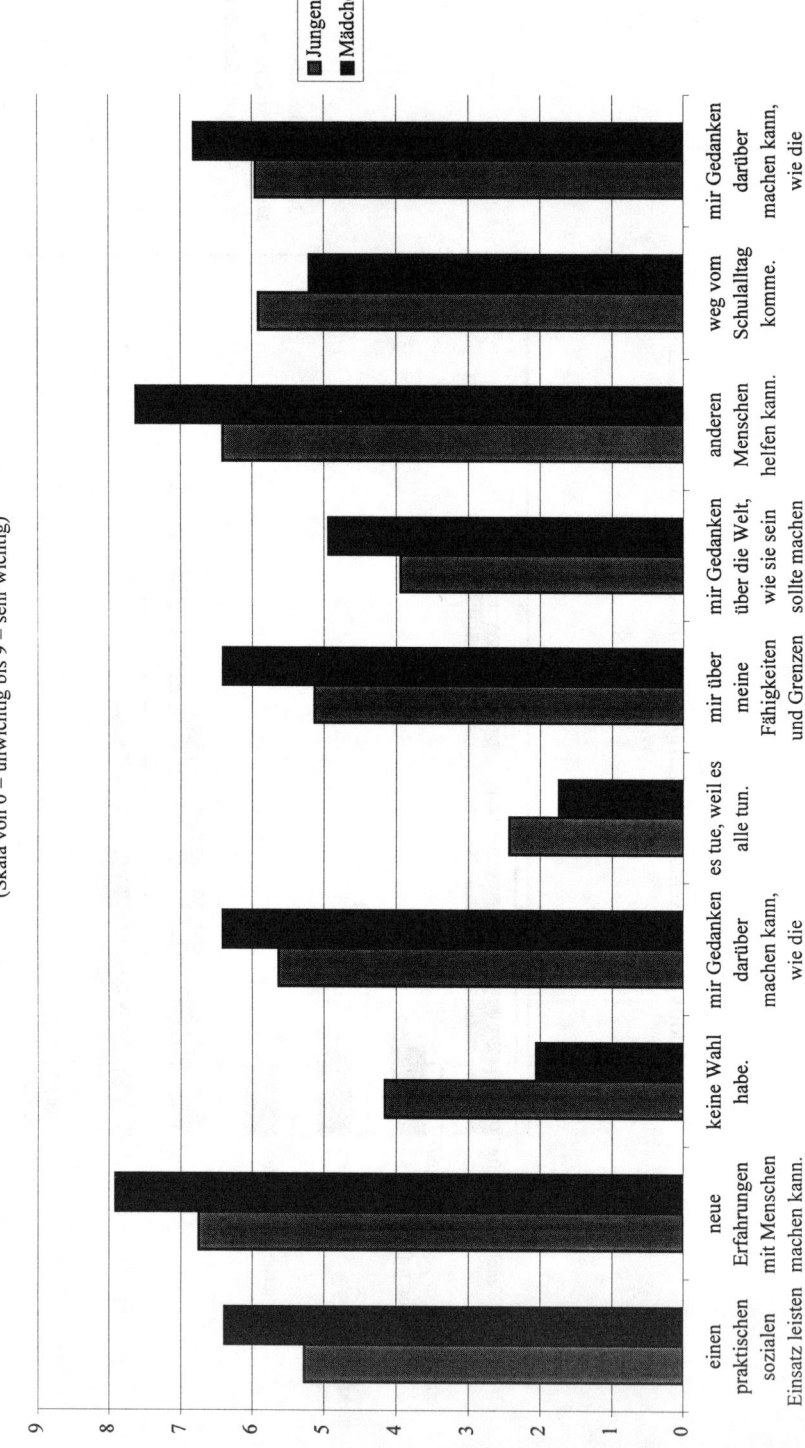

Anhang II

Erhebungsinstrumentarium der Lehrer- und Schülerbefragung

PÄDAGOGISCHE HOCHSCHULE KARLSRUHE
Prof. Dr. Lothar Kuld

Pädagogische Hochschule, Postfach 49 60, D 76032 Karlsruhe

An die
Lehrkräfte der am Modellprojekt
„Compassion" beteiligten Schulen

Unser Zeichen	Bearbeiter	Telefon (0721)	Telefax (0721)	Datum
LK		85 58 40	925-4000	Juni 1998

Sehr geehrte Damen und Herren,

wie Sie wissen, führe ich mit meinen Mitarbeitern in diesem Schuljahr die wissenschaftliche Untersuchung des Compassionprojekts an Ihrer Schule durch. Als Lehrerin oder Lehrer in einer der am Projekt beteiligten Klassen sind Sie ganz nahe an den Schülern „dran". Deshalb interessieren mich Ihre Erfahrungen, Ihre Einstellung und Ihre Art der Begleitung des Projekts sehr. Ihre Perspektive als Lehrerinnen und Lehrer auf die Schüler und das Compassionprojekt ist für die Beurteilung der Wirkungen von Compassion von besonderem Gewicht.

Natürlich sind Ihre Angaben freiwillig und werden dem Datenrecht entsprechend geschützt.

Aus diesem Grund bitte ich Sie auch, die Rücksendung des beiliegenden Fragebogens nicht über die Schulleitung erfolgen zu lassen, sondern diesen bis zum Ende des Schuljahres mit dem beigefügten Umschlag direkt an mich zu senden.

Für Ihre Mitarbeit herzlichen Dank!

Mit freundlichen Grüßen

(Kuld)

Fragebogen für die am Modellprojekt Compassion beteiligten Lehrkäfte

0. allgemeine Angaben

Schule: ....

Unterricht in der Projektklasse: .....
(bitte hier Klassenstufe und Zusatz angeben, also z.B. 11b)
bei Unterricht in mehreren Klassen bitte mehrfach ausfüllen

unterrichtete Fächer in dieser Klasse: ....

1.) Zur allgemeinen Einschätzung.
   Welchen der folgenden Aussagen können Sie zustimmen?

- das Praktikum hat durch den Unterrichtsverlust das Schuljahr eher belastet ☐
- das Projekt hat mich für meinen Unterricht neu motiviert ☐
- das Praktikum hat die sozialverpflichtete Einstellung der Schüler gegenüber den von ihnen betreuten Menschen (also alten und kranken Menschen, Kindern und Behinderten) gestärkt ☐
- das Praxis- und Unterrichtsprojekt halte ich für eine wichtige und sinnvolle Ergänzung für unsere Schule ☐
- mir sind die Ziele des Praxis- und Unterrichtsprojekts nicht klar ☐
- ich stehe den Zielen und der Art, die zu ihrer Erreichung führen sollen, eher zurückhaltend gegenüber ☐
- ich hielte ein Berufspraktikum für die Schüler für sinnvoller ☐
- der Zeitraum des Praktikums sollte für die Schüler eher verlängert werden ☐
- der Zeitraum des Praktikums sollte für die Schüler eher verkürzt werden ☐
- der Austausch im Kollegium über den Ablauf findet nicht ausreichend statt ☐
- der Diskussion im Kollegium über die Zielsetzung des Projekts war nicht intensiv genug
- das Gespräch im Kollegium über die Möglichkeiten unterrichtlicher Begleitung war ungenügend ☐
- die Information für das Kollegium war ungenügend ☐
- Aktivitäten im sozialen Bereich sollten nicht von seiten der Schule organisiert werden, sondern durch die Schüler selbst in ihrer Freizeit ☐
- Raum für eigene weitere Zusätze:..
....

bitte weiter auf der Rückseite →

2.) Waren Sie in die Vorbereitung oder Durchführung des **Praktikums** einbezogen?

        nein ☐   ja ☐

Wenn ja, in welcher Weise? (bitte angeben) ....
....

3.) Konnten Sie feststellen, daß die Schüler sich durch das Praktikum verändert haben?

        ja ☐   nein ☐

Wenn ja, war die Veränderung in Ihren Augen   positiv ☐
(bitte kurze Erläuterung)..

oder   negativ ☐?
(bitte kurze Erläuterung)..

4.) Haben Sie mit Ihrem Unterricht am Praxis- und Unterrichtsprojekt der oben angegebenen Klasse teilgenommen?

        ja ☐   nein ☐

wenn nein, dann bitte weiter bei 12.)

5.) (Bei Angabe mehrerer Fächer) In welchem Fach/ in welchen Fächern haben Sie Bezug auf das Projekt genommen?
bitte angeben: ....
(bei Angabe mehrerer Fächer bei den folgenden Angaben bitte jeweils das Fach ergänzen)

6.) Geschah diese Bezugnahme

                explizit ☐ (d.h. mit ausdrücklichem Hinweis für die Schüler)
oder

                implizit ☐ (d.h. ohne ausdrücklichen Hinweis für die Schüler)

7.) Welchen zeitlichen Umfang hatte dieser Unterricht?

     ..... Unterrichtsstunden

8.) Welche Themenstellungen hatte Ihr Unterricht

    bitte kurz angeben:..

9.) Haben Sie für die unterrichtliche Begleitung des Praktikums bestimmte Lehr-Lernformen eingesetzt?

     ja ☐   nein ☐

    Wenn ja, bitte angeben:..

10.) Können Sie kurz das von Ihnen verfolgte Lernziel formulieren?

....

11.) Haben Sie den Eindruck, daß die Schüler die Verbindung von Unterricht und Praktikum positiv bewertet haben?

    ja   ☐
    nein   ☐
    weiß nicht ☐

12.) Mich interessiert Ihre Haltung gegenüber dem Praxis- und Unterrichtsprojekt. Sollte ich also etwas nicht erfragt haben, was Ihnen aber wichtig wäre, dann teilen Sie es mir bitte in den folgenden Zeilen mit.

....
....
....
....
....

Herzlichen Dank für Ihre Mitarbeit

(Kuld)

                                    Adresse für das Adressfenster s. Rückseite

Name:
(bitte nur hier angeben)

Nummer:
(bitte hier und auf dem folgenden Blatt angeben)

Am Anfang gleich einige Hinweise:

- der Name soll auf dem eigentlichen Fragebogen nicht auftauchen;
  dieses Deckblatt verbleibt in der Schule; der Fragebogen mit Deiner Nummer
  kommt in die Pädagogische Hochschule nach Karlsruhe;
  wir werten nur den anonymen Fragebogen aus

- solltest Du Dich an irgend einer Stelle geirrt haben, dann korrigiere bitte eindeutig,
  d.h. klar durchstreichen und ein neues Feld ankreuzen

- bitte wähle immer eine der angegebenen Möglichkeiten aus

- und noch etwas:
  Dieser Fragebogen ist keine Klassenarbeit;
  Du brauchst deshalb nicht unter Druck zu arbeiten;
  dennoch bitten wir Dich um ernsthafte Ergebnisse

Uns ist klar, daß die folgenden Seiten auch für Dich Konzentration und Anstrengung bedeuten. Vielleicht macht es aber sogar etwas Spaß.

Auf alle Fälle möchten wir uns bei Dir bereits an dieser Stelle bedanken.

1. Schülerfragebogen vor Durchführung des Praktikumsabschnitts

1.1 Allgemeines

- Nummer:

- Klassenstufe:

- Alter:

- Geschlecht:
    - Junge: ☐
    - Mädchen: ☐

- voraussichtliche Dauer des Praktikums:

1.2 Allgemeine Fragen zu Dir

1. Jeder Mensch hat bestimmte Vorstellungen, wie sein Leben aussehen soll. Deshalb sind für jeden auch bestimmte Dinge wichtiger, andere sind weniger wichtig. Wie wichtig ist das, was jetzt folgt, jeweils für Dich?

	sehr wichtig	wichtig	weniger wichtig	unwichtig	weiß nicht
- in einem Verein mitzumachen	☐	☐	☐	☐	☐
- in der Kirche/religiöse Gemeinschaft mitzumachen	☐	☐	☐	☐	☐
- verstanden zu werden	☐	☐	☐	☐	☐
- das Leben zu genießen	☐	☐	☐	☐	☐
- Geld zu verdienen	☐	☐	☐	☐	☐
- beim Umweltschutz mitzumachen	☐	☐	☐	☐	☐
- mit Menschen zu reden	☐	☐	☐	☐	☐
- viele Freunde zu haben	☐	☐	☐	☐	☐
- eine richtige Familie zu haben	☐	☐	☐	☐	☐
- mich für Menschen, die mir nahestehen, also Familie oder Freunde einzusetzen	☐	☐	☐	☐	☐
- mich für andere Menschen einzusetzen	☐	☐	☐	☐	☐
- einen Sinn im Leben zu finden	☐	☐	☐	☐	☐
- etwas in der Politik zu verändern	☐	☐	☐	☐	☐
- so zu leben, wie ich bin	☐	☐	☐	☐	☐
- Spaß zu haben	☐	☐	☐	☐	☐
- einen guten Beruf zu haben	☐	☐	☐	☐	☐
- für Menschen, die mir nahestehen, also Familie oder Freunde dazusein	☐	☐	☐	☐	☐
- für andere Menschen dazusein	☐	☐	☐	☐	☐

2. Wenn Du die Liste jetzt noch einmal betrachtest, welche Punkte sind für die Erwachsenen in Deiner Umgebung wichtig?

	ist für sie wichtig	ist für sie nicht wichtig	weiß nicht
- in einem Verein mitzumachen	☐	☐	☐
- in der Kirche/religiöse Gemeinschaft mitzumachen	☐	☐	☐
- verstanden zu werden	☐	☐	☐
- das Leben zu genießen	☐	☐	☐
- Geld zu verdienen	☐	☐	☐
- beim Umweltschutz mitzumachen	☐	☐	☐
- mit Menschen zu reden	☐	☐	☐
- viele Freunde zu haben	☐	☐	☐
- eine richtige Familie zu haben	☐	☐	☐
- sich für Menschen, die ihnen nahestehen, also Familie oder Freunde einzusetzen	☐	☐	☐
- sich für andere Menschen einzusetzen	☐	☐	☐
- einen Sinn im Leben zu finden	☐	☐	☐
- etwas in der Politik zu verändern	☐	☐	☐
- so zu leben, wie sie sind	☐	☐	☐
- Spaß zu haben	☐	☐	☐
- einen guten Beruf zu haben	☐	☐	☐
- für Menschen, die ihnen nahestehen, also Familie oder Freunde dazusein	☐	☐	☐
- für andere Menschen dazusein	☐	☐	☐

3. Es gibt Dinge in meinem Leben, da sage ich: „Da kann ich zufrieden sein." Gib für die folgenden Bereiche den Grad Deiner Zufriedenheit an. 0 bedeutet: Da bin ich überhaupt nicht zufrieden. 9 bedeutet: Da bin ich außerordentlich zufrieden.

mit	9	8	7	6	5	4	3	2	1	0
- meinen Beziehungen zu anderen Menschen	☐	☐	☐	☐	☐	☐	☐	☐	☐	☐
- meinen Wohnverhältnissen	☐	☐	☐	☐	☐	☐	☐	☐	☐	☐
- der Möglichkeit, mein eigenes Leben s zu füh-ren, wie ich es für richtig halte	☐	☐	☐	☐	☐	☐	☐	☐	☐	☐
- den Möglichkeiten, mich am Leben zu freuen	☐	☐	☐	☐	☐	☐	☐	☐	☐	☐
- Geselligkeit	☐	☐	☐	☐	☐	☐	☐	☐	☐	☐
- dem Geld, das mir zur Verfügung steht	☐	☐	☐	☐	☐	☐	☐	☐	☐	☐
- den kirchlichen/religiösen Angeboten in meiner Nähe	☐	☐	☐	☐	☐	☐	☐	☐	☐	☐
- der Liebe meiner Eltern	☐	☐	☐	☐	☐	☐	☐	☐	☐	☐
- den Möglichkeiten zum Sport treiben	☐	☐	☐	☐	☐	☐	☐	☐	☐	☐
- meinen Berufschancen	☐	☐	☐	☐	☐	☐	☐	☐	☐	☐
- mit meinem Bildungsweg	☐	☐	☐	☐	☐	☐	☐	☐	☐	☐
- anderes: (bitte angeben)	☐	☐	☐	☐	☐	☐	☐	☐	☐	☐

4. Wie schätzt Du Dich selbst ein? Die 0 bedeutet wieder: trifft überhaupt nicht zu; 9 bedeutet: trifft voll zu.

	9	8	7	6	5	4	3	2	1	0
- verstehe schnell, um was es geht	☐	☐	☐	☐	☐	☐	☐	☐	☐	☐
- bin mit meiner Figur zufrieden	☐	☐	☐	☐	☐	☐	☐	☐	☐	☐
- bin geduldig	☐	☐	☐	☐	☐	☐	☐	☐	☐	☐
- bin ausdauernd	☐	☐	☐	☐	☐	☐	☐	☐	☐	☐
- komme beim andern Geschlecht gut an	☐	☐	☐	☐	☐	☐	☐	☐	☐	☐
- bin sportlich	☐	☐	☐	☐	☐	☐	☐	☐	☐	☐
- anderes:...	☐	☐	☐	☐	☐	☐	☐	☐	☐	☐

5. In der folgenden Liste stehen verschiedene Lebensbereiche. Wo fühlst Du Dich mit Deinen Ansichten und Anliegen gut aufgehoben, wo nicht?
Gib den hier aufgeführten Gruppen oder Einrichtungen Noten. Note 1 bedeutet: Hier fühle ich mich zuhause, also mit meinen Anliegen und Ansichten sehr gut aufgehoben. Note 6 bedeutet: Da fühle ich mich überhaupt nicht zuhause, sondern alleingelassen, nicht aufgehoben. Die Null bedeutet: Dieser Gruppe oder Einrichtung gehöre ich nicht an.

	sehr gut aufgehoben				überhaupt nicht aufgehoben		betrifft mich nicht
	1	2	3	4	5	6	0
- in meiner Familie, in meinem Elternhaus	☐	☐	☐	☐	☐	☐	☐
- in meinem Freundeskreis	☐	☐	☐	☐	☐	☐	☐
- in dem Verein, in dem ich bin	☐	☐	☐	☐	☐	☐	☐
- in der kirchlichen Jugendgruppe, in der ich bin	☐	☐	☐	☐	☐	☐	☐
- in meiner Schule	☐	☐	☐	☐	☐	☐	☐
- bei meinen Lehrern	☐	☐	☐	☐	☐	☐	☐
- in einer anderen Gruppe (bitte angeben)..	☐	☐	☐	☐	☐	☐	☐

6. In der folgenden Liste stehen noch einmal die gleichen Lebensbereiche. wie oben. Wo fühlst Du Dich als Person ernst genommen, wo nicht?
Gib den hier aufgeführten Gruppen oder Einrichtungen Noten. Note 1 bedeutet: Hier fühle ich mich sehr ernst genommen, also als Person sehr respektiert. Note 6 bedeutet: Da fühle ich mich überhaupt nicht ernst genommen, meine Person wird hier nicht respektiert. Die 0 bedeutet wieder: Dieser Gruppe oder Einrichtung gehöre ich nicht an.

	sehr ernst genommen				überhaupt nicht ernst genommen		betrifft mich nicht
	1	2	3	4	5	6	0
- in meiner Familie, in meinem Elternhaus	☐	☐	☐	☐	☐	☐	☐
- in meinem Freundeskreis	☐	☐	☐	☐	☐	☐	☐

	sehr ernst genommen				überhaupt nicht ernst genommen		betrifft mich nicht
- in dem Verein, in dem ich bin	☐	☐	☐	☐	☐	☐	☐
- in der kirchlichen Jugendgruppe, in der ich bin	☐	☐	☐	☐	☐	☐	☐
- in meiner Schule	☐	☐	☐	☐	☐	☐	☐
- bei meinen Lehrern	☐	☐	☐	☐	☐	☐	☐
- in einer anderen Gruppe (bitte angeben)..	☐	☐	☐	☐	☐	☐	☐

7. In welchem dieser Bereiche übernimmst Du Verantwortung für andere Menschen und für wen?

		für:
- in meiner Familie, in meinem Elternhaus	☐	....
- in meinem Freundeskreis	☐	....
- in dem Verein, in dem ich bin	☐	....
- in der kirchlichen Jugendgruppe, in der ich bin	☐	....
- in meiner Schule	☐	....
- in einer anderen Gruppe (bitte angeben)	☐	....
- nichts davon	☐	....

8. Welchen Bildungsabschluß strebst Du an?

- Hauptschule:	☐
- Realschule:	☐
- Abitur:	☐
- Hochschule/Universität:	☐

9. Welchen Berufswunsch hast Du? ....

10. Einmal ganz allgemein gefragt: „Wie gefällt Dir überhaupt Dein gegenwärtiges Leben?"

- sehr gut:	☐
- gut:	☐
- es geht:	☐
- nicht besonders:	☐
- gar nicht:	☐

11. Noch einmal ganz allgemein gefragt: „Wie gefällt Dir überhaupt die Schule im Moment?"

sehr gut	☐
gut	☐
es geht	☐
nicht besonders	☐
gar nicht	☐

12. Über bestimmte Dinge denkt man intensiver nach, über bestimmte Dinge möchte man genauer Bescheid wissen als über andere. Wie wichtig ist Dir das, was jetzt folgt:

	sehr wichtig	wichtig	weniger wichtig	unwichtig	weiß nicht
- Wissen über die Welt, wie sie wirklich ist	☐	☐	☐	☐	☐
- Wissen über mich selbst	☐	☐	☐	☐	☐
- Nachdenken über die Welt, wie sie sein soll	☐	☐	☐	☐	☐
- Nachdenken über mich selbst	☐	☐	☐	☐	☐

13. Was trägt Deiner Meinung nach der schulische **Unterricht** dazu bei. Die 0 bedeutet: Dazu trägt der Unterricht überhaupt nichts bei, darüber erfahre ich im Unterricht nichts. Die 9 bedeutet: Dazu trägt der Unterricht viel bei, darüber erfahre ich im Unterricht sehr viel.

	9	8	7	6	5	4	3	2	1	0
- Wissen über die Welt, wie sie wirklich ist	☐	☐	☐	☐	☐	☐	☐	☐	☐	☐
- Wissen über mich selbst	☐	☐	☐	☐	☐	☐	☐	☐	☐	☐
- Nachdenken über die Welt, wie sie sein soll	☐	☐	☐	☐	☐	☐	☐	☐	☐	☐
- Nachdenken über mich selbst	☐	☐	☐	☐	☐	☐	☐	☐	☐	☐

14. Was meinst Du zu folgender Aussage: „Mit moralischem Verhalten, d.h. wenn man andere nicht ausnutzt, sondern sie fördert, wenn man hilfsbereit ist und Frieden stiftet, steht man langfristig besser da als wenn man das Gegenteil tut."

trifft voll zu	☐
trifft zu	☐
trifft weniger zu	☐
trifft nicht zu	☐
weiß nicht	☐

1.3

Wie würdest Du hier entscheiden?

1. Die Situation: In einer Firma werden Arbeiter entlassen. Die Arbeiter meinen nun, daß der Chef des Unternehmens nur ganz bestimmte Arbeiter entlassen hat. Sie glauben, daß ihr Arbeitgeber sie abgehört hat und wegen bestimmter Äußerungen eben gerade diese Mitarbeiter entlassen hat. Die Firma streitet das ganz entschieden ab. Die Gewerkschaft will nur dann gegen die Leitung des Unternehmens vorgehen, wenn sich Belege für den Verdacht erbringen lassen.
Daraufhin brechen zwei Arbeiter in die Räume der Firmenleitung ein und nehmen Tonbandmitschriften mit, die das Abhören beweisen.

Hältst Du das Verhalten der beiden Arbeiter insgesamt für eher richtig oder für eher falsch?

falsch						richtig
-3	-2	-1	0	+1	+2	+3
☐	☐	☐	☐	☐	☐	☐

Was meinst Du zu den folgenden Argumenten, mit denen man **für** das Verhalten der beiden Arbeiter sprechen könnte?

	Das Argument halte ich für...								
	überhaupt nicht in Ordnung								völlig in Ordnung
	-4	-3	-2	-1	0	+1	+2	+3	+4
Man könnte sagen:									
1. Sie haben der Firma keinen großen Schaden zugefügt.	O	O	O	O	O	O	O	O	O
2. Weil die Firma das Gesetz mißachtet hat, war dieses Mittel erlaubt, um wieder Recht und Ordnung herzustellen.	O	O	O	O	O	O	O	O	O
3. Die meisten Arbeiter würden ihre Tat gutheißen und viele freuen sich darüber.	O	O	O	O	O	O	O	O	O
4. Das Vertrauen zwischen den Menschen und die Würde des einzelnen wiegen schwerer als die Hausrechte der Firmenleitung.	O	O	O	O	O	O	O	O	O
5. Die Firma hat zuerst ein Gesetz gebrochen und die Arbeiter waren deshalb berechtigt, dort einzubrechen.	O	O	O	O	O	O	O	O	O
6. Die Arbeiter sahen keine rechtliche Möglichkeit, den folgenreichen Vertrauensbruch der Firma aufzudecken, und deshalb haben sie das in ihren Augen kleinere Übel gewählt.	O	O	O	O	O	O	O	O	O

Was meinst Du zu den folgenden Argumenten, mit denen man **gegen** das Verhalten der beiden Arbeiter sprechen könnte?

	Das Argument halte ich für...								
	überhaupt nicht in Ordnung							völlig in Ordnung	
	-4	-3	-2	-1	0	+1	+2	+3	+4
Man könnte sagen:									
1. Es gefährdet Recht und Ordnung im Zusammenleben der Menschen, wenn jeder wie die beiden Arbeiter handeln würde.	o	o	o	o	o	o	o	o	o
2. Es ist falsch, ein so grundlegendes Recht wie das Recht auf Eigentum zu verletzen, wenn es keine allgemeingültigen Maßstäbe dafür gibt, und man deshalb nicht eindeutig sagen kann, ob ihr Verhalten richtig oder falsch ist.	o	o	o	o	o	o	o	o	o
3. Es ist unüberlegt, wegen der anderen Kollegen, die eigene Entlassung aus der Firma zu riskieren.	o	o	o	o	o	o	o	o	o
4. Sie haben nicht genug die rechtlichen Mittel ausgeschöpft und haben dadurch mit dem Einbruch voreilig eine erhebliche Rechtsverletzung begangen.	o	o	o	o	o	o	o	o	o
5. Man stiehlt nicht und bricht auch nicht ein, wenn man als anständiger und ehrlicher Mensch gelten will.	o	o	o	o	o	o	o	o	o
6. Sie selbst waren von der Entlassung gar nicht betroffen, und sie hatten deshalb keinen Grund, die Tonbandmitschriften zu stehlen.	o	o	o	o	o	o	o	o	o

2. Eine andere Situation: Eine Frau ist krebskrank, und es gibt keine Rettungsmöglichkeit mehr für sie. Sie hat qualvolle Schmerzen, und ist schon so geschwächt, daß noch mehr Schmerzmittel ihr Sterben beschleunigen würden. In einer Phase, in der es ihr etwas besser geht, bittet sie den Arzt, ihr genügend Schmerzmittel zu geben, um sie zu töten. Sie sagt, sie könne die Schmerzen nicht mehr ertragen und werde ja doch in wenigen Wochen sterben.
Der Arzt tut, was sie von ihm wollte.

Beurteilst Du das Verhalten des Arztes eher als richtig oder eher als falsch?

falsch						richtig	
-3	-2	-1	0	+1	+2	+3	
☐	☐	☐	☐	☐	☐	☐	

Was meinst Du zu den folgenden Argumenten, mit denen man **für** das Verhalten des Arztes sprechen könnte?

	Das Argument halte ich für...								
	überhaupt nicht in Ordnung							völlig in Ordnung	
	-4	-3	-2	-1	0	+1	+2	+3	+4
Man könnte sagen, der Arzt habe richtig gehandelt, denn...									
1. der Arzt mußte nach seinem Gewissen handeln. Weil die Frau in einem solchen Zustand war, war es gerechtfertigt, eine Ausnahme zu machen und nicht der moralischen Verpflichtung zu folgen und Leben zu erhalten.	o	o	o	o	o	o	o	o	o
2. der Arzt war der einzige, der den Willen der Frau erfüllen konnte, die Hochachtung vor dem Willen der Frau gebot ihm, so zu handeln, wie er es tat.	o	o	o	o	o	o	o	o	o
3. der Arzt hat nur getan, wozu die Frau ihn überredete. Er braucht sich deswegen um unangenehme Folgen keine Sorgen zu machen.	o	o	o	o	o	o	o	o	o
4. die Frau wäre ja ohnehin gestorben und für den Arzt hat es wenig Mühe bedeutet, ihr eine größere Dosis des Schmerzmittels zu verabreichen.	o	o	o	o	o	o	o	o	o
5. der Arzt hat eigentlich kein Gesetz verletzt, da die Frau nicht mehr hätte gerettet werden können, und er nur ihre Schmerzen verkürzen wollte.	o	o	o	o	o	o	o	o	o
6. vermutlich hätten die meisten seiner Kollegen in einer ähnlichen Situation genauso gehandelt wie dieser Arzt.	o	o	o	o	o	o	o	o	o

Was meinst Du zu den folgenden Argumenten, mit denen man **gegen** das Verhalten des Arztes sprechen könnte?

	Das Argument halte ich für...								
	überhaupt nicht in Ordnung							völlig in Ordnung	
	-4	-3	-2	-1	0	+1	+2	+3	+4
Man könnte sagen, der Arzt habe falsch gehandelt, denn...									
1. er hat damit gegen die Überzeugung seiner Kollegen verstoßen. Wenn diese sich gegen Tod auf Verlangen aussprechen, dann sollte ein Arzt das auch nicht tun.	o	o	o	o	o	o	o	o	o
2. man muß dem Arzt völlig vertrauen können, daß er sich für die Erhaltung des Lebens einsetzt, auch wenn man wegen großer Schmerzen am liebsten sterben möchte.	o	o	o	o	o	o	o	o	o

	Das Argument halte ich für...								
	überhaupt nicht in Ordnung								völlig in Ordnung
	-4	-3	-2	-1	0	+1	+2	+3	+4
3. das Leben zu schützen ist für jedermann höchste moralische Verpflichtung. Wenn wir keine klaren Anhaltspunkte haben, wie wir Tod auf Verlangen von Mord unterscheiden können, dann darf sich keiner am Leben anderer vergreifen.	o	o	o	o	o	o	o	o	o
4. der Arzt kann sich dadurch eine Menge Unannehmlichkeiten zuziehen. Andere sind dafür schon empfindlich bestraft worden.	o	o	o	o	o	o	o	o	o
5. denn er hätte es wesentlich leichter haben können, wenn er gewartet hätte und nicht in das Sterben der Frau eingegriffen hätte.	o	o	o	o	o	o	o	o	o
6. der Arzt hat gegen das Gesetz verstoßen. Wenn man Zweifel hat, ob Tod auf Verlangen rechtmäßig ist, dann darf man solchen Bitten nicht nachgeben.	o	o	o	o	o	o	o	o	o

1.4 Fragen zum Praxis- und Unterrichtsprojekt

1. Hast Du bereits Erfahrungen in freiwilligen Einsätzen für andere Menschen?

   ja ☐   nein ☐

2. Wenn ja, in welchen Bereichen hast Du solche Erfahrungen gemacht?

- in der Familie	☐
- in der Schule	☐
- im Verein	☐
- in der kirchlichen Jugendgruppen	☐
- in anderen Jugendgruppen (welche?)	☐
- im Krankenhaus	☐
- im Altenheim	☐
- im Kindergarten	☐
- in einer Behinderteneinrichtung	☐
- andere (bitte angeben).........................	☐

3. Beschreibe kurz, was Du dort getan hast.
....
....
....
....

4. Welchen Einsatzbereich wünschst Du Dir jetzt für das Praktikum:

Kindergarten:	☐
Altenheim:	☐
Krankenhaus:	☐
Behinderteneinrichtung:	☐
sonstige (welcher?):	☐
weiß noch nicht:	☐

warum gerade diesen?..
....

5. Wenn Du an das Praxis- und Unterrichtsprojekt dieses Schuljahres denkst und Dir vorstellst, daß Dich jemand fragt, welche Gedanken für Dich dabei wichtig sind, was würdest Du sagen? Die 9 bedeutet: dieser Gedanke ist bei mir sehr stark, d.h. er spielt für mich eine große Rolle. Die 0 bedeutet: dieser Gedanke ist bei mir sehr schwach, d.h. er spielt für mich überhaupt keine Rolle

Daß ich...	9	8	7	6	5	4	3	2	1	0
- einen praktischen sozialen Einsatz leisten kann	☐	☐	☐	☐	☐	☐	☐	☐	☐	☐
- neue Erfahrungen mit Menschen machen kann	☐	☐	☐	☐	☐	☐	☐	☐	☐	☐
- keine Wahl habe	☐	☐	☐	☐	☐	☐	☐	☐	☐	☐
- mir Gedanken darüber machen kann, wie die Menschen sind	☐	☐	☐	☐	☐	☐	☐	☐	☐	☐
- es tue, weil es halt alle tun	☐	☐	☐	☐	☐	☐	☐	☐	☐	☐
- ich mir über meine Fähigkeiten und Grenzen klar werden kann	☐	☐	☐	☐	☐	☐	☐	☐	☐	☐
- mir Gedanken über die Welt, wie sie sein sollte, machen kann	☐	☐	☐	☐	☐	☐	☐	☐	☐	☐
- anderen Menschen helfen kann	☐	☐	☐	☐	☐	☐	☐	☐	☐	☐
- weg vom Schulalltag kommen kann	☐	☐	☐	☐	☐	☐	☐	☐	☐	☐
- mir Gedanken darüber machen kann, wie Menschen miteinander umgehen sollten	☐	☐	☐	☐	☐	☐	☐	☐	☐	☐
- anderes (bitte angeben)........................	☐	☐	☐	☐	☐	☐	☐	☐	☐	☐

6. Wie denken andere Gleichaltrige, die nicht Mitschüler von Dir sind, über das Projekt?

- finden es sehr gut	☐
- finden es gut	☐
- finden es weniger gut	☐
- finden es nicht gut	☐
- ist ihnen egal	☐
- weiß nicht	☐

7. Das Praktikum soll Teil von Unterricht sein. Wie beurteilst Du es, daß das Praktikum mit Themen des Unterrichts verbunden wird? Sollen Fragen des Praktikums im Unterricht thematisiert werden?

- finde ich sehr wichtig	☐
- finde ich wichtig	☐
- finde ich weniger wichtig	☐
- finde ich unwichtig	☐
- weiß nicht	☐

8. In welchen Fächern sollte Deiner Meinung nach darüber geredet werden?

....
....
....

9. Wie beurteilen Deine Eltern das Projekt?

- sehr positiv	☐
- positiv	☐
- egal	☐
- negativ	☐
- sehr negativ	☐
- weiß nicht	☐

10. Du hast Dir bestimmt schon Gedanken über die Wahl Deines Praktikumsbereichs gemacht. Wie siehst Du da das Verhalten Deiner Eltern?

- unterstützen mich	☐
- unterstützen mich teilweise	☐
- unterstützen mich wenig	☐
- unterstützen mich gar nicht	☐
- weiß nicht	☐

1.5 Fragen zur persönlichen Einstellung

1. Was erwartest Du von dem Praktikum?
   (mehrere Anworten möglich)

- daß ich mir über meine Berufswahl klar werde	☐
- daß ich etwas über mich selbst lerne	☐
- daß ich praktische Fähigkeiten erwerben kann	☐
- daß ich meine eigenen Fähigkeiten und Grenzen kennenlerne	☐
- daß ich viel Umgang mit Menschen habe	☐
- daß ich Spaß habe	☐
- daß ich lerne, mich in bestimmten Situationen richtig zu verhalten	☐
- anderes (bitte angeben):.......................	☐
- nichts davon ☐	

2. Was befürchtest Du von dem Praktikum?
   (mehrere Antworten möglich)

- daß ich von den betreuten Menschen abgelehnt werde	☐
- daß ich überfordert werde	☐
- daß ich mich langweile	☐
- daß ich vom Personal abgelehnt werde	☐
- daß ich ausgenutzt werde	☐
- daß ich einen schlimmen Fehler mache	☐
- anderes (bitte angeben):	☐
- nichts davon ☐	☐

3. Wie erklärst Du Dir diese Gefühle?
   (kurze Erklärung)..
   ....
   ....

4. Was meinst Du zu folgender Aussage: „Es gibt Menschen, die mehr Zuwendung brauchen als andere?"

      - trifft zu: ☐
      - trifft nicht zu: ☐
      - weiß nicht: ☐

5. Gibt es Deiner Meinung nach bestimmte Voraussetzungen, die man für die Arbeit in einer sozialen Einrichtung **unbedingt** mitbringen muß?

	braucht man unbedingt			braucht man überhaupt nicht		
	5	4	3	2	1	0
- ein „dickes Fell"	☐	☐	☐	☐	☐	☐
- Freundlichkeit	☐	☐	☐	☐	☐	☐
- Hilfsbereitschaft	☐	☐	☐	☐	☐	☐
- Ausdauer	☐	☐	☐	☐	☐	☐
- Geduld	☐	☐	☐	☐	☐	☐
- Härte	☐	☐	☐	☐	☐	☐
- Selbstbewußtsein	☐	☐	☐	☐	☐	☐
- Mitleidsfähigkeit	☐	☐	☐	☐	☐	☐
- Durchsetzungsvermögen	☐	☐	☐	☐	☐	☐
- Selbstlosigkeit	☐	☐	☐	☐	☐	☐
- Religion/Glaube	☐	☐	☐	☐	☐	☐
- Zielstrebigkeit	☐	☐	☐	☐	☐	☐
- Einfühlungsvermögen	☐	☐	☐	☐	☐	☐

6. Welche davon dürfen Deiner Meinung nach auch **außerhalb** einer sozialen Einrichtung im zwischenmenschlichen Umgang nicht fehlen?

	braucht man unbedingt			braucht man überhaupt nicht		
	5	4	3	2	1	0
- ein „dickes Fell"	☐	☐	☐	☐	☐	☐
- Freundlichkeit	☐	☐	☐	☐	☐	☐
- Hilfsbereitschaft	☐	☐	☐	☐	☐	☐
- Ausdauer	☐	☐	☐	☐	☐	☐
- Geduld	☐	☐	☐	☐	☐	☐
- Härte	☐	☐	☐	☐	☐	☐
- Selbstbewußtsein	☐	☐	☐	☐	☐	☐
- Mitleidsfähigkeit	☐	☐	☐	☐	☐	☐
- Durchsetzungsvermögen	☐	☐	☐	☐	☐	☐
- Selbstlosigkeit	☐	☐	☐	☐	☐	☐
- Religion/Glaube	☐	☐	☐	☐	☐	☐
- Zielstrebigkeit	☐	☐	☐	☐	☐	☐
- Einfühlungsvermögen	☐	☐	☐	☐	☐	☐

7. Gibt es für Dich Grenzen der Hilfsbereitschaft?   ja ☐   nein ☐

welche? (bitte kurze Erläuterung)..
....
....

8. In vielen Beiträgen in Radio, Zeitungen und Fernsehen wird auf eine Krise unseres Sozialstaates aufmerksam gemacht. Worin besteht diese Krise Deiner Meinung nach?..
....
....
....
....

9. Lies nun bitte zunächst die folgende Liste durch.
Überlege dann: Welche Gegenmaßnahmen würdest Du für sinnvoll, durchsetzbar und wünschenswert halten? **(bitte höchstens nur 3 Kreuze)**

- mehr privaten, freiwilligen und unbezahlten Einsatz in den Einrichtungen vor Ort	☐
- ein unbezahltes soziales Pflichtjahr für alle	☐
- mehr Selbsthilfegruppen	☐
- mehr Geld vom Staat	☐
- es gibt keine, denn der Staat ist kein Fürsorgeunternehmen, am besten soll sich jeder um seine Probleme kümmern	☐
- mehr Einsatz der Kirchen	☐
- bessere Ausbildung von Fachkräften	☐
- mehr technische Geräte, um teures Personal zu ersetzen	☐
- mehr Einsatz der Gewerkschaften	☐
- jeder soll einen größeren Teil der Kosten selbst tragen	☐
- mehr Fachkräfte	☐
- anderes (bitte angeben):...........................	☐
- nichts davon ☐	
- weiß nicht ☐	

Es ist geschafft!! Vielen herzlichen Dank für Deine Mitarbeit!

Name:
(bitte nur hier angeben)

Nummer:
(bitte hier und auf dem folgenden Blatt angeben)

Am Anfang gleich einige Hinweise:

- der Name soll auf dem eigentlichen Fragebogen nicht auftauchen;
  dieses Deckblatt verbleibt in der Schule; der Fragebogen mit Deiner Nummer
  kommt in die Pädagogische Hochschule nach Karlsruhe;
  wir werten nur den anonymen Fragebogen aus

- solltest Du Dich an irgend einer Stelle geirrt haben, dann korrigiere bitte eindeutig,
  d.h. klar durchstreichen und ein neues Feld ankreuzen

- bitte wähle immer eine der angegebenen Möglichkeiten aus

- und noch etwas:
  Dieser Fragebogen ist keine Klassenarbeit;
  Du brauchst deshalb nicht unter Druck zu arbeiten;
  dennoch bitten wir Dich um ernsthafte Ergebnisse

Uns ist klar, daß die folgenden Seiten auch für Dich Konzentration und Anstrengung bedeuten. Vielleicht macht es aber sogar etwas Spaß.

Auf alle Fälle möchten wir uns bei Dir bereits an dieser Stelle bedanken.

2. Schülerfragebogen unmittelbar nach dem Praktikumsabschnitt

2.1 Allgemeines zur Person

- Nummer:

- Klassenstufe:

- Alter:

- Geschlecht:
    Junge ☐
    Mädchen ☐

- Dauer des Praktikums:

2.2 allgemeine Fragen zum Einsatz im Praktikum

1. In welchem Einsatzbereich warst Du tätig?:

Kindergarten	☐
Altenheim	☐
Krankenhaus	☐
Behinderteneinrichtung	☐
sonstige (welcher?)...............................	☐

Warum gerade in diesem? (bitte kurz erläutern) ....
....

2. Wenn Du jetzt zurückblickst, was meinst Du, war der Zeitraum des Praktikums

viel zu lang	☐
eher zu lang	☐
eher zu kurz	☐
viel zu kurz	☐
weiß nicht	☐

3. Schildere kurz ein Erlebnis, das für Dich beispielhaft für die Zeit Deines Praktikums ist.

....
....
....
....
....
....
....
....

4. Was hast Du vor Beginn dieses Praktikums erwartet? mehrere Anworten möglich)

- daß ich mir über meine Berufswahl klar werde	☐
- daß ich etwas über mich selbst lerne	☐
- daß ich praktische Fähigkeiten erwerben kann	☐
- daß ich meine eigenen Fähigkeiten und Grenzen kennenlerne	☐
- daß ich viel Umgang mit Menschen habe	☐
- daß ich Spaß habe	☐
- daß ich lerne, mich in bestimmten Situationen richtig zu verhalten	☐
- anderes (bitte angeben):........................	☐
- nichts davon ☐	

5. Was hast Du vor Beginn dieses Praktikums befürchtet?
(mehrere Antworten möglich)

- daß ich von den betreuten Menschen abgelehnt werde	☐
- daß ich überfordert werde	☐
- daß ich mich langweile	☐
- daß ich vom Personal abgelehnt werde	☐
- daß ich ausgenutzt werde	☐
- daß ich einen schlimmen Fehler mache	☐
- anderes (bitte angeben):	☐
- nichts davon	☐

6. Welche Erwartungen oder Befürchtungen haben sich erfüllt?

- daß ich mir über meine Berufswahl klar werde	☐
- daß ich etwas über mich selbst lerne	☐
- daß ich praktische Fähigkeiten erwerben kann	☐
- daß ich meine eigenen Fähigkeiten und Grenzen kennenlerne	☐
- daß ich viel Umgang mit Menschen hab	☐
- daß ich Spaß habe	☐
- daß ich lerne, mich in bestimmten Situationen richtig zu verhalten	☐
- anderes (bitte angeben):........................	☐
- nichts davon ☐	

- daß ich von den betreuten Menschen abgelehnt werde	☐
- daß ich überfordert werde	☐
- daß ich mich langweile	☐
- daß ich vom Personal abgelehnt werde	☐
- daß ich ausgenutzt werde	☐
- daß ich einen schlimmen Fehler mache	☐
- anderes (bitte angeben):	☐
- nichts davon ☐	☐

7. Was verlief vielleicht ganz anders als von Dir erwartet und warum?
....
....
....
....
....

8. Beschreibe die Gefühle, die Du selbst während Deiner Arbeit empfinden konntest? Die 0 bedeutet: Dieses Gefühl habe ich überhaupt nicht empfunden. Die 9 bedeutet: Dieses Gefühl habe ich sehr stark empfunden.

	9	8	7	6	5	4	3	2	1	0
- Bewunderung	☐	☐	☐	☐	☐	☐	☐	☐	☐	☐
- Abscheu	☐	☐	☐	☐	☐	☐	☐	☐	☐	☐
- Zuneigung	☐	☐	☐	☐	☐	☐	☐	☐	☐	☐
- Freude	☐	☐	☐	☐	☐	☐	☐	☐	☐	☐
- Wut	☐	☐	☐	☐	☐	☐	☐	☐	☐	☐

	9	8	7	6	5	4	3	2	1	0
- Angst	☐	☐	☐	☐	☐	☐	☐	☐	☐	☐
- Mitleid	☐	☐	☐	☐	☐	☐	☐	☐	☐	☐
- Hilflosigkeit	☐	☐	☐	☐	☐	☐	☐	☐	☐	☐
- andere:................................	☐	☐	☐	☐	☐	☐	☐	☐	☐	☐
- keines davon	☐									

2.3 Fragen zum Umgang mit den betreuten Menschen

1. Beschreibe die Menschen, mit denen Du zu tun hattest.
   ....
   ....
   ....
   ....
   ....
   ....
   ....

2. Gab es Menschen, die mehr Zuwendung oder Hilfe brauchten als andere?
   ja ☐   nein ☐

3. Beschreibe Dein Verhältnis zu den Menschen, die in der Einrichtung, in der Du tätig warst, betreut wurden.
   Die Beziehung und der Kontakt waren

   - sehr gut   ☐
   - gut   ☐
   - weniger gut   ☐
   - schlecht   ☐
   - weiß nicht   ☐

4. Wie haben sich die Menschen, die Du zu betreuen hattest, Dir gegenüber verhalten?

   - sehr gut   ☐
   - gut   ☐
   - weniger gut   ☐
   - schlecht   ☐
   - weiß nicht   ☐

5. Hattest Du mit betreuten Menschen zu tun, die ihre Lage offenbar ausnützten?
   ja ☐   nein ☐

6. Wenn ja, in welcher Weise haben sie das getan?
   ....
   ....
   ....
   ....
   ....

7. Gab es unter den betreuten Personen Menschen, die auf dich einen besonders nachhaltigen Eindruck hinterlassen haben?
        ja   ☐   nein ☐

8. Wenn ja, kannst Du bitte erklären, was Dich da beeindruckt hat?

....
....
....
....
....
....
....

9. Gehe in Gedanken jetzt bitte nochmals an Deinen Einsatzplatz zurück und betrachte die Menschen, die Du dort betreut hast. Dann ergänze bitte den folgenden Satz: „Ich hätte vorher nie gedacht, daß..."

....
....
....

2.4 Fragen zum Umgang mit den in der Einrichtung beschäftigten Personen

1. Beschreibe Dein Verhältnis zu den Menschen, die in der Einrichtung, in der Du tätig warst, gearbeitet haben.

    - sehr gut ☐
    - gut ☐
    - weniger gut ☐
    - schlecht ☐
    - weiß nicht ☐

2. Wie hat sich das 'Personal' Dir gegenüber verhalten?

    - sehr gut ☐
    - gut ☐
    - weniger gut ☐
    - schlecht ☐
    - weiß nicht ☐

3. Erläutere Deine Angaben bitte kurz. Was war daran sehr gut, gut usw. ?
....
....

4. Gab es während des Praktikums dort beschäftigte Personen, die für Dich Vorbilder waren?
    ja ☐   nein ☐

5. Wenn ja, was hat Dich an ihnen beeindruckt oder was hast Du an Ihnen gut gefunden?

....
....
....
....
....
....
....

6. Gab es während des Praktikums dort beschäftigte Personen, die für Dich negative Vorbilder waren?

    ja ☐   nein ☐

7. Wenn ja, kannst Du sagen, was für Dich an Ihnen negativ war?

....
....
....
....
....
....

8. Worauf gründest Du Dein Urteil?

Die in der Einrichtung beschäftigten Personen, mit denen ich zu tun hatte, machten auf mich einen positiven oder negativen Eindruck wegen:

	positiv	negativ
- Äußerungen über mich	☐	☐
- Äußerungen über betreute Personen	☐	☐
- Art des Umgangs mit mir	☐	☐
- Art des Umgangs mit betreuten Personen	☐	☐
- Art des Umgangs mit Problemen und Schwierigkeiten	☐	☐
- Art des Umgangs der beschäftigten Personen untereinander	☐	☐
- ihre Einstellung zum Leben	☐	☐
anderes (bitte angeben).............................	☐	☐
- nichts davon....☐		

9. Gibt es Deiner Meinung nach bestimmte persönliche Voraussetzungen, die man für die Arbeit in einer sozialen Einrichtung unbedingt mitbringen muß?

	braucht man unbedingt					braucht man überhaupt nicht
	5	4	3	2	1	0
- ein „dickes Fell"	☐	☐	☐	☐	☐	☐
- Freundlichkeit	☐	☐	☐	☐	☐	☐
- Hilfsbereitschaft	☐	☐	☐	☐	☐	☐
- Ausdauer	☐	☐	☐	☐	☐	☐
- Geduld	☐	☐	☐	☐	☐	☐
- Härte	☐	☐	☐	☐	☐	☐
- Selbstbewußtsein	☐	☐	☐	☐	☐	☐
- Mitleidsfähigkeit	☐	☐	☐	☐	☐	☐
- Durchsetzungsvermögen	☐	☐	☐	☐	☐	☐
- Selbstlosigkeit	☐	☐	☐	☐	☐	☐

	braucht man unbedingt			braucht man überhaupt nicht		
	5	4	3	2	1	0
- Religion/Glaube	☐	☐	☐	☐	☐	☐
- Zielstrebigkeit	☐	☐	☐	☐	☐	☐
- Einfühlungsvermögen	☐	☐	☐	☐	☐	☐
- anderes (bitte angeben).........................	☐	☐	☐	☐	☐	☐
- nichts davon ☐		☐	☐	☐	☐	☐

10. Welche davon dürfen Deiner Meinung nach auch außerhalb einer sozialen Einrichtung im zwischenmenschlichen Umgang nicht fehlen?

	braucht man unbedingt			braucht man überhaupt nicht		
	5	4	3	2	1	0
- ein „dickes Fell"	☐	☐	☐	☐	☐	☐
- Freundlichkeit	☐	☐	☐	☐	☐	☐
- Hilfsbereitschaft	☐	☐	☐	☐	☐	☐
- Ausdauer	☐	☐	☐	☐	☐	☐
- Geduld	☐	☐	☐	☐	☐	☐
- Härte	☐	☐	☐	☐	☐	☐
- Selbstbewußtsein	☐	☐	☐	☐	☐	☐
- Mitleidsfähigkeit	☐	☐	☐	☐	☐	☐
- Durchsetzungsvermögen	☐	☐	☐	☐	☐	☐
- Selbstlosigkeit	☐	☐	☐	☐	☐	☐
- Religion/Glaube	☐	☐	☐	☐	☐	☐
- Zielstrebigkeit	☐	☐	☐	☐	☐	☐
- Einfühlungsvermögen	☐	☐	☐	☐	☐	☐

11. Gehe in Gedanken jetzt bitte nochmals an Deinen Einsatzplatz zurück und betrachte die Menschen, die dort beschäftigt waren. Dann ergänze bitte den folgenden Satz: „Ich hätte vorher nie gedacht, daß..."

....
....
....

2.5 Fragen zur schulischen Vorbereitung

1. Wie beurteilst Du die allgemeine und organisatorische Vorbereitung auf das Praktikum?

    - sehr gut ☐
    - gut ☐
    - weniger gut ☐
    - schlecht ☐
    - weiß nicht ☐

2. Wenn Du beurteilen solltest, wie häufig der Unterricht auf das Praktikum und die damit zusammenhängenden Fragen eingegangen ist, was würdest Du sagen?

    - zu oft ☐
    - gerade richtig ☐
    - zu selten ☐
    - nie ☐
    - weiß nicht ☐

3. In welchen Fächern und/oder bei welchen Themen ist der Unterricht auf das Praktikum und damit zusammenhängende Fragen eingegangen?

    ....
    ....
    ....
    ....
    ....

4. Hatte die Behandlung der Themen im Unterricht für Dich etwas mit der Lebensrealität des Praktikums zu tun?

    - hatte sehr viel damit zu tun ☐
    - hatte viel damit zu tun ☐
    - hatte wenig damit zu tun ☐
    - hatte nichts damit zu tun ☐
    - weiß nicht ☐

5. Wie fühltest Du Dich von der Schule während des Praktikums unterstützt?

    - sehr gut ☐
    - gut ☐
    - weniger gut ☐
    - überhaupt nicht ☐
    - weiß nicht ☐

2.6 Fragen zur Situation zuhause

1. Wie fühltest Du Dich von Deinen Eltern während des Praktikums unterstützt?

   - sehr gut ☐
   - gut ☐
   - weniger gut ☐
   - überhaupt nicht ☐
   - weiß nicht ☐

2. Gab es während des Praktikums mit Deinen Eltern Gespräche über das Praktikum?
   ja ☐   nein ☐

3. Wenn ja, welche Themen hatten diese Gespräche?

- konkrete Erlebnisse	☐
- Probleme vor Ort	☐
- allgemeine Fragen des Menschseins	☐
- religiöse Fragen	☐
- Fragen der Erziehung	☐
- Fragen des Altwerdens	☐
- Fragen des Umgangs mit alten oder kranken Menschen	☐
- Fragen des Umgang mit Krankheit und Tod	☐
- Fragen des Umgang mit Behinderten	☐
- Fragen des Umgangs mit möglichen eigenen Behinderungen	☐
- andere (bitte angeben)..........................	☐
- nichts davon	☐

4. Wie beurteilst Du das Verhalten Deiner Eltern in diesen Gesprächen?
   - waren an meiner Arbeit interessiert ☐
   - waren an mir interessiert ☐
   - haben nichts verstanden ☐
   - waren an meinen Erfahrungen interessiert ☐
   - haben von sich selbst erzählt ☐
   - haben mich anerkannt ☐
   - wollten sich mit mir auseinandersetzen ☐
   - wollten mir helfen ☐
   - waren offen ☐
   - nichts davon ☐
   - anderes (bitte angeben):........................ ☐

2.7 Noch einmal ein Blick zurück

1. „Das Praktikum war für mich ein Gewinn."

   Diese Aussage trifft
   - trifft voll zu ☐
   - trifft zu ☐
   - trifft weniger zu ☐
   - trifft nicht zu ☐
   - weiß nicht ☐

2. Gab es für Dich Grenzen der Hilfsbereitschaft?

   ja ☐   nein ☐

3. Wenn ja, welche?

   ....
   ....
   ....
   ....
   ....
   ....
   ....

4. Beurteile Dich selbst. Hättest Du aus diesem Praktikum mehr machen können?

   ja ☐   nein ☐

5. Gibt es etwas, von dem Du sagen würdest: „Das habe ich über Menschen gelernt"?

   ....
   ....
   ....
   ....
   ....
   ....
   ....

6. Glaubst Du, daß das, was Du hier gelernt hast, für alle Menschen gilt, d.h. auf alle zutrifft?

....
....
....
....
....
....
....

7. Gibt es etwas, von dem Du sagen würdest: „Das habe ich über mich selbst gelernt."?

....
....
....
....
....
....
....

8. Gibt es etwas, von dem Du sagen würdest: „Darauf achte ich jetzt mehr."

....
....
....
....
....

9. Und nun noch ein Blick in die Zukunft. In vielen Beiträgen in Radio, Zeitungen und Fernsehen wird auf eine Krise unseres Sozialstaates aufmerksam gemacht. Welche Gegenmaßnahmen würdest Du für sinnvoll, durchsetzbar und wünschenswert halten? **(bitte höchstens nur 3 Kreuze)**

- mehr privaten, freiwilligen und unbezahlten Einsatz in den Einrichtungen vor Ort	☐
- ein unbezahltes soziales Pflichtjahr für alle	☐
- mehr Selbsthilfegruppen	☐
- mehr Geld vom Staat	☐
- es gibt keine, denn der Staat ist kein Fürsorgeunternehmen, am besten soll sich jeder um seine Probleme kümmern	☐
- mehr Einsatz der Kirchen	☐
- bessere Ausbildung von Fachkräften	☐
- mehr technische Geräte, um teures Personal zu ersetzen	☐
- mehr Einsatz der Gewerkschaften	☐

- jeder soll einen größeren Teil der Kosten selbst tragen	☐
- mehr Fachkräfte	☐
- anderes (bitte angeben):........................	☐
- nichts davon ☐	
- weiß nicht ☐	

Herzlichen Dank für Deine Mitarbeit

Name:
(bitte nur hier angeben)

Nummer:
(bitte hier und auf dem folgenden Blatt angeben)

Am Anfang gleich einige Hinweise:

- der Name soll auf dem eigentlichen Fragebogen nicht auftauchen;
  dieses Deckblatt verbleibt in der Schule; der Fragebogen mit Deiner Nummer
  kommt in die Pädagogische Hochschule nach Karlsruhe;
  wir werten nur den anonymen Fragebogen aus

- solltest Du Dich an irgend einer Stelle geirrt haben, dann korrigiere bitte eindeutig,
  d.h. klar durchstreichen und ein neues Feld ankreuzen

- bitte wähle immer eine der angegebenen Möglichkeiten aus

- und noch etwas:
  Dieser Fragebogen ist keine Klassenarbeit;
  Du brauchst deshalb nicht unter Druck zu arbeiten;
  dennoch bitten wir Dich um ernsthafte Ergebnisse

Uns ist klar, daß die folgenden Seiten auch für Dich Konzentration und Anstrengung bedeuten. Vielleicht macht es aber sogar etwas Spaß.

3. Schülerfragebogen am Ende des Schuljahres

3.1 Allgemeines

- Nummer:

- Klassenstufe:

- Alter:

- Geschlecht:
    - Junge: ☐
    - Mädchen: ☐

- Einsatzbereich:
    - Kindergarten: ☐
    - Altenheim: ☐
    - Krankenhaus: ☐
    - Behinderteneinrichtung: ☐
    - sonstige (welcher): ☐

- Dauer des Praktikums:

3.2 allgemeine Fragen

Falls Du Dich erinnerst, die Fragen, die jetzt kommen, haben wir Dir schon einmal gestellt.

1. Was trägt Deiner Meinung nach der schulische **Unterricht** zu folgendem bei. Die 0 bedeutet: Dazu trägt der Unterricht überhaupt nichts bei, darüber erfahre ich im Unterricht nichts. Die 9 bedeutet: Dazu trägt der Unterricht viel bei, darüber erfahre ich im Unterricht sehr viel.

	9	8	7	6	5	4	3	2	1	0
- Wissen über die Welt, wie sie wirklich ist	☐	☐	☐	☐	☐	☐	☐	☐	☐	☐
- Wissen über mich selbst	☐	☐	☐	☐	☐	☐	☐	☐	☐	☐
- Nachdenken über die Welt, wie sie sein soll	☐	☐	☐	☐	☐	☐	☐	☐	☐	☐
- Nachdenken über mich selbst	☐	☐	☐	☐	☐	☐	☐	☐	☐	☐

2. Jeder Mensch hat bestimmte Vorstellungen darüber, wie sein Leben aussehen soll. Deshalb sind für jeden auch bestimmte Dinge wichtiger, andere sind weniger wichtig. Wie wichtig ist das, was jetzt folgt, jeweils für Dich?

	sehr wichtig	wichtig	weniger wichtig	unwichtig	weiß nicht
- in einem Verein mitzumachen	☐	☐	☐	☐	☐
- in der Kirche/religiöse Gemeinschaft mitzumachen	☐	☐	☐	☐	☐
- verstanden zu werden	☐	☐	☐	☐	☐
- das Leben zu genießen	☐	☐	☐	☐	☐
- Geld zu verdienen	☐	☐	☐	☐	☐
- beim Umweltschutz mitzumachen	☐	☐	☐	☐	☐
- mit Menschen zu reden	☐	☐	☐	☐	☐
- viele Freunde zu haben	☐	☐	☐	☐	☐
- eine richtige Familie zu haben	☐	☐	☐	☐	☐
- mich für Menschen, die mir nahestehen, also Familie oder Freunde einzusetzen	☐	☐	☐	☐	☐
- mich für andere Menschen einzusetzen	☐	☐	☐	☐	☐
- einen Sinn im Leben zu finden	☐	☐	☐	☐	☐
- etwas in der Politik zu verändern	☐	☐	☐	☐	☐
- so zu leben, wie ich bin	☐	☐	☐	☐	☐
- Spaß zu haben	☐	☐	☐	☐	☐
- einen guten Beruf zu haben	☐	☐	☐	☐	☐
- für Menschen, die mir nahestehen, also Familie oder Freunde dazusein	☐	☐	☐	☐	☐
- für andere Menschen dazusein	☐	☐	☐	☐	☐

3. Es gibt Dinge in meinem Leben, da sage ich: „Da kann ich zufrieden sein." Gib für die folgenden Bereiche den Grad Deiner Zufriedenheit an. 0 bedeutet: Da bin ich überhaupt nicht zufrieden. 9 bedeutet: Da bin ich außerordentlich zufrieden.

mit	9	8	7	6	5	4	3	2	1	0
- meinen Beziehungen zu anderen Menschen	☐	☐	☐	☐	☐	☐	☐	☐	☐	☐
- meinen Wohnverhältnissen	☐	☐	☐	☐	☐	☐	☐	☐	☐	☐
- der Möglichkeit, mein eigenes Leben so zu führen, wie ich es für richtig halte	☐	☐	☐	☐	☐	☐	☐	☐	☐	☐
- den Möglichkeiten, mich am Leben zu freuen	☐	☐	☐	☐	☐	☐	☐	☐	☐	☐
- Geselligkeit	☐	☐	☐	☐	☐	☐	☐	☐	☐	☐
- dem Geld, das mir zur Verfügung steht	☐	☐	☐	☐	☐	☐	☐	☐	☐	☐
- den kirchlichen/religiösen Angeboten in meiner Nähe	☐	☐	☐	☐	☐	☐	☐	☐	☐	☐
- der Liebe meiner Eltern	☐	☐	☐	☐	☐	☐	☐	☐	☐	☐
- den Möglichkeiten zum Sport treiben	☐	☐	☐	☐	☐	☐	☐	☐	☐	☐
- meinen Berufschancen	☐	☐	☐	☐	☐	☐	☐	☐	☐	☐
- mit meinem Bildungsweg	☐	☐	☐	☐	☐	☐	☐	☐	☐	☐
- anderes: (bitte angeben)	☐	☐	☐	☐	☐	☐	☐	☐	☐	☐

4. Wie schätzt Du Dich selbst ein? Die 0 bedeutet wieder: trifft überhaupt nicht zu; 9 bedeutet: trifft voll zu.

	9	8	7	6	5	4	3	2	1	0
- verstehe schnell, um was es geht	☐	☐	☐	☐	☐	☐	☐	☐	☐	☐
- bin mit meiner Figur zufrieden	☐	☐	☐	☐	☐	☐	☐	☐	☐	☐
- bin geduldig	☐	☐	☐	☐	☐	☐	☐	☐	☐	☐
- bin ausdauernd	☐	☐	☐	☐	☐	☐	☐	☐	☐	☐
- komme beim andern Geschlecht gut an	☐	☐	☐	☐	☐	☐	☐	☐	☐	☐
- bin sportlich	☐	☐	☐	☐	☐	☐	☐	☐	☐	☐
- anderes:..	☐	☐	☐	☐	☐	☐	☐	☐	☐	☐

5. Was meinst Du zu folgender Aussage: „Mit moralischem Verhalten, d.h. wenn man andere nicht ausnutzt, sondern sie fördert, wenn man hilfsbereit ist und Frieden stiftet, steht man langfristig besser da als wenn man das Gegenteil tut."

trifft voll zu	☐
trifft zu	☐
trifft weniger zu	☐
trifft nicht zu	☐
weiß nicht	☐

3.3 Wie würdest Du hier entscheiden?

a) Die Situation: In einer Firma werden Arbeiter entlassen. Die Arbeiter meinen nun, daß der Chef des Unternehmens nur ganz bestimmte Arbeiter entlassen hat. Sie glauben, daß ihr Arbeitgeber sie abgehört hat und wegen bestimmter Äußerungen eben gerade diese Mitarbeiter entlassen hat. Die Firma streitet das ganz entschieden ab. Die Gewerkschaft will nur dann gegen die Leitung des Unternehmens vorgehen, wenn sich Belege für den Verdacht erbringen lassen.
Daraufhin brechen zwei Arbeiter in die Räume der Firmenleitung ein und nehmen Tonbandmitschriften mit, die das Abhören beweisen.

Hältst Du das Verhalten der beiden Arbeiter insgesamt für eher richtig oder für eher falsch?

falsch						richtig
-3	-2	-1	0	+1	+2	+3
☐	☐	☐	☐	☐	☐	☐

Was meinst Du zu den folgenden Argumenten, mit denen man **für** das Verhalten der beiden Arbeiter sprechen könnte?

	Das Argument halte ich für...								
	überhaupt nicht in Ordnung								völlig in Ordnung
	-4	-3	-2	-1	0	+1	+2	+3	+4
Man könnte sagen:									
1. Sie haben der Firma keinen großen Schaden zugefügt.	o	o	o	o	o	o	o	o	o
2. Weil die Firma das Gesetz mißachtet hat, war dieses Mittel erlaubt, um wieder Recht und Ordnung herzustellen.	o	o	o	o	o	o	o	o	o
3. Die meisten Arbeiter würden ihre Tat gutheißen und viele freuen sich darüber.	o	o	o	o	o	o	o	o	o
4. Das Vertrauen zwischen den Menschen und die Würde des einzelnen wiegen schwerer als die Hausrechte der Firmenleitung.	o	o	o	o	o	o	o	o	o
5. Die Firma hat zuerst ein Gesetz gebrochen und die Arbeiter waren deshalb berechtigt, dort einzubrechen.	o	o	o	o	o	o	o	o	o
6. Die Arbeiter sahen keine rechtliche Möglichkeit, den folgenreichen Vertrauensbruch der Firma aufzudecken, und deshalb haben sie das in ihren Augen kleinere Übel gewählt.	o	o	o	o	o	o	o	o	o

Was meinst Du zu den folgenden Argumenten, mit denen man **gegen** das Verhalten der beiden Arbeiter sprechen könnte?

	Das Argument halte ich für...								
	überhaupt nicht in Ordnung								völlig in Ordnung
	-4	-3	-2	-1	0	+1	+2	+3	+4
Man könnte sagen:									
1. Es gefährdet Recht und Ordnung im Zusammenleben der Menschen, wenn jeder wie die beiden Arbeiter handeln würde.	o	o	o	o	o	o	o	o	o
2. Es ist falsch, ein so grundlegendes Recht wie das Recht auf Eigentum zu verletzen, wenn es keine allgemeingültigen Maßstäbe dafür gibt, und man deshalb nicht eindeutig sagen kann, ob ihr Verhalten richtig oder falsch ist.	o	o	o	o	o	o	o	o	o
3. Es ist unüberlegt ist, wegen der anderen Kollegen, die eigene Entlassung aus der Firma zu riskieren.	o	o	o	o	o	o	o	o	o
4. Sie haben nicht genug die rechtlichen Mittel ausgeschöpft und haben dadurch mit dem Einbruch voreilig eine erhebliche Rechtsverletzung begangen.	o	o	o	o	o	o	o	o	o
5. Man stiehlt nicht und bricht auch nicht ein, wenn man als anständiger und ehrlicher Mensch gelten will.	o	o	o	o	o	o	o	o	o
6. Sie selbst waren von der Entlassung gar nicht betroffen, und sie hatten deshalb keinen Grund, die Tonbandmitschriften zu stehlen.	o	o	o	o	o	o	o	o	o

b) Eine andere Situation: Eine Frau ist krebskrank, und es gibt keine Rettungsmöglichkeit mehr für sie. Sie hat qualvolle Schmerzen, und ist schon so geschwächt, daß noch mehr Schmerzmittel ihr Sterben beschleunigen würden. In einer Phase, in der es ihr etwas besser geht, bittet sie den Arzt, ihr genügend Schmerzmittel zu geben, um sie zu töten. Sie sagt, sie könne die Schmerzen nicht mehr ertragen und werde ja doch in wenigen Wochen sterben.
Der Arzt tut, was sie von ihm wollte.

Beurteilst Du das Verhalten des Arztes eher als richtig oder eher als falsch?

	falsch						richtig
-3	-2	-1	0	+1	+2	+3
☐	☐	☐	☐	☐	☐	☐

Was meinst Du zu den folgenden Argumenten, mit denen man **für** das Verhalten des Arztes sprechen könnte?

	Das Argument halte ich für...								
	überhaupt nicht in Ordnung							völlig in Ordnung	
	-4	-3	-2	-1	0	+1	+2	+3	+4
Man könnte sagen, der Arzt habe richtig gehandelt, denn...									
1. der Arzt mußte nach seinem Gewissen handeln. Weil die Frau in einem solchen Zustand war, war es gerechtfertigt, eine Ausnahme zu machen und nicht der moralischen Verpflichtung zu folgen und Leben zu erhalten.	o	o	o	o	o	o	o	o	o
2. der Arzt war der einzige, der den Willen der Frau erfüllen konnte, die Hochachtung vor dem Willen der Frau gebot ihm, so zu handeln, wie er es tat.	o	o	o	o	o	o	o	o	o
3. der Arzt hat nur getan, wozu die Frau ihn überredete. Er braucht sich deswegen um unangenehme Folgen keine Sorgen zu machen.	o	o	o	o	o	o	o	o	o
4. die Frau wäre ja ohnehin gestorben und für den Arzt hat es wenig Mühe bedeutet, ihr eine größere Dosis des Schmerzmittels zu verabreichen.	o	o	o	o	o	o	o	o	o
5. der Arzt hat eigentlich kein Gesetz verletzt, da die Frau nicht mehr hätte gerettet werden können, und er nur ihre Schmerzen verkürzen wollte.	o	o	o	o	o	o	o	o	o
6. vermutlich hätten die meisten seiner Kollegen in einer ähnlichen Situation genauso gehandelt wie dieser Arzt.	o	o	o	o	o	o	o	o	o

Was meinst Du zu den folgenden Argumenten, mit denen man **gegen** das Verhalten des Arztes sprechen könnte?

	Das Argument halte ich für...								
	überhaupt nicht in Ordnung							völlig in Ordnung	
	-4	-3	-2	-1	0	+1	+2	+3	+4
Man könnte sagen, der Arzt habe falsch gehandelt, denn...									
1. er hat damit gegen die Überzeugung seiner Kollegen verstoßen. Wenn diese sich gegen Tod auf Verlangen aussprechen, dann sollte ein Arzt das auch nicht tun.	o	o	o	o	o	o	o	o	o
2. man muß dem Arzt völlig vertrauen können, daß er sich für die Erhaltung des Lebens einsetzt, auch wenn man wegen großer Schmerzen am liebsten sterben möchte.	o	o	o	o	o	o	o	o	o

	Das Argument halte ich für...								
	überhaupt nicht in Ordnung								völlig in Ordnung
	-4	-3	-2	-1	0	+1	+2	+3	+4
3. das Leben zu schützen ist für jedermann höchste moralische Verpflichtung. Wenn wir keine klaren Anhaltspunkte haben, wie wir Tod auf Verlangen von Mord unterscheiden können, dann darf sich keiner am Leben anderer vergreifen.	o	o	o	o	o	o	o	o	o
4. der Arzt kann sich dadurch eine Menge Unannehmlichkeiten zuziehen. Andere sind dafür schon empfindlich bestraft worden.	o	o	o	o	o	o	o	o	o
5. denn er hätte es wesentlich leichter haben können, wenn er gewartet hätte und nicht in das Sterben der Frau eingegriffen hätte.	o	o	o	o	o	o	o	o	o
6. der Arzt hat gegen das Gesetz verstoßen. Wenn man Zweifel hat, ob Tod auf Verlangen rechtmäßig ist, dann darf man solchen Bitten nicht nachgeben.	o	o	o	o	o	o	o	o	o

3.4 Fragen und Stellungnahmen zu Schule und Unterricht

1. Wie wurde Deine praktische Tätigkeit von Deinen Lehrerinnen und Lehrern beurteilt?

- sehr positiv ☐
- positiv ☐
- war ihnen egal ☐
- negativ ☐
- weiß nicht ☐

Was war daran sehr positiv, positiv usw. ?
....
....
....

2. Wie hat das auf Dich gewirkt?

- hat mich gefreut ☐
- war mir egal ☐
- hat mich enttäuscht ☐
- weiß nicht ☐

Mich hat besonders gefreut, daß ....
....

Ich hätte mir gewünscht, daß ....
....

3. Der Unterricht gehört ebenso zum Compassionprojekt. Wurde nach Deiner Meinung im Unterricht

    - zuviel ☐
    - gerade richtig ☐
    - zuwenig ☐

über das Thema 'Menschsein für andere' gesprochen

4. An welchen Stellen nahm der Unterricht dieses Schuljahres Bezug zur Thematik 'Menschsein für andere'?

bitte angeben (wenn möglich auch Fach und Thematik, mögliche Ergebnisse usw.)
....
....
....
....
....

5. Wie beurteilst Du die Art der unterrichtlichen Vor- und Aufbereitung?

    - sehr gut ☐
    - gut ☐
    - weniger gut ☐
    - mangelhaft ☐
    - weiß nicht ☐

Was war daran sehr gut, gut usw. ?
....
....
....

6. Hat sie etwas gebracht

    - sehr viel ☐
    - viel ☐
    - wenig ☐
    - sehr wenig ☐
    - nichts ☐
    - weiß nicht ☐

7. Wenn ja, was?

- hat mich zum Nachdenken über mich selbst angeregt	☐
- hat mich zum Nachdenken über andere Menschen angeregt	☐
- hat mir die Möglichkeit gegeben, meine Überzeugungen auszusprechen	☐
- hat mich mit meinen Erfahrungen ernst genommen	☐
- hat mich zum Nachdenken über Werte angeregt	☐
- hat zum Meinungsaustausch mit meinen Mitschülern geführt	☐
- hat mich über den sozialen Bereich informiert	☐
- anderes (bitte angeben):	☐
- nichts davon ☐	

8. Was hast Du vielleicht vermißt?

....
....
....

9. Hatten der Unterricht und die im Praktikum erlebte Wirklichkeit für Dich etwas miteinander zu tun?

- hatte sehr viel damit zu tun ☐
- hatte viel damit zu tun ☐
- hatte wenig damit zu tun ☐
- hatte nichts damit zu tun ☐
- weiß nicht ☐

10. Gab es in der Schule Möglichkeiten der Aussprache über Deine Erfahrungen?

ja ☐   nein ☐

11. Hattest Du das Bedürfnis im schulischen Rahmen über Deine Erfahrungen zu sprechen?

ja ☐   nein ☐

12. Wenn Du beurteilen solltest, wie häufig der Unterricht auf das Praktikum und die damit zusammenhängenden Fragen eingegangen ist, was würdest Du sagen?

- zu oft ☐
- gerade richtig ☐
- zu selten ☐
- weiß nicht ☐

13. Wie schätzt Du die Bedeutung dieses Schuljahres mit Praktikum und begleitendem Unterricht für Deine Mitschüler ein und warum?

    - sehr große Bedeutung   ☐
    - große Bedeutung   ☐
    - geringe Bedeutung   ☐
    - keine Bedeutung   ☐
    - weiß nicht   ☐

, weil ....

14. Hat sich Dein Verhältnis zu Deinen Lehrern in diesem Schuljahr durch das Projekt

    - verbessert   ☐
    - gleich geblieben   ☐
    - verschlechtert   ☐
    - weiß nicht   ☐

, weil ....

15. Hat sich die Situation innerhalb Deiner Klasse in diesem Schuljahr durch das Projekt

    - verbessert   ☐
    - gleich geblieben   ☐
    - verschlechtert   ☐
    - weiß nicht   ☐

, weil ....

3.5 Fragen zu Dir

1. Beurteile Dich selbst. Hättest Du aus diesem Projekt mehr machen können?

    ja   ☐   nein   ☐

2. Wenn ja, warum und wie?
....
....
....
....
....
....

3. Gibt es etwas, von dem Du sagen würdest, daß Du es in diesem Schuljahr über Menschen gelernt hast?

　　　　　　　　ja　☐　　　　nein　☐

4. Was ist es, das Du hier gelernt hast? (beschreibe bitte möglichst genau)

....
....
....
....
....
....

5. Meinst Du, daß das, was Du hier über Menschen gelernt hast, für alle gilt, d.h. auf alle Menschen zutrifft?

　　　　　　　　ja　☐　　　　nein　☐

6. Wenn ja oder wenn nein, dann erläutere das bitte.

....
....
....
....
....
....

7. Gibt es etwas, von dem Du sagen würdest, daß Du es in diesem Schuljahr über Dich selbst gelernt hast?

　　　　　　　　ja　☐　　　　nein　☐

8. Was ist es, das Du hier gelernt hast?

....
....
....
....
....
....

9. Kannst Du mit Blick auf dieses Jahr mit der Frage nach dem 'Sinn des Lebens' etwas Neues verbinden?

        ja ☐   nein ☐

Wenn ja, dann erläutere das bitte:
....
....
....
....
....
....

10. Wie schätzt Du die Bedeutung dieses Schuljahres mit Praktikum und begleitendem Unterricht für Deine Person ein und warum?

- hat mir sehr viel gebracht ☐
- hat mir viel gebracht ☐
- hat mir wenig gebracht ☐
- hat mir nichts gebracht ☐
- weiß nicht ☐

, weil ....

11. Manche Einrichtungen bieten den Schülern die Möglichkeit, auch nach dem Praktikum ihren Einsatz fortzusetzen. Was hältst Du von einer Fortsetzung?

- habe keine Zeit dafür ☐
- ja, aber nur gegen Bezahlung ☐
- überlege noch ☐
- habe ich fest vor ☐
- habe bereits weitergemacht ☐
- habe genug davon ☐
- weiß nicht ☐

3.5 Zum Schluß

1. Hat sich Dein Verhältnis zu Deinen Eltern in diesem Schuljahr durch das Projekt

    - verbessert ☐
    - gleich geblieben ☐
    - verschlechtert ☐
    - weiß nicht ☐

, weil ....

2. Hat sich Dein Verhältnis zu anderen Menschen in diesem Schuljahr durch das Projekt

    - verbessert ☐
    - gleich geblieben ☐
    - verschlechtert ☐
    - weiß nicht ☐

, weil ....

3. In vielen Beiträgen in Radio, Zeitungen und Fernsehen wird auf eine Krise unseres Sozialstaates aufmerksam gemacht. Worin besteht diese Krise Deiner Meinung nach?

....
....
....
....

4. Welche Gegenmaßnahmen würdest Du für sinnvoll, durchsetzbar und wünschenswert halten? (**bitte höchstens nur 3 Kreuze**)

- mehr privaten, freiwilligen und unbezahlten Einsatz in den Einrichtungen vor Ort	☐
- ein unbezahltes soziales Pflichtjahr für alle	☐
- mehr Selbsthilfegruppen	☐
- mehr Geld vom Staat	☐
- es gibt keine, denn der Staat ist kein Fürsorgeunternehmen, am besten soll sich jeder um seine Probleme kümmern	☐
- mehr Einsatz der Kirchen	☐
- bessere Ausbildung von Fachkräften	☐

- mehr technische Geräte, um teures Personal zu ersetzen	☐
- mehr Einsatz der Gewerkschaften	☐
- jeder soll einen größeren Teil der Kosten selbst tragen	☐
- mehr Fachkräfte	☐
- anderes (bitte angeben):........................	☐
- nichts davon ☐	
- weiß nicht ☐	

5. Gibt es Deiner Meinung nach bestimmte Voraussetzungen, die man für die Arbeit in einer sozialen Einrichtung **unbedingt** mitbringen muß?

	braucht man unbedingt				braucht man überhaupt nicht	
	5	4	3	2	1	0
- ein „dickes Fell"	☐	☐	☐	☐	☐	☐
- Freundlichkeit	☐	☐	☐	☐	☐	☐
- Hilfsbereitschaft	☐	☐	☐	☐	☐	☐
- Ausdauer	☐	☐	☐	☐	☐	☐
- Geduld	☐	☐	☐	☐	☐	☐
- Härte	☐	☐	☐	☐	☐	☐
- Selbstbewußtsein	☐	☐	☐	☐	☐	☐
- Mitleidsfähigkeit	☐	☐	☐	☐	☐	☐
- Durchsetzungsvermögen	☐	☐	☐	☐	☐	☐
- Selbstlosigkeit	☐	☐	☐	☐	☐	☐
- Religion/Glaube	☐	☐	☐	☐	☐	☐
- Zielstrebigkeit	☐	☐	☐	☐	☐	☐
- Einfühlungsvermögen	☐	☐	☐	☐	☐	☐

Erläutere bitte Deine Einschätzung von

- Geduld: ....
....

- Mitleidsfähigkeit:
....

- Religion/Glaube:
....
....

6. Welche davon dürfen Deiner Meinung nach auch **außerhalb** einer sozialen Einrichtung im zwischenmenschlichen Umgang nicht fehlen?

	braucht man unbedingt					braucht man überhaupt nicht
	5	4	3	2	1	0
- ein „dickes Fell"	☐	☐	☐	☐	☐	☐
- Freundlichkeit	☐	☐	☐	☐	☐	☐
- Hilfsbereitschaft	☐	☐	☐	☐	☐	☐
- Ausdauer	☐	☐	☐	☐	☐	☐
- Geduld	☐	☐	☐	☐	☐	☐
- Härte	☐	☐	☐	☐	☐	☐
- Selbstbewußtsein	☐	☐	☐	☐	☐	☐
- Mitleidsfähigkeit	☐	☐	☐	☐	☐	☐
- Durchsetzungsvermögen	☐	☐	☐	☐	☐	☐
- Selbstlosigkeit	☐	☐	☐	☐	☐	☐
- Religion/Glaube	☐	☐	☐	☐	☐	☐
- Zielstrebigkeit	☐	☐	☐	☐	☐	☐
- Einfühlungsvermögen	☐	☐	☐	☐	☐	☐

7. Gibt es für Dich Grenzen der Hilfsbereitschaft?   ja ☐   nein ☐

welche? (bitte kurze Erläuterung)..
....
....

8. Wo würdest Du zustimmen? Dieses Schuljahr mit Praktikum und begleitendem Unterricht

	trifft zu
- war eine gute und wichtige Erfahrung	☐
- sollte jeder einmal machen	☐
- haben alle gemacht, ich eben auch	☐
- hat die schulischen Belange eher belastet	☐
- hat für die Schule motiviert	☐
- hat mich persönlich weitergebracht	☐
- hat mir neue Perspektiven für mein Berufsziel gegeben	☐
- hat mir neue Einsichten in das Leben gebracht	☐
- hat mich positiv verändert	☐
- hat mich persönlich belastet	☐
- hat mir das Gefühl gegeben, gebraucht zu werden	☐
- war wie alle anderen auch	☐
- hat mir die Möglichkeit gegeben etwas Wichtiges zu leisten	☐
- hat mir das, was an der Schule läuft, eher fremd gemacht	☐

Es ist geschafft!! Vielen herzlichen Dank für Deine Mitarbeit!

LOTHAR KULD

Glaube in Lebensgeschichten

Ein Beitrag zur theologischen
Autobiographieforschung
1996. 288 Seiten. Kart.
DM 69,–/öS 504,–/sFr 62,50
ISBN 3-17-014228-3

Theologische Autobiographieforschung steht noch ganz am Anfang. An fünf exemplarischen Texten, den 397 entstandenen „Confessiones" des Augustinus, John Bunyans „Grace Abounding to the Chief of Sinners" (1666), John Henry Newmans „Apologia pro vita sua" (1864), Thomas Mertons „Seven Storey Mountain" (1948) und Tilmann Mosers „Gottesvergiftung" (1976), wird der autobiographische Charakter der dargestellten Glaubensgeschichten untersucht. Von besonderem Interesse sind die autobiographische Erzählhaltung der einzelnen Autoren und die unterschiedlichen Bekehrungs-, Bekenntnis- und Entwicklungskonzepte, die sie ihrer Rekonstruktion und Konstruktion des Glaubens zugrunde legen.

Ziel der Arbeit ist es, den Zusammenhang von Glaubensgeschichte, Entwicklungsstufen und Lebensphasen in der religiösen Selbstbeschreibung aufzuzeigen. Religiöse Autobiographien sind Rekonstruktionen des Glaubens und bringen als solche die Erfahrung von Heilsgeschichte in der Lebensgeschichte zur Sprache.

Der Autor:
Professor Dr. Lothar Kuld lehrt an der Pädagogischen Hochschule Karlsruhe.

Kohlhammer

W. Kohlhammer GmbH · 70549 Stuttgart · Tel. 07 11/78 63 - 2 80